犬神考

迷信に対する人々の意識の変容

酒井貴広
Takahiro Sakai

早稲田大学エウプラクシス叢書──017

早稲田大学出版部

The Study of Inugami
A Change of People's Consciousness to Superstition

SAKAI Takahiro, PhD, is a part-time lecturer, Waseda University.

First published in 2019 by
Waseda University Press Co., Ltd.
1-9-12 Nishiwaseda
Shinjuku-ku, Tokyo 169-0051
www.waseda-up.co.jp

© 2019 by Takahiro Sakai

All rights reserved. Except for short extracts used for academic purposes or book reviews, no part of this publication may be reproduced, stored in a retrieval system or transmitted in any form whatsoever—electronic, mechanical, photocopying or otherwise—without the prior and written permission of the publisher.

ISBN978-4-657-19802-0

Printed in Japan

はじめに

　本書は，高知県内で人々の抱く「犬神」観が変容する過程を，民俗学，文化人類学，歴史学の手法を中心に考察するものである。犬神とは，西日本で広く語られてきた迷信[1]・憑きもの筋の一種であると考えられてきた。憑きもの筋は，無意識のうちに動物霊や生霊を使役すると「される」特定の家筋の者を指す。憑きもの筋にまつわる言説の大きな特徴は，周囲の者から特定の家筋の者が一方的に憑きもの筋と「される」点にあり，憑きもの筋とされてしまった人々は，身に覚えがないにもかかわらず，結婚を忌避されるなどの差別的な扱いを受けた。こうした憑きもの筋に起因する諸問題に対しては，その発祥とされる近世から一貫して批判的言説が形成されてきた。人文科学の領域も，大正期以降に，柳田国男の著した「巫女考」や喜田貞吉による歴史学の見地からの仕事に先導される形で，憑きもの筋「迷信」を打破することに尽力してきた。中でも，社会不安を背景に憑きもの筋の言説が再燃した戦後期には，民俗学者たちが中心となって憑きもの筋研究に取り組み，数多くの論考を提出した。

　近年は過去の習俗とされ研究も下火になりつつある憑きもの筋だが，筆者が2011年から継続調査を行ってきた高知県西部の幡多地方に居住するインフォーマントたちの語りを通して，今日の高知県内の人々が抱く「犬神」観の一端が明らかとなった。幡多地方は戦後の憑きもの筋研究においても数多くの蓄積がなされており，過去と現在の比較が可能である。そこで本書では，戦後期に再燃し数多くの報告がなされた犬神と，現代社会において語られる「犬神」を表記の上でも区別し，両者を対比的に検討する。同様に，かつて人々が抱いていた犬神への意識を犬神観，今日の人々が抱く「犬神」への独特の意識を「犬神」観と表記する。

　これらの比較の結果，現在のインフォーマントたちが抱く「犬神」観は，先

---

[1] 柳田国男が監修した『民俗学辞典』では，憑きものは「民間信仰」の一種であり，その中でも社会生活に著しい実害を及ぼす「迷信」とされている〔民俗学研究所編 1951：575-577, 615〕。

行研究群が想定してきた範囲を大幅に越える「変容」を遂げていることが明らかとなった。その変容の要因は，戦後活発となった「憑きもの筋研究」が社会へ還元される際，生活世界の住民との間に生じた継続的な相互作用[2]によって引き起こされた可能性が高い。ゆえに，今日の高知県における「犬神」観の変容は，戦後からの約70年間で引き起こされた側面が存在すると考えるべきであろう。

　なお，本書における「生活世界」とは，エドムント・フッサールの『ヨーロッパ諸学の危機と超越論的現象学（以下，『危機』書）』第34節を下敷きに，「人々の科学的認識の基盤となる，自明で直観可能な日常的世界」を意味する〔フッサール 1995：223-241〕。現象学の用語として提示された「生活世界」を他の学術領域で用いる意義については，すでにウルリッヒ・クレスゲスが重要な指摘を行っている。クレスゲスは，『危機』書におけるフッサールが「生活世界」概念の他領域への援用に肯定的であったことを確認するとともに，上述の生活世界は狭義の意味付けであり，生活世界や客観的世界あるいはその他諸々の世界全てを内含する「広義の生活世界」を想定する必要があると説く〔クレスゲス 1978：82-96〕。クレスゲスはこの前提を踏まえ，今後の学術研究で「生活世界」の用語を用いる場合は，それが狭義であれ広義であれ，いかなる点を主題化するのかを明確にすべきであると提唱する。加えて，学術研究の言説と生活世界の言説の関係性を指摘した議論としてはアルフレッド・シュッツの仕事があり〔シュッツ 1980〕，さらには，学術研究の言説が生活世界の言説そのものを塗り替えてしまう事態もアンソニー・ギデンズが指摘している〔ギデンズ 1993〕。シュッツやギデンズが社会学における生活世界研究に新たな視座を提供したことは間違いない。しかしながら，シュッツの議論における生活世界の言説と社会学者の言説は切り離されており，あくまで社会学者が生活世界の在り方を誤解していると指摘するに留まっている。一方「再帰性」に代表されるギデンズの議論は，あくまで研究者の側から生活世界へ一方的に知識を敷衍するとしており，社会に生きる人々の「主体性」が見えて来ない。こ

　2）　本書における「相互作用」は，G. H. ミードの社会と自我の関係に対する議論を受け，「他者との直接的・間接的接触によって，時に社会における規範をも越えて両者に及ぼされる影響」を意味する〔ミード 1973：146-348〕。

れらを踏まえると，シュッツやギデンズの社会学的分析だけではなく，当該社会の人々をそれぞれの顔が見える距離から描写する文化人類学や民俗学の手法も必要とされているはずである。

筆者と幡多地方のインフォーマントたちとの関係を再考すると，筆者自身のルーツの一部が幡多地方に求められるため，インフォーマントたちが日常生活で思い描く世界観や歴史，文化を深く理解することができると言える。また，こうした世界観の共有は，近年の文化人類学が目指す，地域「で」考える研究手法の具体例であるとも考えられよう。この関係は，筆者のみならず，過去に高知県内の各地で学術研究を遂行した研究者と，各地の被調査者の間にも存在していたと推測できる。そこで本書では，学術研究に取り組んだ研究者と地域住民の双方が，実生活における生活空間とその周りを取り囲む3）ものとして共有した世界を「生活世界」と定義する。この定義付けによって，「生活世界」を媒介に繋がった，憑きもの筋研究の言説と生活世界の言説の関係を考察することが可能となる。

さらに，徳島県賢見神社での聞き取り調査を下敷きとした，他地域における憑きものとの比較，徳島県の犬神との比較をも考え合わせると，高知県幡多地方の「犬神」観は，他地域とも異なる独自の変容を遂げていると表現すべきであろう。これらに鑑みると，日本における憑きもの筋は，かつて存在した迷信などといった過去の遺物ではなく，現在まで学術研究やメディアを通した言説，地域住民の民俗知識など数多の圧力からの影響を受け，地域独自の変容を遂げながら徐々に歴史化していく渦中にあると言えよう。

これらを踏まえ本書では，高知県幡多地方の「犬神」観の変容を促した「強制力」——迷信打破への方向性を帯びた内外からの力——を明らかにし，この「強制力」と生活世界の人々——生活者——の間に発生した相互作用を歴史的に描く。この手法は，これまでの憑きもの筋研究が時に一般化・抽象化を求め

---

3) 例えば，実際に宇宙空間へ行ったことのある人物はきわめて少ないが，現代社会に生きる我々の大部分は，地球が宇宙空間に浮かぶ惑星の一つであるとの認識を抱いている。こうした，「実際に体験したことがなくともその存在を認識している世界」を含めた考察を可能にするため，本書に「生活世界」の概念を援用した。この試みは，近年発達しつつあるサイバー空間など，実際に体験することが不可能な世界にまでも考察を巡らせる道筋を拓くと期待される。

過ぎたことへの批判的視座に依るものであり，まずは高知県の事例研究として「犬神」に関する知見を積み上げる。

　もっとも，喫緊の社会問題を扱った「憑きもの筋研究」が，日本の広い地域に適用し得る「憑きもの筋批判」の論拠を求めた背景には，生活世界からの希求に応えようとする明確な目的意識――近年の言葉を借りると，「公共性」への志向――があったことは想像に難くない。ゆえに，今後の憑きもの筋研究においては，過去の研究手法の不備を指摘するだけで終わるのではなく，先行研究の批判とともに新たな対案を提出し，「憑きもの筋」に対する知見を積み上げ，それらを経験的に更新していく「考古学」的手法を採用すべきであろう。本研究では，この更新作業の橋頭堡として，メディアを通じた「憑きもの筋」に関する知識生成と，「憑きもの筋」のカテゴリーそのものが秘める可塑性の指摘を行う。これらの指摘は，テレビジョン放送（以下，テレビ）やインターネットに代表されるマス・メディアの発達によって，社会の紐帯を介さない形で「憑きもの筋」にまつわる知識の受容・拒絶・依拠が起こることを明らかにするとともに，こうした現代的な情報伝達によって引き起こされる「憑きもの筋」のメカニズムそのものの変容をも描出する足掛かりとなろう。

　折しも近年，雑誌『現代民俗学研究』上で繰り広げられた近藤祉秋と梅屋潔の間での憑きもの筋研究の今後に関する議論，猪や熊，猿などによる獣害の急増，あるいは『妖怪ウォッチ』や『けものフレンズ』に代表される妖怪や動物を題材としたフィクション作品群の流行など，学術研究・生活世界の双方が，「妖怪」や「人間と動物の関わり」に対して強い関心を抱きつつある。その大きなうねりに対して，センセーショナルな要素を多分に孕む憑きものは，好奇の目に晒されることもあろう。しかし，そうした一時の注目に留まらず，日本民衆文化の一端として憑きものを持続的に考え，未来への展望を描くためには，これまでなされた研究の整理や到達点の洗い出し，残された課題を明らかにする過程を経る必要がある。誤解を恐れずに言うならば，憑きものを考えることは，同時に地域史と地方文化を考えることであり，こうした営みの集合によって，既存の研究枠組みの援用を越え，「日本人が日本語で描いた民衆史」が紡ぎ出されるという，より大きな学術的進展が期待されるのである。本書での議論は，高知県の「犬神」観に対するケース・スタディや新たな「憑きもの筋研

究」であるだけに留まらず，現代的な様相をも含めて日本の歴史を描こうとする試みであり，未来への展望を伴った日本民衆史編纂へと繋がる学際的な貢献を成すことを目指す。

目　次

はじめに　i

第1部
憑きもの筋研究再考　1

第1章▶研究史　2
第1節　憑きものと憑きもの筋　3
第2節　日本における憑きもの筋の特殊性と社会的緊張　4
第3節　民俗学以前の憑きもの筋研究　8
第4節　民俗学の憑きもの筋研究　14
第5節　文化人類学における憑きもの筋研究　30
第6節　近年の憑きもの筋研究　37

第2章▶憑きもの筋研究再考
　　　　　学術研究の傾向と「強制力」としての機能　42
第1節　憑きもの筋研究再考──「公共性」への視座　43
第2節　憑きもの研究における資料の方向性と蓄積量　45
第3節　社会への「強制力」として働く「憑きもの筋研究」　46

第2部
高知県における「犬神」観の変容　49

第3章▶現在の「犬神」観の事例
　　　　　高知県と徳島県でのフィールドワークから　50
第1節　高知県でのフィールドワークから得られた事例　51
第2節　徳島県でのフィールドワークから得られた事例　78
第3節　比較　84

第 4 章 ▶ 「犬神」観変容の実情と戦後社会の影響 …………86
第 1 節　現代社会における「犬神」観の変容　86
第 2 節　部落差別と戦後の解放運動　88
第 3 節　「犬神」への差別と部落差別　90
第 4 節　小　　括　98

第 2 部全体のまとめ …………………………………………99

第 3 部
高知県の「犬神」観に働いた独自の「強制力」　103

第 5 章 ▶ 「犬神」に関する知識を発信する文献資料の考察 ……………………………………………104
第 1 節　新聞を通して戦後高知県の「犬神」観に働いた「強制力」　105
第 2 節　フィクションに登場した「犬神」
　　　　──高知県を舞台とした小説を事例として　126
第 3 節　小　　括　134

第 6 章 ▶ 戦後高知県における民俗の取り扱い …………135
第 1 節　高知県における民俗への「強制力」　135
第 2 節　結婚観の変化と世代間の意識格差　136
第 3 節　小　　括　153

第 7 章 ▶ 生活改善諸活動と戦後高知県の「生活改善」……156
第 1 節　フィールドでの語彙「生活改善」について　159
第 2 節　地方新聞から読み解く戦後高知県における「生活改善」の進展　160
第 3 節　大方町の青年団と婦人会の活動──「差別」への取り組みから　174
第 4 節　戦後の高知県における「生活改善」と「犬神」観への影響　177

第３部全体のまとめ ……………………………………………… 179

第４部
学術研究と生活世界の生み出す相互作用　　　　　　　　181

第８章▶学術研究と生活世界の生み出す相互作用 ………… 182
　第１節　生活者の声──「本」から知った犬神について　　183
　第２節　学術研究の戦略と生活者・メディア上の情報との間に
　　　　　生じる相互作用　　186
　第３節　地域の取り組み──大方町の事例から　　193
　第４節　新たに発生する「犬神」観　　204
　第５節　「犬神」観変容の過程と今後の展望　　205

補　論▶「強卵式」からみる生活世界と
　　　　　メディア上の情報間の相互作用 ……………………… 212
　第１節　強卵式と「参加者」たち　　213
　第２節　メディアにおける強卵式──「奇祭」イメージの発信と増殖　　223
　第３節　地域活性化と強卵式──地域「で」楽しむイベントとして　　229
　第４節　小　　括　　232

第９章▶高知県の「犬神」観の変容の全体像 ……………… 236
　第１節　終戦からの約70年間で変容した「犬神」観　　236
　第２節　近年新たに創造された「犬神」観　　237
　第３節　近隣地域・近隣領域との相互作用　　238

第 5 部
結　論　　　　　　　　　　　　　　　　　　　　　　　　241

第 10 章 ▶ 「犬神」と「憑きもの筋」…………………………… 242
　　第 1 節　分析枠組みとしての「憑きもの筋」　242
　　第 2 節　「憑きもの筋」の実体化と生活世界への浸透　243
　　第 3 節　捨象される独自性と強調される共通項　244
　　第 4 節　犬神の地域差——名称によって看過される個別性　245
　　第 5 節　一般化と全体的議論への道筋　245

第 11 章 ▶ 本書の結びとして ……………………………………… 248
　　第 1 節　新時代の憑きもの筋研究——帰納的事例研究の必要性　248
　　第 2 節　「自文化」であり「異文化」でもある地域文化
　　　　　　——日本文化論の橋頭堡として　250

結　語 ▶ ……………………………………………………………… 251

おわりに　253
参考文献　259
初出一覧　265
巻末資料　267
索　　引　285
英文要旨　289

第 1 部

憑きもの筋研究再考

第1章
研 究 史

　日本における憑依現象やシャーマニズムはプレ・ヒストリーの時代にまで遡ることが可能だが，本書では憑きもの，中でも特に憑きもの筋を取り扱う。日本における憑きもの筋研究の起源は古く，巷の見聞を集めただけのものであれば近世初頭から存在する。憑きもの筋は江戸，明治，大正，昭和と時代が下るにつれて研究や啓蒙が進み，「迷信」とされる兆しも現れ始めていたが，戦後に結婚差別を中心とする重大な社会問題として人々に再び強く意識されるようになった。この憑きもの筋言説の「再燃」について，出雲地方を中心に活動した民俗学者の石塚尊俊は，敗戦による人々の心の不安や国家統制の弛緩からなる新興宗教の乱立，そして戦後の結婚急増が複雑に絡み合った結果だと分析している〔石塚 1990：488-500〕。

　こうした戦後日本の憑きもの筋に対する研究は，民俗学と文化人類学を中心に推し進められて来た。民俗学の分野では，柳田国男や堀一郎，石塚尊俊，速水保孝らが中心となって，憑きもの筋にまつわる結婚差別をなくすという明確な問題意識を背景に，日本各地の事例収集やその発祥の分析を推し進めた。文化人類学における憑きもの研究は，吉田禎吾や綾部恒雄らが，民俗学が囚われがちであった遡源的思考を越え，憑きもの筋に対して地域の社会構造と社会機能の観点からのアプローチを創始したことに端を発する。また，民俗学と文化人類学を結ぶ「妖怪学」の画期として，小松和彦による「つき」への注目と「説明体系」が挙げられる。憑きものの語は「つき」に重点が置かれているとした上で，憑きものとは民俗社会の因果関係を説明するための思考体系の一部を構成する信仰であるとした小松の分析は，突発的な憑きものと憑きもの筋を

明確に弁別しつつあった憑きもの研究に新たな視点を提供し，そのフレームは今なお多くの研究者たちに受け継がれている。近年は民俗学や文化人類学，あるいは「妖怪学」のフレームを援用した研究が大部分を占めるものの，香川雅信や近藤祉秋など斬新な視点を提供する研究者も散見される。

本章では，これら先行研究を批判的に概観し，残された課題と高知県における「犬神」観との関わりを明らかにする。

第1節　憑きものと憑きもの筋

まずは，先行研究を紐解き，憑きものと憑きもの筋という言葉の学術的な定義を確認する。後に詳述する石塚尊俊は，「憑きもの」という言葉に対して，昭和34（1959）年に発表した日本全国の憑きものに関する体系的な研究書『日本の憑きもの』において，以下に引用する三つの分類を与えている。

> いわゆる憑きものには，二つの型がある。つまりただ野にいる狐なり狸なりが憑くというものと，かねてある特定の家筋があって，そこからことさらに憑けられてなると信ずるものとがある。しかも，範囲からいえばこの方が遙かに広い。このいわゆる家筋にはさらに二つの型があって，それが自他ともに許す専門の行者である場合と，しからざる普通の家であって，一見何の変哲もないのに，どうしたわけか古くから憑きもの筋だとされているという場合とがあるが，いずれにせよ，ここに家筋という問題があるからには，憑きものの問題は，もっぱらこれにかかってくるといっても過言ではない〔石塚 1959：75〕。

要約すると，石塚は憑きものを①突発的に憑かれる例，②専門の宗教職能者によって動物霊を憑けられる例，③筋とされる一般人によって動物霊を憑けられる例の三類型に分類していたと言えよう。①は突発的な狐憑きや狸憑き，カゼ，七人みさきなどを指し，②は東北のイヅナや高知県物部村の太夫が当たる。そして，③こそが本書のメインテーマである憑きもの筋に該当する。以降の文章で，特に断りのない場合，「憑きもの筋」という表現はこの意味で使用

する。なお，①の突発的な憑きものが全国的にある程度均一な分布を見せる一方，②の宗教職能者は東北地方に多く，③の憑きもの筋は西日本に広く分布しているという。

　これらのうち，石塚が最重要視したのは③の憑きもの筋である。石塚がこれに着目した理由は，戦後の「現代社会」において，憑きもの筋による結婚差別や，それを苦にした恋人たちの心中などの悲劇が強い社会的緊張を生み出していたからに他ならない。彼の著した『日本の憑きもの』でも，石塚は三類型の憑きもの全てに言及しつつも，実質的には憑きもの筋に主眼を当てており，特に西日本の事例を扱う際には，あえて①や②の憑きものに言及せず憑きもの筋に限定した議論を行ったと見られよう。ゆえに，石塚の見た「現代社会」における深刻な差別が，二十一世紀の現代社会においてどのように受け継がれているか，もしくはどのように変容（あるいは消滅）しているのかを真摯に分析することで，学術的な批判と，民俗学者たちが目指した研究成果の社会還元——「公共性」——の一端を明らかにできると期待されよう。本書でも，①や②の憑きものと憑きもの筋の事例を対比的に扱うことは難しいことから，あえて対象を憑きもの筋に限定した上で議論を進める。

第2節　日本における憑きもの筋の特殊性と社会的緊張

　続いて，日本における憑きもの筋の特殊性を明確にする。特に本書では，憑きもの筋にまつわる言説が，日常生活における社会的緊張を惹起させてきた点に着目する。

1　憑きもの筋について——家筋や血筋によって受け継がれる憑きもの

　石塚が述べるように，憑きもの筋は家筋や血筋によって受け継がれる憑きものと考えられており，憑きもの筋に仕立て上げられた人々は，一般的に動物霊を用いて人を病気にさせる，もしくは経済的な利益を得ていると周囲の人々から考えられている。自他共に認める宗教職能者が動物霊を意図的に使役する例とは対照的に，憑きもの筋と「された」人々は，他人に対する嫉妬や憎悪で感情が高まると，無意識のうちに動物霊を働かせて他人を害しわが身を利すると

周囲から一方的に決め付けられている。しかし実際のところ，憑きもの筋とされる人々の大部分は，何ら謂われのない一般家庭の人々に過ぎない。憑きもの筋にまつわる言説の大きな特徴は，様々な動物霊の働きが無意識的に発生すると「される」点にあり，本人に身の覚えがなくとも，周囲の人々が動物霊からの「被害」を自称することは防ぎようがない。周囲の「自称被害者」たちによって，人はある日突然憑きもの筋に仕立て上げられるのである。

　もっとも，被害者の告発だけを以て，人々が無制限に憑きもの筋にされてしまうとは限らない。石塚は，かつては日本各地で見られた行者の活動に着目し，宗教職能者である行者が，村落社会に起こった災いや人がトランス状態に陥るなどの異常事態を憑きもの筋によるものであると断定し，時には憑きもの落とし（祓い）に着手することで，迷信「憑きもの筋」が共同体内部での強固な言説として成立し得たとしている〔石塚 1959：170-230〕。見方を変えれば，行者の口から祓いの必要性が伝えられることによって，「憑いている」という状態が生み出されたとも言えよう。また，自身の家が狐持ちであったという速水保孝の場合も，彼の家が狐持ちとされた契機は，神懸かりに陥った者[4]に名指しされたことにある〔速水 1957：175-182〕。これらを踏まえると，憑きもの筋の言説を成り立たせるために，加害者とされる憑きもの筋の家の者，被害者を自称する者，加害者（憑きもの筋）と被害者（憑きもの筋ではない者）の役割を定める宗教職能者の三者が必要とされていたと言えよう。

　次に，憑きもの筋の者に使役されていると考えられてきた動物霊に焦点を当てる。本書で扱う犬神は，読んで字のごとく犬の神を指すとされてきたが，犬神にまつわる言説には動物のイヌを指すとは考え難い要素も多々含まれており，後ほど詳細に検討する。同様に，出雲地方の狐持ちや隠岐島の人狐のように狐を指すもの，蛇神やトウビョウと呼ばれる蛇を指すものも西日本各地に見られる。憑きもの筋をゲドウ（外道）と呼ぶ地域も存在するが，これは動物霊の一般的な呼称を意味し，その指し示す動物は地域によって差がある。また，信州

---

[4] 速水によると，彼の家を狐持ちだと名指しした人物には軽度の知的障害があったという〔速水 1957：179〕。知的障害を持つ者が民間信仰の場面で「神に近い」者として社会的立場の逆転を示す例は日本各地の民俗で広く見られ，速水家を狐持ちと断定する過程で，先述の行者のように宗教職能者としての役割を担ったと考えられよう。

のゴンボダネは人間の生霊が取り憑く珍しい事例である〔石塚1959：20-74〕。さらにこれらに地域毎の別称も数多く存在し，本書で考察の対象とする高知県の犬神に焦点を絞ると，犬神，犬神筋，犬神統[5]，ヨツ，グス（犬神とそうでないものの間に生まれた子）などが報告されている〔石塚1959：55-60〕。

　さらに，これらの動物霊は，家筋や血筋によって代々受け継がれるとされている。伝播の方法も様々であり，憑きもの筋とされる「家筋」の成員となるだけで憑きもの筋が受け継がれる場合だけではなく，たとえ「家筋」の一員となっても「血筋」の繋がりがなければ憑きもの筋が受け継がれない場合も見られる。極端に言えば，自ら被害者を称し誰かを憑きもの筋に仕立て上げようとする人々の求める文脈に応じて，憑きもの筋の伝播が恣意的に扱われる可能性も想定できるものの，先述したように，こうした言説が村落社会で実効力を持つには行者などの宗教職能者による承認が必要であった。一方，数代続けて憑きもの筋ではない家から嫁をもらうと憑きもの筋ではなくなるなど，憑きもの筋脱出の言説も各地で散見される。また，動物霊による憑依の予防法も伝えられており，土佐の民俗学を主導した桂井和雄によると，高知県西部の幡多地方では，犬神持ちの家の前を通る際に胸に針を挿して歩けば犬神に憑かれないと信じられていたという〔桂井1953：22〕。この習俗は，犬神持ちの人々に対して，周囲の人々が自分たちは犬神持ちではないとアピールする行為であると同時に，周囲の人々も内心では犬神の憑依を切実に恐れていたことの表れでもあろう。

　以上をまとめると，日本における憑きもの筋は，一度周囲から指定されてしまうと，世代を越えて憑きもの筋としての役割を押し付けられるものであったと言える。その上，憑きもの筋にされてしまった場合，その状態からの脱出は極めて困難であった。

2　憑きもの筋の起源と差別

　前項で述べたように，憑きもの筋はある日突然周囲から「される」ものであ

---

[5]　「犬神党」との表現もしばしば見られる。「統」・「党」とは，"kinship group"や"kindred"のカテゴリーを指す民俗語彙を意味する。第2部で挙げる高知県のインフォーマントの中にも，「犬神統」や「犬神党」の表現を用いる人物が見出された。

る。しかし，ある人を憑きもの筋とするためには，その起源伝承や動物霊による被害の物語を形成し，（一方的な押し付けではあるものの）因果関係の説明を果たさねば，社会で共有される言説とは成り得なかったであろう。

　憑きもの筋の起源は，憑くとされる動物霊によって様々である。犬神の起源に関しては次のような例が挙げられる。石塚によると，犬神の起源伝承として，① 極限まで飢えさせた犬の首を切って犬神にする，② 数匹の犬を戦わせ生き残った最後の一匹を殺して犬神にする，③ 中国から日本に来た妖怪を討伐した際に妖怪の分割された体の一部が諸国に飛び散って犬神になった，④ 弘法大師が猪の害に悩まされる農民に授けた犬の絵から犬が飛び出し犬神になったの四種が，犬神に関する言説の存在する地域で聞き取られたという〔石塚 1959：55-57〕。①は犬神の起源伝承の中では最も広く知られたものであり，犬を飢えさせる期間などの細部に違いはあるものの，犬の飢餓が最高潮に達した時点でその犬の首を切り落とし犬神にするという凄惨なエピソードである。②は蠱毒の呪法に似た伝承であり，しばしば①と結合させた形で語られる。③は時に九尾の狐の殺生石の説話とも結合させられるものであり，後に取り上げる坂東眞砂子の『狗神』にもアレンジされて登場する。④は後述するインフォーマントのQ氏が「本で読んだ」として筆者に語った起源論と酷似している。

　しかし，こうした起源論を持つ犬神も，その姿や大きさは実在する動物のイヌとは異なる小さな動物霊を指す場合が多く，信仰上では「犬神と呼ばれる存在」を指していると見るべきである。同様に，狐に関係する憑きもの筋には，関東のオサキや信州のくだ狐，山陰の人狐など多くのバリエーションが存在しており，総じて「狐と呼ばれる存在」[6]を，特定の家が代々飼っているとされる。蛇神やトウビョウ持ち，蛇統と呼ばれる蛇にまつわる憑きもの筋も，家人が小さな蛇を人には見られないように飼育しているとされる。民俗社会では，そうした小さな狐や蛇，犬神が，主人の感情の高まりに応じて，対象に取り憑く・主人のために他人の家からものを盗む・主人に有利になるように枡をごまかすといった働きをなすと人々に信じられてきた。

---

[6]　名前の上では狐であっても，胴体が極端に長い，竹筒に入るほど小さいなど，実在する動物のキツネとはかけ離れた姿や大きさである場合が多い。

こうした起源伝承と自称被害者からの告発に支えられた憑きもの筋の言説は，人々に深い差別の意識を植え付け，様々な社会問題を引き起こした。その最たる例が結婚における差別であり，憑きもの筋の家はクロや悪い方，憑きもの筋でない家はシロや良い方と呼ばれ，憑きもの筋の家と憑きもの筋でない家との結婚は，憑きもの筋がそうでない家にまで伝播するという理由から忌み嫌われた。原則的に憑きもの筋とそうでない家との結婚は忌避されており，結婚を強行すれば，当人は憑きもの筋でない家から縁を切られることとなった。これによって結婚を諦める，さらには結婚を諦めきれない恋人たちが自殺する事態が日本各地で引き起こされていた。また，憑きもの筋の動物霊が動き出す条件として，人に対して嫉妬する，憎悪するといった感情面での特徴が挙げられているために，憑きもの筋の家の者は「意地が悪い」，「嫉妬深い」といった謂われなき人格攻撃を受ける場合も多い。これは香川雅信が報告した現代の徳島県の事例や，さらには今回フィールドワークで実際にインフォーマントから得た語りにも表れている。
　前項で取り上げた憑きもの筋脱出のための言説を振り返ると，地域によって差があると考えられるとはいえ，憑きもの筋の伝播と脱出に関する言説の内容は矛盾している[7]。ゆえに，憑きもの筋脱出のための言説は，憑きもの筋として被害を受けた人々が，自分たちの名誉を取り戻すために形成したものだと推測できよう。戦後，民俗学者たちが積極的に憑きもの筋研究に取り組んだ背景には，こうした悲しき民俗事象「憑きもの筋」の不当性を示し，憑きもの筋とされてしまった人々に対する差別を可能な限り低減させようという目的もあった。

第3節　民俗学以前の憑きもの筋研究

　以上を踏まえ，本節以降は喫緊の社会問題「憑きもの筋」に関する研究史を歴史的に概観する。憑きもの筋にまつわる言説に対して，学問は一貫して批判

7）　婚姻によって憑きもの筋ではない家も憑きもの筋になるのであれば，数代続けて憑きもの筋ではない家と婚姻しようとも，憑きもの筋ではない家が憑きもの筋になるはずであり，憑きもの筋からの脱出には結び付かない。

的な立場を採っている。研究者によって見解が別れるものの，特定の家筋や人物を憑きもの筋[8]に指定して攻撃する言説は近世に登場し，明治，大正，昭和と時代が下るに従って批判を受け，徐々にその言説が弱まる兆しを見せていた。しかし，戦後社会の不安と混乱が憑きもの筋の言説を再燃させ，結婚差別を中心とした重大な社会問題を引き起こしたという。本節では，戦後の再燃の検討に先駆けて，戦中までの憑きもの筋研究を振り返る。

　家筋を通して継承される憑きもの——憑きもの筋——は近世の随筆に初めて登場する。当初は憑きもの動物の存在を肯定し憑きもの筋の事例を紹介するに留まっていたものの，天明6 (1786) 年に著された『出雲国人狐物語』以降は，憑きもの筋を迷信と断じ，強く批判する書物が続々と刊行された〔石塚 1990：481-483〕。憑きもの筋を記述した随筆で展開された批判の論理展開は様々だが，アカデミックな研究の開始に先立ち，憑きもの筋にまつわる言説は長年の批判に晒されてきたと言えよう。

　憑きもの筋をテーマに初めて学術的な分析を行った研究領域は，精神医学であった。明治期の精神医学は，突発的な憑きものや憑きもの筋も包括的に「憑きもの」として取り扱い，「憑きもの」に付随する肉体的・精神的に異常な状態の原因は，野山にいる動物や使役者とされる特定の家筋の側にあるのではなく，被憑依者の肉体的・精神的形質の欠陥にあると結論付ける。高知県の犬神に対しても，高知県出身の森田正馬が分析を行っており，犬神は憑依病の一種であり，青年期以降の精神が発達した年代の身に起こり，症例としては人格変換や妄想が多々見られるとしている〔森田 1904：37-38〕。精神医学の諸研究は，憑きもの筋の問題に関して，憑きものを「憑けられた」と自称することで被害者の立場から特定の家筋の者を攻撃してきた被憑依者たちを，肉体的・精神的形質の欠陥を有する者として攻撃される側へ置き換えている。こうした研究が憑きもの筋とされた人々への一定の救済として役立ったことは間違いないものの，我々はかつての精神医学の成果に対して無批判であるべきではないだろう。なぜなら，確かに精神医学の研究は憑きもの筋とされた人々を攻撃的な言説から救い出す意義を持っていたものの，その代償として被憑依者を攻撃される側

---

[8]　大正までの研究には「憑きもの筋」の語彙は登場しないが，理解を助けるためこうした表記を行った。

に置換しており，攻撃する側とされる側を逆転させただけで根本的な解決には至っていない。なお，石塚は1990年前後までの憑きもの研究を歴史的に振り返った際に，心理学が憑きもの研究へ参入した端緒として，昭和27（1952）年の野村暢清による出雲地方での実態調査を挙げる〔石塚1990：499-500〕。しかしながら，先述の森田の仕事など，明治期の精神医学から実質的に心理学の領域に踏み込んだ憑きもの研究が実施されており，「心理学」という学問上の名称を得た契機が野村の仕事にあったとすべきであろう。

　精神医学と並行して，歴史学も憑きもの研究を行っている。柳田国男は，大正2（1913）年から3（1914）年にかけて，雑誌『郷土研究』に川村杏樹の変名で「巫女考」を寄稿し，日本における憑依やシャーマニズム研究の橋頭堡を築いた〔柳田1913-1914〕。中でも，大正2年9月10日（水曜日）に発行された1巻7号に掲載された「蛇神犬神の類（巫女考の七）」は，端的な記述ながら，日本各地の憑きものや憑きもの筋の事例を網羅的にまとめている。また，『郷土研究』に掲載された記事を概観すると，大正2年4月10日（木曜日）発行の1巻2号に愛媛県小松町青年会から寄せられた「犬神に就て」を皮切りに〔愛媛県小松町青年会1913〕，各地の犬神の事例報告〔中島1914；土井1914；長尾1917；山崎1919〕や，管狐に関する記事〔芝田1914〕，人狐に関する報告〔粟1914〕など，日本各地から多くの資料が寄せられている。この点から，単一の地域の事例報告としての趣が強いものの，大正期から憑きものに着目する人々は存在していたことが理解できる。

　犬神や憑きもの筋に限らず，雑誌『郷土研究』の在り方そのものも興味深い。本書では，『郷土研究』2巻5号，6号及び7号[9]に掲載された，南方熊楠による「「郷土研究」の記者に与ふる書」と，これに対する雑誌編集者の意見交換に注目する。この書において，南方は各地の雑多な資料報告に注力する『郷土研究』の編集方針は，虚文で誌面を埋めているに過ぎないと痛烈に批判し，地方政治学の援用など，「地方経済（南方によるルーラル・エコノミーの訳語）」の真にあるべき姿を熟考しなければならないと提言している〔南方1914a；1914b；1914c〕。南方の批判に対して，雑誌の編集者は，南方の実証的研究手

9）　2巻5号は大正3（1914）年7月1日（水曜日），続く6号は同年8月1日（土曜日），7号は同年9月1日（火曜日）に発行された。

法に理解を示しながらも，そもそも『郷土研究』の問題意識は「荒野の開拓者」として日本の郷土を研究する方法を手探りで希求することそのものにあると反論する。

　南方と雑誌編集者の見解は真っ向から対立しているように見えるものの，柳田と南方の間で交わされた往復書簡によると，誌面で展開された議論以上の背景もあったことが分かる。雑誌『郷土研究』が柳田に牽引されていたことは周知の通りだが，そもそもの議論の発端は，すでに「南方雑記」などを『郷土研究』へ寄稿していた南方が，大正3年5月2日（土曜日）の書簡で柳田の編集方針に異を唱えたことにある〔飯倉編 1976：360-370〕。南方の批判の内容は，『郷土研究』の目次が利用し難い不完全なものであること，南方以外の著者による原稿はそれぞれ10ページ前後になるよう論理に関係のない無駄な記述を含んでおり，南方が今後寄稿する原稿ではページ数の制約を無視して執筆することの二つが主軸となっていた。これに対して柳田は，同月12日（火曜日）に返書を送り，毎号数十ページの雑誌を継続的に発刊していく以上，雑誌の体裁を考慮して各原稿にページ数の制約を設けるべきであること，柳田自身はルーラル・エコノミーが専門であり，『郷土研究』に掲載される原稿の中にはアカデミズムの水準に達していないものも散見されることを述べる。さらに，『郷土研究』の在り方に不備があり，掲載される原稿の研究水準が未熟であることを踏まえた上でも，今後の民俗学が継続的に発展していくためには，地域社会の人々の声を掬い上げる媒体が必要であり，『郷土研究』がその媒体になろうとしている[10]と述べる〔飯倉編 1976：370-372〕。この柳田の書簡に対する返答として，南方は①同月14日（木曜日）午前3時，②同日夜1時，③同月16日（土曜日）の3通の書簡で持論を述べる。柳田も①に対して④同月16日に反論するとともに，①を『郷土研究』誌面に掲載することを提案する。④に対して南方が⑤同月19日（火曜日）付の書簡で反論するとともに，①を『郷土研究』へ掲載することに同意し，これに柳田が⑥同月22日（金曜日）付の書簡を送ることで，論争は一応の決着を見せる〔飯倉編 1976：372-407〕。

---

[10]　将来的に柳田は，研究成果の発表の場を，地域社会の人々の声を汲み上げる『郷土研究』と，高水準な学術研究を遂行する『民俗学雑誌（仮）』の二つに分けることも考えていた〔飯倉編 1976：371〕。

⑤での同意を受けて，柳田は『郷土研究』2巻7号にも掲載された，「南方氏の書簡について」を執筆し，柳田の考える『郷土研究』の在り方を端的にまとめている[11]〔飯倉編 1976：380-382〕。ゆえに，南方による批判と『郷土研究』編集者からの応答は，南方と柳田の応答であると読み替えることが可能であり，両者は互いの用いる手法や専門領域，問題意識の違いはあるものの，二人の間で交わされた論争を読者に公開することで，今後の歴史学や民俗学に資するものがあるとの結論に至ったと考えられよう。実際に，⑥の書簡には，「あの手紙[12]は中篇に載せ候わば必ず読者の気風もかわり，いたずらに河童，山童にのみ追随せぬようになり申すべし」とあり〔飯倉編 1976：406〕，『郷土研究』への書簡の掲載は，両者の主張を読者に知らしめるための試みであったと捉えられる[13]。

　その後の民俗学が客観性の立証やアカデミズムとしての在り方に長らく懊悩し続けていることを考えると，実証的な研究手法への転換を提示した南方の指摘の未来性は注目に値しよう。しかし，後述するように，文化人類学が客観性

---

11) ここで，先述のルーラル・エコノミーに関する言及を補足する。柳田が南方に送った同月12日の書簡で自身の専門を「ルーラル・エコノミー」としたところ〔飯倉編 1976：370-372〕，南方がその語を書簡①――「『郷土研究』の記者に与ふる書」の下敷きとなった書簡――で「地方経済」または「地方制度」と訳し，本文中に挙げた批判を展開する。柳田（記者）は，南方が用いた「地方経済」または「地方制度」という語はルーラル・エコノミーの和訳には不適であるとした上で，あえて訳すならば「農村生活誌」の語を用いるべきとし，雑誌『郷土研究』の在り方を説いた。

12) 当然この手紙は，「『郷土研究』の記者に与ふる書」を指す。

13) 『郷土研究』に掲載された原稿の内容については，本文中で挙げた『郷土研究』の編集方針への批判以外にも，川村杳樹（柳田の筆名）の著した「巫女考」に関する記述に興味深い点がある。この原稿以前に柳田と南方の間で交わされた書簡を顧みると，南方は柳田が「巫女考」の著者と知った上で様々な意見交換を行っており〔飯倉編 1976：327，341〕，大本となった①の書簡でも，「巫女考」の著者を「貴下」としている〔飯倉編 1976：376，378〕。ゆえに，南方の書簡①は，掲載時にあえて「巫女考」の著者の正体を知らない南方からの投書という体裁に修正されたと見られよう。編集側の柳田がこうした記述を採用した背景には，『郷土研究』の内情を知り柳田と問題意識を共有する内部の協力者からではなく，あくまで「外部の投稿者」から『郷土研究』の在り方を批判させ，「民俗学の今後」を広く読者に考えさせようとする意図があったとも推測できる。もっとも，『郷土研究』の編集は柳田と高木敏雄の仕事であり，南方との論争に先駆けて，高木は編集から離れていた。そのため，柳田が当時の編集作業を一手に担っていたことは投稿者や読者にとって周知の事実であり，当初から「雑誌編集者と南方」ではなく，「柳田と南方」の論争と理解されていたとも捉えられよう。これ以上の考察は本書の趣旨を外れるため，別の機会に改めて検討する。

や実証性への過度な立脚を目指した結果，自分たちの研究手法への信頼を大きく失墜させる学問上の閉塞状況に陥ったことをも勘案すると，「日本の郷土を研究する方法」そのものを模索した『郷土研究』の在り方を，実証性だけを論拠に否定し得るのだろうか。この点については第4部で議論することとして，引き続き大正期の憑きもの筋研究の展開を追う。

　人文科学の視座から初めて憑きものを体系的に論じた研究者としては，喜田貞吉が筆頭に挙げられよう。喜田は，柳田の「巫女考」を下敷きに，大正11（1922）年に『民族と歴史』8巻1号を「憑物研究号」と銘打って憑きものの全国的な資料をまとめ，自身も飛騨地方で語られる人間の生霊が憑依するという珍しい憑きもの筋・ゴンボダネの発祥を語彙史から検討している〔喜田1922〕。この雑誌においては，世代を超えて憑きものを継承する家筋を指す言葉として「物持筋」の語が用いられており，突発的な憑きものと家筋を介して受け継がれる憑きものが明確に弁別された[14]と考えられよう。また，同誌に掲載された倉光清六の「憑物鄙話」は，憑きもの筋の語は登場しないものの，歴史学や後の民俗学に先行する形で実質的な「憑きもの筋研究」に着手していたと考えられる〔倉光 1922：33-168〕。

　喜田の研究で後世に多大な影響を与えた点は，その問題意識であろう。喜田は，憑きもの筋の問題が動物学，病理学，心理学などに依拠した教育の普及によって徐々に薄れつつあることを認めながらも，時間の経過による問題の風化だけでは憑きもの筋にまつわる社会問題は後世にも残される可能性が高いと指摘している。彼によると，仮に狐憑きなどの憑依現象が社会から消えるに至ったとしても，それに伴って「憑きもの筋」を疎外忌避する意識が人々から薄れていくとは限らないとする。この想定を踏まえ，憑きもの筋にまつわる差別の解消には，学術的検討を踏まえた上で憑きもの筋のメカニズムを解明し，そこには何ら信頼すべき論拠がないことを示すことが必要であるとの問題意識を抱いており，こうした研究姿勢は血筋・家筋に関する他の因習的迷信に対しても援用できるとしている〔喜田 1922：1-8〕。後述する民俗学も，歴史学とは異なる研究視座から進められるものの，通底する問題意識には喜田からの影響が

14） この時点では，霊能を自称する専門の宗教職能者と憑きもの筋とされてしまった一般家庭の弁別は不明瞭である。

見出される。

第4節　民俗学の憑きもの筋研究

初期の民俗学が歴史学から大きな影響を受けていたことは周知の通りであり，憑きもの筋研究も，柳田や喜田の研究成果と問題意識を発展継承する形で開始された。本節では，そうした憑きもの筋研究とともに，憑きものにおける「もの」の原義や，憑依主体の問題も含めた包括的な検証を行う。

1　「もの」の原義——折口信夫を参考に

議論の先駆けとして，憑きものにおける「もの」とは何かを押さえる必要があろう。憑きもの筋にまつわる諸問題が再燃した戦後期でさえ，すでに人々の大部分が古代や中世の大和言葉に対する知識や実感を失っていたとはいえ，「もの」という言葉の原義を探るにはそうした時代の用法にまで遡及すべきであろう。「もの」の原義とその変遷に関しては，折口信夫がかつての用例から度々指摘を行っており，それらを以下に引用する。

> 鬼は怖いもの，神も現今の様に抽象的なものではなくて，もつと畏しいものであつた。今日の様に考へられ出したのは，神自身の向上した為である。たまは眼に見え，輝くもので，形はまるいのである。ものは，極抽象的で，姿は考へないのが普通であつた。此は，平安朝に入つてから，勢力が現れたのである〔折口1926a：9〕。

> 物部の意義も色々説かれてゐる。外から災を与へる霊魂をものと言ひ，鬼は此である。平安朝時代には，鬼のことを「もの」と言うてゐる。自分の霊魂は「たま」である。随つて物部は，外から災する恐ろしい力を持つた霊魂を，追ひやる部曲と解するのが，本義であらう〔折口1926b：26〕。

> ものは本身を持たぬ魂で，依るべのないものなのである。だから，常に魂のうかれる時を窺うて，人に依らうとするのである〔折口1928a：121〕。

ものとは、魂といふ事で、平安朝になると、幽霊だの鬼だのとされて居る。万葉集には、鬼の字を、ものといふ語にあてゝ居る〔折口 1928b：189〕。

たまは抽象的なもので、時あつて姿を現すものと考へたのが、古い信仰の様である。其が神となり、更に其下に、ものと称するものが考へられる様にもなつた。即、たまに善悪の二方面があると考へるやうになつて、人間から見ての、善い部分が「神」になり、邪悪な方面が「もの」として考へられる様になつたのであるが、猶、習慣としては、たまといふ語も残つたのである〔折口 1929：249〕。

ものは、普通、土地に住つてゐる精霊で表され、敵意あるもの、神聖な為事を邪魔するもの、といふ風に考へられて来た。此が、平安朝になつて、怨霊と解される様になつた——怨霊の憑いた病気をものゝけと言うた——が、本来の考へ方でない〔折口 1933a：64〕。

国家の旧伝から見ても、すべてのものゝふは、実は高天原以来の聖職ではなく、神及び神なる人が、此土に於いて征服なされた部族の、呪術及び其威力の根源たる威霊を以て、奉仕せしめられた事から始まつてゐるのは、事実だ〔折口 1933b：28〕。

ものとは、霊の義である。霊界の存在が、人の口に託して、かたるが故に、ものがたりなのだ。古代には、託宣の信仰の証拠がなく、あるものは、神自身としての宣下であり、さうでないものは、過去を保証に立てる叙事詩的の詞章であつた〔折口 1933c：26〕。

物語のものは、一口に言へば精霊である〔折口 1935：330〕。

霊魂は人の体に自由に移植する事が出来るのだし、霊魂自身も自由に脱離し、又は憑倚する事が出来るものと、前代から信じてゐるのだから、かうした御霊信仰が、盛になるにつれて、宮廷以外の氏々家々に祟るものが考

へ出される様になつた。それには，権勢ある藤原一族の人々が，権勢に任せて，人の幸福を奪ふことが多かつたから，それ等のものが，或一人に憑き，或はその家族に憑き，或は更にその一統に憑き，なほ代々に憑くと言ふ様なものも考へられて来た。さうしてますますその信仰が拡つて，どの家にもどの地方にも行はれる事となつたらしい〔折口 1948：240-241〕。

常に我々の住む所には居なくて，周期的に来て，我々を苦しめる小さい神——もの〔折口 1950：326-327〕。

　折口の著作群を概括すると，「もの」の原義はマイナスイメージ，霊的な存在（霊魂），不可視で不定形の存在，神を意味する「たま」よりも一段下の存在（精霊），外から来る存在，人身に入り込みやすい存在を意味し，現在まで続く怨霊や憑きもの筋としての解釈は平安朝に形作られたと見られよう。折口の分析を無批判に受け入れることはできないが，今回引用した箇所では，古代や平安朝における「もの」の用法を折口の手でまとめた形が採られており，日本における「もの」の原義を大きく外れることもないだろう。
　憑きもの[15]の言説における「もの」の用法を俯瞰的に眺めると，古代の原義であった「マイナスイメージ」や「人身に入り込みやすい存在」，「霊的な存在」としての意味が色濃く受け継がれていると見られる。同時に，平安朝に形作られたという「怨霊」としての意味付けは憑きものの起源論にも散見される。折口は，この平安朝に藤原氏への嫉妬を背景として特定の家筋が霊魂——もの——を代々受け継ぐ解釈が大きく広まったとも述べており，これは「憑きもの筋」の意味そのものであるとも捉えられよう。後に憑きものの語における「ツキ」に着目した小松和彦の研究に焦点を当てるが，まずは憑きものという言葉において，「もの」の部分は憑く対象の性質や憑きものの成立を明確に指示しており，決して無意味な部分ではないことを押さえ，次項の議論に臨む。

---

[15] ここでは突発的な事例と家筋に絡む事例を含めた，「憑きもの」全てを指す。

2　人間と動物の関わり──狐や犬に仮託される憑依主体

　前項で「もの」の重要性を確認したため，分析の焦点を「もの」の具体的な内容，要するに憑依する動物に当てる。なぜ憑依する動物に着目する必要があるのかについては，次のように考えると理解しやすい。日本の憑きものの分布を概略すれば，東北に霊能を自称する専門の宗教職能者が存在する一方，近畿地方以西の西日本には憑きもの筋が広く分布し，残された東日本を含む日本各地で突発的な憑きものが度々語られるとまとめられ[16]，比較的明瞭な分布を示していると表現できる〔石塚 1959：22-23〕。仮に，憑きもの筋の言説において憑依する動物に意味などなく，ただ「憑かれた」という状態が人々にとって必要であったとすれば，狐持ちや犬神の分布は先行研究の示す明瞭な境界を見せはしなかったのではなかろうか。例えば，東北に犬神が現れる，もしくは四国に人狐が現れるといった事態も十分想定され，時にはある集落内においてあの家は犬神に憑かれた，この家は狐に憑かれたと，様々な憑依主体が乱立する状態も想定できよう。しかし実際には，日本における憑きものはある程度明確な分布を見せる。これはどういった動物が憑くのかに関しても，人々の意識の上で見落とせない意味があることを示唆しているのではなかろうか。本書では高知県の犬神を中心に扱うため，憑きものにおいて「犬」とは何を示すのかに分析の主眼を置き，考察を進める。

　まずは，憑くとされる動物と神の関わりに注目したい。「憑きもの」において憑くとされる動物は，上述した「もの」としての性格を必要とする。ここで，折口による信太妻（狐）と神との関わりを引用する。

　　神と，其祭りの為の「生け贄」として飼はれてゐる動物と，氏人と，此三つの対立の中，生け贄になる動物を，軽く見てはならない。其は，ある時は神とも考へられ，又ある時は，神の使はしめとも考へられて来たのである。
　　遠慮のない話をすれば，属性の純化せなかつた時代の神は，犠牲料と一つであつたように考へられる。さうして次の時期には，其神聖な動物は，一

---

[16]　信州飛騨地方のゴンボダネのような例外や地域による分布の濃淡も存在するが，議論を進めるため大枠での分布を示した。

段地位を下げられて，神の役獣と言ふ風に，役霊の考への影響をとり込んで来る。さうした上で，一方へは，使はしめとして現れ，一方へは神だけの喰ひ物と言ふ様に岐れて行く。此次に出て来るのが，前に言うた，神の呪ひを受けた物，と言ふ考へ方である（中略）
ところが一方又，地主神を使はしめ或は，役霊と見る様な風も，仏教が神道を異教視して征服に努めた時代から現れて来た。さうなると，後から移り来た神仏に圧倒せられて，解釈の進んだ世に，神としての地位は，解釈だけは進む事なく，精霊同時に，化け物としてのとり扱ひを受けねばならぬ事になつた〔折口 1924：282-283〕。

　折口は，元々狐は神そのものや神の使徒としての役割を担った動物であったが，時代が下るにつれて化け物の地位へ追いやられたと説く。もっとも，化け物にされてしまったとはいえ，日本における信仰の上では，狐は霊的な働きをなし得る動物として，他の動物と一線を画す存在であり続けたと考えられる。今日の日常生活で用いる日本語では，恐れることと敬うことは明確に弁別されつつあるものの，かつては「畏れ」や「畏敬の念」として，「おそれうやまう」ことは珍しくなかった。これは通常忌避されるケガレが文脈に応じて畏れられたこととも通じていよう。ここで，「もの」としての霊的な条件を満たす性質を「神性」と名付ける。すると，憑きものの言説において狐が憑く「もの」と認められる前提として，人々の間に，狐が「神性」を有し「もの」となる条件を満たしているという意識が共有されていなければならない。つまり，憑きものの言説において憑くとされる「もの」にも，その動物が憑いたことで生じる超常の働きを人々に納得させるだけの妥当性が必要とされていたのである。ただし，ここに取り上げた信太妻はあくまでも狐であり，次は日本文化における「犬」にこの「神性」を見出すことができるのかに目を向けねばなるまい。
　周知の通り，日本の歴史において，動物のイヌはオオカミが家畜化された動物とされており，考古学的に出土する遺物から考えると，人間との共存は縄文時代にまで遡ることができる。かつて日本に生息したニホンオオカミはすでに絶滅したとされており，日本において野生のオオカミを目にすることはない。動物骨の研究成果に鑑みると，集団によっては動物のオオカミ，イヌ，キツネ

の弁別が曖昧であり，地域社会で狼の骨として扱われてきた動物骨が実際にはイヌやキツネのものであった例は枚挙に暇がない。なお，生物学では，イヌ，オオカミ，キツネの全てがネコ目（食肉目）イヌ科に分類されており，三者は近縁関係にあるとされる。

中山太郎は，大正期に「お犬様」の信仰に着目し，関東では三峯神社から勧請したお犬様が人々を裁く神として敬われており，その信仰はオオカミが「ミツミネ」と呼ばれる岩手県まで広がっていたと指摘する〔中山1920：1-6〕。近年までのオオカミの護符について議論した小倉美惠子も，縄文時代の遺跡から，当時の人々がアクセサリーに用いたと考えられるニホンオオカミの牙や骨が出土することを受け，修験道や護符として成立する以前から，日本各地にオオカミへの呪術的信仰が存在したと説く〔小倉2011：94-112〕。これらを踏まえると，民間信仰における「狼」は，「大神」，「大口真神」あるいは「山犬」として主神たる霊格を認められていると考えられるが，家筋や血筋によって受け継がれたと見ることは難しく，突発的に現れる神霊としての趣が強い。

以上を踏まえて「犬」の「神性」を議論するには，谷川健一の『失われた日本を求めて』が大いに参考になろう〔谷川1983〕。谷川は「犬」という漢字が魔除けの×（バツ）の借字であることや，隼人が天皇の御幸の際に国の境界や山川道路の曲がり角で，犬の鳴き真似をして悪しき霊を追い払ったことに着目する。谷川は隼人が犬の鳴き真似をした理由について，隼人が自らの祖先を犬とする犬祖伝説を有していたためだと指摘している。ここで挙げられた犬の働きは，国文学において稲荷狐やミサキ（御先）の果たした役割[17]と酷似しており，狼（大神）に対する信仰も混在していよう。また，隼人の犬祖伝説は信太妻における狐と人間の異類婚姻譚と同じく，「神性」を有する動物と人間が結婚し子孫を得ることで，次代の人間に動物の「神性」が受け継がれる説明付けとして機能してきたとも捉えられる。谷川の議論を下敷きに，日本の信仰においては犬もある種の「神性」を有すると意識されてきたと指摘できる。続いて，

---

17) 主神の御幸に先行したミサキ（御先）は，主神と比較して一段神格を低く見られていたと考えられるが，稲荷狐が稲荷大神に変じた通り，この信仰は徐々にミサキそのものを神とみなす方向に動く。また，「御先」の読み方を変えると「オンザキ」となり，これは時に憑きもの筋の呼称としても用いられる。

狐の有する「神性」と，犬の有する「神性」を同じ次元のものとして扱うことが可能であるのかを検討しなければならない。狐と犬の「神性」が異なるものであれば，そもそも両者の比較は意味を成さない。両者の「神性」を繋げるためには，民間信仰における狐と犬の繋がりを挙げねばならないであろう。

　狐と犬の繋がりを示す資料として，犬神の起源伝承に注目する。先述したように，石塚は犬神の起源伝承として，①極限まで飢えさせた犬の首を切って犬神にする，②数匹の犬を戦わせ生き残った最後の一匹を殺して犬神にする，③中国から日本に来た妖怪を討伐した際に妖怪の分割された体の一部が諸国に飛び散って犬神になった，④弘法大師が猪の害に悩まされる農民に授けた犬の絵から犬が飛び出し犬神になったの四類型を挙げている〔石塚 1959：55-57〕。③は時に九尾の狐の殺生石の説話とも結合させられるものであり，こうしたエピソードが形成される背景には，人々の心の中で狐と犬神を同類のものとして考える働きがあったとの推論が成り立つ。同時に，九尾の狐の破片（一部）が犬神となったとされた点から，神霊としての格は狐が上位であり，犬神は一段格下に扱われているとも解釈できよう。さらに，文化9（1812）年に江戸の森田座で初演された長唄の「犬神（本名題「恋罠奇掛合」）」では，狐と犬神の対決が描かれるが，狐が終始単独で主体的に霊力を振るう一方，犬神は行者に使役される存在とされており，ここでも霊的な格は狐に比して下に置かれている。犬神の起源伝承と長唄「犬神」は，「神性」を仲立ちとする狐と犬の強い結び付きを示していると考えられよう。

　さらに，民間信仰上での犬と狐の直接的な繋がりを示すものとして，青森県三戸郡豊崎村大字七崎の白林山善行院で，人に憑いた狐を落とす（祓う）際に用いられたという「狐除之札」がある。石塚がまとめた「全国憑きもの報告集成」における小井川潤次郎の記述によると，この札の作成手順と用法は以下の通りである。

　　内え入時は此札四角札にて四方え押すべし子供の夜啼又一枚書き其子の寝
　　たる上に押すべし以上五枚也狐の字の上に九子[18]を消ゆる様にわざと黒く

18）　原文ママ。「九字」の意と考えられる。

書くべし犬の字は如是見える様にはなして可書　決して不入　加持無之
〔石塚編 1990：425〕

　この説明に添えられた図によると，狐を落とす場合には，札に書いた「狐」の字の四方を「犬」の字で取り囲み，加持祈祷に使用した模様である。ここでも，狐と犬が「神性」を有する動物同士で並び立って考えられていたと指摘できよう。
　これまでの分析から，犬が憑く「もの」として妥当な「神性」を有しており，その「神性」は狐の持つ「神性」と共有する部分のあることが明らかになった。ここからはさらに一歩踏み込み，犬神がどのような姿で人々に捉えられているかにも目を向ける。折口の「鬼の話」によると，「もの」は抽象的で姿を考えないのが普通であったとされているが〔折口 1926a：9〕，近世の随筆以来，しばしば憑きもの筋言説における憑依主体の姿が論じられてきた。この問題については，石塚や明治に元土佐藩士が編纂した『皆山集』が詳しく，両者が挙げる犬神の姿の図像として次の図1-1，図1-2が挙げられる。
　端的に言ってしまえば，これらの犬神の姿は，実在する動物のネズミに見える。さらに，『皆山集』と『日本の憑きもの』の記述にも着目すると，『皆山集』では，高岡郡の犬神を，尾に節はあるがクシヒキネズミに似たものではないかと推定している〔平尾編 1973a；1973b〕。また，石塚は各地の文献資料をまとめ，山口県阿武郡相島の犬神をイヌガミネズミと呼ばれるハツカネズミに似た生物，島根県邑智郡で語られる犬神を四肢や頭がモグラに似たフクロウを最も嫌う小鼠のような生物，九州大分地方の犬神を猫と鼠の中間くらいの大きさの犬の霊とする。石塚はイヌと大きく異なる犬神の姿について，村落社会では動物のイヌならざるものを犬神と呼んでおり，これは狐に関する憑きもの筋の場合も同様だと結論付ける〔石塚 1959：136-146〕。さらに，戦後の高知県で民俗学と人権問題の両者へ積極的に取り組んだ桂井和雄は，『土佐の民俗と人権問題』において，土佐郡土佐山村広瀬の古老から現地で犬神と呼んでいるものを見せてもらったところ，体長5センチメートル前後で大きな頭部と尖った鼻端，長い髭を持つネズミやモグラに似た生物を見せられたと報告している〔桂井 1953〕。

図 1-1　犬神の姿 1

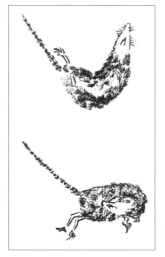

(出所)　平尾編 1973b：597 を参考に作成。

図 1-2　犬神の姿 2

(出所)　石塚 1959：144 を参考に作成。

　これらの図像や記述を概観すると，犬神は基本的にネズミの姿をしており，犬の姿をしている場合も実在する動物のイヌよりは遥かに小さいものとされていたことが分かる。犬神の名称と実際に考えられている姿が違っている理由は，

犬神の性質から考えるべきであろう。犬神の性質として、人に取り憑いて病気にさせる以外にも、枡のはかり込みをして主人の家を裕福にさせる、近隣から肥となる糞便を体中に付けて集め主人の家へ持ち帰る、床下に住む、壺の中で飼われるといったものが挙げられる。仮にこれら全てを実行するならば、犬神はネズミ程度の大きさでなければならない。想像上の存在である犬神に対しても、人々は上記の性質を実現可能なものとするため、犬神に「小さい」ことを要求したと考えられる。また、類似した性質を持つ狐は、近世の稲荷狐信仰や犬神との霊格の違いからも理解されるように、ある程度実在する動物のキツネを離れた想像上の神としての地位を得ている。よって、狐はくだ狐のように完全なる想像上の生物として存在することを許されるものの、犬神の場合、人々の意識は「現実のイヌよりも小さい想像上の犬」を許さなかったと考えられる。このため、犬神の姿は、犬神としての性質を満たすことができる実在の生物、要するにネズミへ仮託されていったとの推論が成り立つだろう。それでは、なぜイヌでないものを「犬」と呼び続けるのだろうか。

　犬神が憑く「もの」として語られ続ける理由として、「犬」という動物が「神性」を帯びていることは狐との繋がりを含めて論じた通りである。では、なぜ犬神ではなく狐が四国での主流にならなかったのだろうか。大きな要因として、四国には動物のキツネがほとんど存在しないことが挙げられる。実生活において遭遇することの少ないキツネよりも、日々目にするイヌの方が人々の意識において妥当性を有することは明らかである。これは同じくキツネの少ない九州において、当地の憑きもの筋の大部分が犬神であることとも共通している。特に犬神の起源伝承で挙げた①と②の事例は、一般人がごく普通のイヌを用いて犬神を作ることを可能にさせる。言い換えれば、人や場所を問わず誰でも作成できるからこそ、何の呪術的知識も持たない一般家庭を犬神に仕立て上げられるのである。また、松永美吉によると、日本各地に点在する「犬」が付く地名の中には、動物としての「イヌ」を指すのではなく、犬見、犬熊、犬泊、犬間（小盆地）、犬吠（狭い尾根上）など「小さい」、「狭い」の意味で「犬」が用いられている例が見出される[19]という〔松永1992:93〕。松永の指摘に従う

19）他に、直接動物のイヌを指す例と、「低い」意味を表す例があるとしている。

ならば，かつての日本における「犬」にはもともと「小さい」という意味が含まれており，犬神も当初は小さな神とイヌの神の両義的な言葉だったと考えられよう。時代が下るとともに「犬」から「小さい」という意味が失われ，言葉としての妥当性を失った犬神は，その憑依主体の姿をネズミに仮託することで，辛うじて言説における因果関係の説明を成り立たせてきたのではなかろうか。

ここまでの議論をまとめると，「神性」と「小ささ」を有し誰にでも手に入る「犬」は，四国における憑きもの（特に憑きもの筋）としての妥当性を有する。そして同時に，実際に犬神が働きかける姿を考える際には，動物のイヌには不可能な小ささが要求され，言葉がかつての意味を失うに従って，微小な動物としての妥当性を有するネズミの姿が借用されたと推測できる。これら二種類の妥当性を柱として，犬神にまつわる言説は四国や九州の地域社会で受け継がれてきたと考えられよう。

3 「憑きもの筋研究」の本格化と遡源的研究動向——石塚尊俊らを中心に

前節で述べたように，憑きもの筋に関する言説には初期から批判が寄せられており，こうした活動を通じて憑きもの筋にまつわる習俗は徐々に弱まる兆しを見せていた。しかし，戦後に社会不安を背景として差別を伴う言説が再燃し，これを批判する形で民俗学を中心とする憑きもの筋研究が盛り上がった。

民俗学における研究の中心を担ったのは，日本民俗学を牽引しすでに「巫女考」を発表していた柳田国男や，民間信仰を軸に広範な研究を遂行した堀一郎，柳田の弟子である石塚尊俊らである。

柳田国男は戦前から憑きもの筋の問題に着目しており，石塚尊俊の述懐によると，早くから憑きもの筋言説の根底に富裕者への嫉妬があるのではないかと予見していたという。また，柳田が監修した『民俗学辞典』で「憑物」の項を紐解くと，人々の憑きもの筋に対する恐れの根底には，仏教の隆盛によって廃れた修験道などの古い信仰を続ける家（もしくは個人）への，得体の知れないことに起因する不安がある[20]と説明されている〔民俗学研究所編 1951：378-

---

20) なお，同項の引用文献として，柳田と早川孝太郎の共著である「おとら狐の話」や，「巫女考」の一部である「蛇神犬神の類」，喜田の「憑物系統に関する民族学的研究」が挙げられている。

379〕。

　堀一郎は、文部省の設置した迷信調査委員会の承認と後援を得て、憑きもの（彼の表記は「憑きもの」だが、紹介されている事例から考えると、「憑きもの筋」の意味である）に関する質問調査を行い、それを全国に発表することで戦後の憑きもの筋研究を先導した〔石塚 1990：489-492〕。堀は、日本各地で見られる憑きものを、根本的には同一の宗教社会学的事象であると考えており、比較研究によりそのプロトタイプを見出すことが、日本人の信仰史の解明に繋がると述べている〔堀 1950：349-351〕。堀が精力的に憑きもの筋研究に取り組んだ理由は、憑きもの筋という「迷信」は極めて根が深く、社会に残る世迷言として単純に片付けることは難しいと実感していたためであろう。

　これまで度々『日本の憑きもの』を引用してきた石塚尊俊は、柳田の憑きもの研究を発展継承し、憑きもの筋研究に大きな潮流を作り出した。先述したように、石塚は、憑きもの筋にまつわる結婚差別で恋人たちが結婚を諦める、場合によっては人生を悲観し死を選ぶという深刻な社会的緊張の解消を目指し、憑きもの筋の全国的な研究を行った。

　石塚は、そもそもの前提として動物霊に憑依されたことや動物霊を使役することに対する畏れが社会に存在しなければ、憑きもの筋として他人を攻撃する言説が成立し得ないと指摘し、その前提条件として柳田が提示した日本の恐魔思想があるとする。こうして柳田のフレームを引き継ぎつつも、石塚自身は柳田の目指した古代日本の思想や国文学への着目から離れ、文献資料に各種憑きもの筋が現れる近世前後に、こうした言説を社会に固定化させる契機があったとの推論から議論を立ち上げる。

　石塚は憑きもの筋の発祥について、特定集団における入村の時期と貧富の格差にずれが生じたことに焦点を絞る。石塚は、ある社会集団の草創期から先住する人々を第一期入村者、彼らに比して遅れて社会集団に参加した人々を第二期入村者と呼称し、第二期入村者によって特定集団内の富や資源が一部奪われる（もしくは独占される）ことに嫉妬した第一期入村者が「憑きもの筋」の言説を生成し、第二期入村者より遅れて社会集団に参加した新来者までもそれに同調したことが、憑きもの筋言説発生の契機になったと分析する〔石塚 1959：155-169〕。より平易な表現をすれば、第二期入村者という新来の成り上がり

者が村落社会で急激に経済力を得たことに対して、古参の人々が嫉妬の念を抱いて各種憑きもの筋言説を形成し、その言説にさらなる新来者までもが同調したことで、日本における憑きもの筋の強固な言説が成立してきたとするのである。本書では石塚の分析を仮に第二期入村者説と呼称するが、石塚自身がこの説は出雲、高知県幡多郡[21]、大分といった「憑きもの多数地帯」に対する分析であり、全ての憑きもの筋の発祥原因とは断定できないと付け加えてもいる。ゆえに、仮に憑きもの多数地帯以外で第二期入村者とは異なるメカニズムで憑きもの筋が発祥したことを指摘しても、そもそもの議論の土台が一致しておらず石塚の研究を乗り越えたとは評価できまい。また、多数地帯であっても、高知県西南部[22]では系譜を遡っても犬神とされた家筋が裕福だった証拠が見付からず、第二期入村者でありながら貧しい家が犬神にされた事例を見出してもいる〔石塚 1959：164-167〕。

　石塚の研究を大枠で捉えると、人狐の出雲、犬神の高知県幡多郡、犬神と蛇神の大分県という三つの憑きもの多数地帯の根底には、共に第二期入村者への嫉妬に根差す攻撃が存在するという、現地調査に基づいた独自の見解を提出したと考えられよう。また、後に自分自身の研究を含めた民俗学全体を「遡源的思考にとらわれがち」だったと反省したように、石塚の研究は憑きもの筋言説の起源解明に重きを置いているとも捉えられよう〔石塚 1990：498-499〕。加えて、平成14（2002）年に刊行された『民俗の地域差に関する研究』に至るまで、社会と憑きもの筋の関係にメスを入れ続けており〔石塚 2002〕、生涯憑きもの筋研究に取り組んだ研究者とも表現できよう。

　民俗学者たちとは異なる視点を提供する社会経済史的研究として、速水保孝の『憑きもの持ち迷信』が挙げられる〔速水 1957〕。速水は自らの家が周囲の人々から狐持ちとされ、実際に差別を経験した。同時に、自身が狐持ちの家に

---

21) 明治12（1879）年に行政区画として発足した郡域。本書を執筆した平成30（2018）年11月末の時点では、三原村、黒潮町（旧大方町と旧佐賀町の合併によって発足）、大月町が属す。石塚が研究を行った昭和20年代前半には多くの市町村が「幡多郡」に属していたが、昭和29（1954）年の中村市（現四万十市南部）の離脱など、その後の度重なる市町村合併で行政上の幡多郡は縮小されてきた。しかし、後述するインフォーマントたちの語りからも読み取ることができるように、行政上の区分から外れたとはいえ、今でも自分たちが「幡多郡」に住んでいると考える人々は数多く存在する。
22) 明記されてはいないが、前後の論理展開から高知県幡多地方の集落を指すと考えられる。

生まれたという立場を活かし，憑きもの筋とされる人々を直接的な被調査者として，多数の一次資料を収集している。速水は，憑きもの筋による差別問題を解決に導くには，現実に存在する憑きもの筋の言説を「迷信」として一方的に批判するだけでは効果が薄く，人々の心へ訴えかけるために，憑きもの筋の発生やそれが受け継がれた経緯――メカニズム――を明確にする必要があると考えており，先述の喜田の問題意識を色濃く受け継いでいると見られる。

　速水は憑きもの筋の発生，特に狐持ちの発生について，享保期の貨幣経済浸透に注目する。速水は，享保期の日本で貨幣経済が浸透するに際して，この潮流に乗じて富を築いた人々と，貨幣経済の流れに乗り遅れ経済的格差をまざまざと見せ付けられた人々が生まれ，新興の富裕者に対する嫉妬の解消として憑きもの筋の言説が発生したと結論付ける。そのため，家の繋がりが強力で農業を家の人間だけで行い格差の生まれ難い東北地方や，逆に貨幣経済が浸透し経済観念が十分発達した近畿地方では憑きもの筋の言説が成立せず，東北と近畿の中間とも言うべき社会経済の発展を見せた西日本でこそ，憑きもの筋の言説が実行力を伴って成立し得たと説く。

　速水の唱える説に対して，『憑きもの持ち迷信』に序文を寄せた柳田は，その仕事に一定の評価を与えつつも，社会経済だけにこだわり過ぎているという懐疑的な見解と，センセーショナルな事例の紹介に終始するあまりゴシップとしての側面を強める可能性があるとの批判を与えている〔柳田 1957：1-8〕。速水も用いた資料の偏りを自認しており，後年には，憑きもの筋を一括して議論した自身の研究を反省し，犬神と狐持ちには異なるメカニズムが働いているのではないかという見解を示している。これは本書の主題とも深くかかわる問題提起であり，その一節を引用する。

　　犬神持ち迷信は，その発生時期と特殊な発生事情とによって，狐持ち迷信とは決定的な差異を生じている。同じように他人を疎外排斥するための理論でありながら，前者は自然経済の中世末から近世初頭に，後者は貨幣経済の浸透してきた近世中期に形成されていると考えている。したがって，犬神信仰には狐神信仰ほど到富の観念が濃くないことも，うなずけるであろう。犬神を使って金持ちになるというよりは，犬神の霊を受けて，魔力

を持つというのである。つまり、犬神には祟り神的な性格がきわめて強く、いわば、前時代的な疎外の理論である。そのうえ、もしも犬神人忌避の伝承が、犬神信仰の背景に横たわっているとすれば、より問題は複雑となる。京の祇園社の犬神人が、戦国の騒乱を避けて、西南日本の国々へ遊行したとすれば、犬神信仰が中国・四国・九州の農村地帯に広く伝播していったことも、とうぜん考えられるところである。それがもっとも典型的な形で発生し、継続してきたのが、土佐と豊後とであったのだろう〔速水 1976：100〕。

要約すると、速水はその後の研究で、犬神への差別は、狐持ちへの差別と発生に時期差があるだけでなく、その根底には経済的嫉妬より人間疎外の理論が強く働いていると分析している。加えて、犬神への人間疎外の理論には、犬神人[23]の帯びる賤民としての性質が影響していると推測した[24]と見られる。第2部で取り上げる高知県幡多地方でインフォーマントたちから得た聞き取り資料にも、速水の言う「前時代的な疎外の理論」を思わせるニュアンスの表現は散見される。さらに、他の憑きもの筋研究がいわば演繹的に犬神や狐持ち、蛇神を「憑きもの筋」と一括して扱ってきた状況に対して、速水の研究は犬神と狐持ちそれぞれを個別に論じる先駆けであったとも考えられる。石塚は速水の研究を彼自身の研究と相互に補完し合うものとして高く評価し、『日本の憑きもの』などで積極的に引用している。

また、土佐民俗学の泰斗であり、高知県友愛会書記長や人権擁護委員として犬神に対する差別の解消にも積極的に取り組んだ桂井和雄は、土佐人の性格に焦点を当てる示唆的な研究を行っている。桂井はすでに挙げた『土佐の民俗と人権問題』において、犬神に代表される県内の憑きもの筋にまつわる差別を紹介し、それらを批判的に捉えている〔桂井 1953：20-25〕。なお、犬神を「迷信」として捉えようとする彼の問題意識は、犬神や憑きもの筋に関する他の著

---

23) 犬神人については第4部で『大方町公民館報』と『大方町史』の記述を取り扱う際に注目することとして、ここでは議論を先に進める。
24) なお、犬神人に犬神の起源を求める考察は、倉光の「憑物鄙話」など先行する憑きもの筋研究で提示されており、速水は自説を倉光の発展継承であるとしている〔速水 1976：51-57〕。

作でも共有されている〔桂井 1954a；1954b〕。

　桂井は犬神に限らず土佐の民俗全般に対して多くの論考を提出しており，ここでは土佐に生きる人々の特性に関する議論に着目する。桂井は，土佐人の根底には「他人の成功を嫉視する性格」や，他県の人を「メダレヲミル（軽蔑視する）」気風があると述べる。特に，メダレヲミル気風は通婚と深く関わっており，同じ文脈で家筋や祖先を重視する心持ちや封建時代さながらの身分関係が土佐には残っているとする〔桂井 1959：291-292〕。これを踏まえると，高知県における犬神の言説や結婚問題の中には，憑きもの筋への差別意識だけではなく，土佐の人々固有の性格が織り込まれていることとなる。そうなると，憑きもの筋の様相は一層複雑になり，その分析は困難を極めるとも予想されよう。桂井は柳田の提示する民俗学の枠組みを積極的に援用し，高知県において柳田民俗学に即した研究を遂行したと表現できるが，単純に全国的な議論に飲み込まれるのではなく，高知県に住み高知県を研究することでしか得られない，膨大な資料の収集と地域住民の独自性の指摘に成功したと言えよう。

　さらに，桂井に限らず高知県の民俗学者や郷土史家の手による犬神の地域研究も，近年まで継続的に行われてきた。桂井和雄主導の土佐民俗学会が発行する学会誌『土佐民俗』では，第8・9号の「犬神談義」〔中越 1964：12-13〕，第27号の「生き霊と死霊」〔中越 1975：12-13〕，第33号の「犬神・オンザキ・トウビョウ」〔神尾 1978：9〕，第43号の「犬神憑・狐憑などのおとしについて」〔水野 1984：8-14〕，第44号の「ものに憑かれた話」〔浜田 1985：22〕など，継続的に憑きものに関する論考が発表されてきた。また，第10号の「土佐憑物資料（一）」〔広江 1965：43-51〕，第11号の「土佐憑物資料（二）」〔広江 1966：24-32〕を著した広江清のように，直接犬神に関係する資料収集に取り組んだ人物も見出すことができる。学術研究以外でも，『土佐伝説全集』や『高知県百科事典』，『土佐の妖怪』では県内の迷信として犬神が紹介されており，高知県全域で一般の人々にも知られた民俗事象であったことがうかがえよう〔松山・寺石 1948：125-135；福田 1976：52-53；市原 1977：267-276〕。

　以上，戦後の民俗学，社会経済史学による憑きもの筋研究を概観した。それらの論点は様々だが，あえて共通点を挙げるならば，憑きもの筋にまつわる差別を解消しようとする明確な目的意識に下支えされていたと言えよう。中でも

全国的な議論を行った石塚の第二期入村者説や速水の貨幣経済浸透説は,「憑きもの筋」の発祥を遡源的に解き明かす斬新なものであったと同時に,多くの事例を一括して議論する演繹的な視座に依拠していたと指摘できる。

第5節　文化人類学における憑きもの筋研究

前節の議論を踏まえ,本節では文化人類学における研究の蓄積を批判的に概観する。この分野における研究は,民俗学を継承する形で参入した日本の憑きもの筋の研究と,諸外国での憑依に関する研究が並行して進められてきた。換言すれば,文化人類学が日本の憑きもの筋と諸外国の事例との比較に着手したとも表現できよう。さらに,小松和彦が「妖怪」に着目することで,戦後の民俗学の研究以来長らく弁別されてきた,憑きもの筋と突発的な憑きものを憑きもの全体の中で再度議論する可能性を見出し,研究上の画期となった。

1　社会機能と比較研究——吉田禎吾らによる共時的研究の開始

言葉に着目すると,一般的に憑きものは「憑依」の訳語である"possession"と同一視される。この訳は一見正しいように見えるものの,憑依を伴いシャーマニズムとしての要素を強く帯びた"possession"と,これまで追ってきた日本の「憑きもの」が指し示す広い意味は,十全な対応関係にあるとは考え難い。あえて言えば,日本における「神がかり」と"possession"は近しい関係にあるものの,憑きもの全体や憑きもの筋を議論する際に,過剰に"possession"に依拠しても新たな知見は得られまい。

戦後の文化人類学者も,「憑きもの」や「憑きもの筋」を日本における"possession"として捉えるのではなく,社会で実際に語られる憑きもの筋の事例を文化人類学的に研究する手法を採った。戦後の憑きもの筋研究は,吉田禎吾と綾部恒雄を中心とする九州大学の研究グループが,昭和30年代末に石塚尊俊から紹介されたフィールドを社会人類学的に研究したことが嚆矢となった〔石塚 1990:498-499〕。吉田らは四国西部の谷ノ木部落[25]における犬神筋を社会人類学的に議論し,当該集落における分布と機能,社会の安全弁としての役割を明らかにした〔吉田・綾部編 1967〕。

さらに吉田は，この研究を下敷きに『日本の憑きもの』を著し，日本社会における発祥や社会機能に限定されていた憑きもの筋の議論を，汎世界的な比較研究の舞台に押し上げる〔吉田 1972〕。例えば吉田は，日本の憑きもの筋をアフリカのアザンデ族[26]やイギリスのエリザベス朝と比較し，それらの相違点と共通点を挙げている。諸外国との比較において相違点が見出されることは特段珍しくないものの，石塚の唱える第二期入村者説にも類似した，新来の成功者に対する先住者の攻撃的言説が日本以外にも存在することを指摘した点はこの研究の白眉と言えよう〔吉田 1972：129-140，143-156〕。また，吉田は，民俗学の研究では問われることの少なかった当事者間の関係について，憑きもの筋とそうでない人々の間に，実際には強い繋がりが見出だせるとの指摘も提出している。当然我々はこうした世界各地との比較研究を無批判に受け入れるべきではない。しかし，日本に限定した議論が行われてきた憑きもの筋言説を世界的な議論の俎上に載せつつも，諸外国の学術理論の援用に終わるのではなく，日本研究としての枠組みを維持したまま遂行された社会人類学の研究は，研究史上に大きな足跡を残したと言えよう。吉田自身も，『宗教人類学』のまえがきで安易な比較研究の危険性を指摘しており〔吉田 1984〕，やはり吉田らの研究は，あくまで「日本」に限定されていた憑きもの筋研究の視座を，あえて比較を用いて世界的な議論の舞台へ押し上げたと見るべきである。吉田にフィールドを引き継がせた石塚は，社会人類学による研究が憑きもの筋の発祥だけに着目した民俗学の遡源的研究の欠を補うものであるとして，大きな賛辞を送っている〔石塚 1990：498-499〕。

　また，しばしば日本の憑きものと比較される国外の事例として，アザンデ人の邪術と妖術が挙げられる。本項では，吉田が海外の事例と日本の憑きもの筋との共通点を見出したこととは対比的に，アザンデ人の事例と日本の憑きもの筋の相違点を見出した上で，地域差による違いを越えた文化的文脈の差による相違点を抽出する。

25）　ここでの集落名は仮名にされているが，後に吉田が『日本の憑きもの』でこの調査を高知県幡多地方の事例として引用しており，幡多地方での調査であったことがうかがえる〔吉田 1972：82〕。
26）　後述する「アザンデ人」とこの「アザンデ族」で表記が揺れているが，ここでは吉田の表記に従った。

『アザンデ人の世界』で彼ら・彼女らの生活を文化人類学の観点から議論したエドワード・エヴァンズ＝プリチャードによると，アザンデ人は日常の不運の説明として邪術（sorcery, bad magic）と妖術（witchcraft）の二種類の語彙を使用している。邪術とは，不正あるいは不道徳とされる呪術[27]であり，意図的に相手を害するものとされる。一方妖術とは，特定の人物の体内に存在する妖物（witchcraft-substance）が発する心的力であり，無意識の内に発動するとされている。そして，邪術を行う者を邪術師（sorcerer），妖物を有し妖術を発動させると目される者を妖術師（witch）と呼んでいる〔エヴァンズ＝プリチャード 2001：8-13〕。

一見すると，意図的に特定の相手を害する目的から放たれる邪術は，高知県物部村のいざなぎ流太夫による式打ちや東北のイズナといった，専門の宗教職能者に使役される憑きものと類似しているように思われる。また，無意識に発動する妖術は，憑きもの筋言説で語られる動物霊が，相手を憎い，羨ましいと思う主人の心を感じ取って命令せずとも自動的に動きだすことと酷似しているようでもある。しかし，日本における憑きもの筋とアザンデ人の妖術には明確な違いが存在する。

妖術と憑きもの筋の最大の違いは，その力の及ぶ範囲であろう。アザンデ人は自身の不運を説明するために妖術という語彙を用いるが，社会において妖術の結果であると認められる不運は命に関わる大怪我や人の死に限られる。水瓶を割る，狩りの最中に音を出して獲物を逃がしてしまうような失敗に対しては，妖術を原因とせず，本人の未熟さに責任があるとされる。仮にそれらを妖術のせいにしようとしても，周囲の嘲笑を誘うばかりであるという〔エヴァンズ＝プリチャード 2001：87-93〕。一方日本の憑きもの筋は，無意識のうちに働く動物霊によって，憑きもの筋に仕立て上げられた家が富を独占しているという謗りが大きな割合を占め，結婚差別や普段の付き合いの忌避など，憑きもの筋であることを理由に日常生活に支障をきたす強い攻撃の対象とされ，憑きもの筋とされてしまった人々に著しい不利益をもたらしていた。

妖術と憑きもの筋に対する，人々の理解そのものも大きく異なっている。ア

---

27) アザンデ人は，邪術以外の呪術は全て善い呪術だと考えている。

ザンデ人にとって妖術は世界に存在して当然のものであり，それゆえに自身の不幸を説明する機能を果たすという〔エヴァンズ＝プリチャード 2001：93-96〕。妖術はあくまでも不幸の説明であり，その原因とされる妖術師が他の集団成員から差別的な扱いを受けているとも見られない。一方，憑きもの筋が持つとされる動物霊は，超自然の存在である。それらは万能の存在ではないものの，少なくとも憑きもの筋でない者にとっては理外の力で主人に利益をもたらすと信じられていた。ゆえにこれらの動物霊は，憑きもの筋の家だけを利する不公平な忌むべき対象とされ，その使役者とされた憑きもの筋の人々への攻撃的な言説へ繋がっていくのである。

　妖術師と憑きもの筋の広がりにも着目しなければならない。アザンデ人の考えでは，妖術師としての資質である妖物は，父親から息子，母親から娘に受け継がれるとされている。彼らの考えでは，同性の親子は男女の諸特性を色濃く受け継いでおり，その文脈で妖物も受け継がれるのだという。そのため，あるクランに妖術師として有名な成員がいる場合も，それに巻き込まれて妖術師の汚名を被るのはクランの成員全てではなく同性の親族であり，死後の開腹によって妖物が見付からず，妖術師としての疑いが晴れた場合も，妖術師の汚名を返上するのは同性の親族だけである。加えて，アザンデ人の教義では，ある人物が妖術師である同性の親から妖物を受け継いでいても，生涯妖物が「冷たい」状態に留め置かれ，妖術を発動させない場合もあるという〔エヴァンズ＝プリチャード 2001：29-33〕。この点に着目すると，アザンデ人の妖術は実質的に個人の資質として考えられていると言えよう。

　一方，憑きもの筋にまつわる言説の大部分では，家筋もしくは血筋で繋がる成員全てが憑きもの筋であり，結婚相手は言うに及ばず，分家，外部からの養子も憑きもの筋となり，分家が憑きもの筋となったことで遡って本家が憑きもの筋となる例さえある。加えて，出雲某浦では，血縁による繋がりを超えて，短期間で憑きもの筋が広まり，その浦全体[28]が近隣の浦から絶縁されたという事例も報告されており〔石塚 1959：110-111〕，憑きもの筋の伝播力は極めて強く，同時にそれを語る人物によって伝播の文脈を恣意的に扱われていると考

28）　その浦に住む全員が憑きもの筋という意味ではなく，集落全体が憑きもの筋とみなされたという。

えるべきであろう。また，一旦憑きもの筋に指定されると基本的にその地位から抜け出すことは難しく，身内に憑きもの筋が出そうな場合は縁を切ることで伝播を防ぐという点も，アザンデ人の妖術と大きく異なっている。

　ここまでアザンデ人の妖術と日本の憑きもの筋の相違点を挙げてきたが，この作業を通じて日本の憑きもの筋（そして，アザンデ人の妖術）の固有の特徴が明らかになった。日本の憑きもの筋は，アザンデ人の妖術と比較して考えることで，社会を成り立たせるための信仰の域を超え，特定の個人や家筋に対する攻撃的言説として成り立っていると結論付けられよう。同時に，吉田自身がその危険性を指摘したように，いくつかの類似点があることだけを根拠として短絡的な比較に走る比較文化研究だけでは，海外の事例に日本の事例を当てはめる，もしくはその逆の事態を引き起こすに終わったであろう。本項では，吉田らの社会人類学的研究の到達点を認めるとともに，日本における憑きもの筋の問題に取り組むためには，第一に日本に実在する事例を綿密に記述し，安易な一般化を施さず事例から立ち上げる研究手法を採るべきであることを指摘しておく。

　なお，速水は吉田が憑きもの筋に一部肯定的な評価を下したことを痛烈に批判している〔速水 1976：94-95〕が，これはいささか感情的な反論と見るべきである。速水の一族が狐持ちとして晒された差別に正当性がないことは当然である。しかし，吉田の言うように，憑きもの筋とされた人々が周囲の人々から攻撃されないよう日常生活での我慢を強いられる一方で，周囲の人々も，憑きもの筋の者の感情を刺激して動物霊を憑けられないように注意して過ごす必要があったことも確かである〔吉田 1972：112-192〕。憑きもの筋の言説は特定の家筋に対する周囲からの誹謗中傷に他ならないのだが，周囲の者たちも内心では実際に相手から何らかの影響を及ぼされることを恐れている点に鑑みると，吉田の議論は，憑きもの筋言説が単なるレッテル貼りではなく，地域社会に根付いた民間信仰の一種であったことを傍証したと捉えられる。文化人類学の研究成果は，それまで「迷信」と断じられてきた憑きもの筋が，実際に社会で果たす役割――経済格差への説明原理と民俗宗教の複雑な重なり合い――を明確にした点で，民俗学の成果にさらなる学術的進展を重ねたと言えよう。

　その後も社会人類学的研究は多くの研究者によって続けられるが，近年は憑

きもの筋による差別が表面的には薄れたこともあり、研究そのものが下火となりつつある。

2 小松和彦による画期――「つき」への注目と説明体系としての憑きもの

その後の憑きもの研究の画期として、小松和彦の唱えた「つき」への注目と「説明体系」が挙げられる。1970年代後半から80年代にかけて、民俗学と文化人類学の橋渡しをするような立場――「妖怪学」と名付けるべきか――から、小松が説明体系としての憑きものを提唱した。小松によると、「憑きもの」の語において重要視されるべきは、「憑き」の部分であり、人々は自分自身や他人の身に起こる説明不可能な出来事を、仮にでも説明するために「ツキ」の語を利用し、何とか現実と折り合いを付けているのだという。従来の民俗学が重視してきた「もの」は、「ツキ」を名詞化するための機能のみを有し、そこに重要な意味はないと小松は指摘する〔小松 1972；1979〕。同時に、小松は座敷童子を例に特定の建築物や特定の部屋に結び付けられている憑きものの存在を指摘し、人間への憑依を主軸に分類が行われてきた、「憑きもの」のカテゴリーそのものにも一石を投じる。小松の議論を下敷きにすると、座敷童子は地域社会の人々から一切制御できない存在と考えられてきたことが分かる。これに対して、憑きもの筋の者に使役されると言われる動物霊も、粗末な扱いをすれば主人に不利益をもたらすとされる事例は多いものの、それらの動物霊は日々の世話を怠らなければ基本的に主人に利する行動を取ると考えられており、人間の制御を離れた座敷童子とは異なっている。座敷童子を憑きもの筋とみなすことは難しく、無理に憑きもの筋のカテゴリーへ当てはめる必要などないことは、本項冒頭の日本における憑依と"possession"の関係で述べた通りである。小松の議論は、戦後の民俗学による研究以来大前提とされてきた憑きもの筋の分類に、「妖怪」を軸に新たな分析の視角を提供したとまとめられよう。

小松の研究は確かに画期的ではあるものの、「ツキ」だけで憑きものを解き明かそうとしても、憑きものの極めて表面的な部分が導出されるだけに留まり、その本質の解明に到達できないのではなかろうか。なぜなら、小松が批判した民俗学の先行研究も、「憑きものが何かを説明しようとするものである」ことを前提とした上で、「では何を説明しようとしているのか」という一歩踏み込

んだ問いに答えようとしており，その根底に格差に対する「嫉妬」があると考えられることもすでに石塚や速水が指摘している。さらに，折口の議論を踏まえると，憑きものの語において，「もの」も憑きものの負のイメージを引き受けていることは明白であり，憑きものを「つき」だけで処理する手法は本当に十分議論を尽くしたと言えるのだろうか。さらに，精神医学の見地から，祈祷や憑依，森田正馬の仕事を再検討してきた大宮司信は，小松の「つき」に限定した議論を次のように批判する。即ち，小松の言う「つき」を，英・独語圏での表現に翻訳すると，「自分はついている」の意を表すだけに留まり，そこに「憑依」の意が含まれないのだという〔大宮司 2016：5-6〕。例示すると，英語で「自分はついている」と表現する場合，"It's going my way"，"Thing's going my way"，"God is with us" などの表現が用いられるが，この表現と「取り憑く」を意味する "possess" は明確に弁別されるという。言い換えれば，日本語における「つき」は，「自分はついている」と「取り憑く」の両方の意味を保持しており，その両義的な「つき」から片方の意味だけを抜き出して議論する小松のフレームだけでは，日本文化における「つき」を議論する上で不十分となるおそれがある。説明体系である程度憑きものを括ることができる点には同意するが，憑きもの研究の射程はその地点に留まるべきではないのではなかろうか。

　しかし，近年まで度々なされてきた，小松の説明体系を援用して憑きもの筋を読み解く研究と，小松自身の研究を一纏めにして行われる小松批判もまた誤りであろう。なぜなら，小松自身は説明体系を野にいる獣や座敷童子など，家筋とは異なる憑きものの機能だとしており，憑きもの筋に対する説明体系の援用は軽く示唆するに留めている。ゆえに，憑きもの筋の問題に説明体系が当てはまらないという論拠から，小松を批判する論法も正しくはないだろう。

　本項では，小松の再評価として，小松の説明体系が憑きものや憑きもの筋を中立的に眺める視座を提供したことを挙げる。特に戦後以降の日本における憑きもの研究は憑きもの筋研究が大部分を占め，それらの研究は差別の解消を目的とし，「憑きもの筋を批判する」という前提のもとに行われてきた。こうした目的意識を否定するつもりは毛頭ないが，これまで行われた研究は，憑きもの（実際には憑きもの筋）を批判――より直言すれば，否定――する資料や方

法論に依拠して行われている。この傾向は憑きもの筋が初めて資料に現れる近世から受け継がれており，憑きもの筋をその社会的背景と切り離して行う研究は少なかった。小松の研究の意義は，そうした先行研究に対して，あくまで憑きものそのものを中立的に分析し，新たな憑きもの研究への端緒を開いた点にあると考えるべきである。

第6節　近年の憑きもの筋研究

　前節で述べた通り，近年は憑きもの筋言説そのものが減少しつつあることもあってか，憑きもの筋あるいは憑きもの研究は下火となり，僅かに続けられている研究も民俗学や文化人類学，「妖怪学」における既存のフレームを新たな地域や事例へ援用する趣が強い。しかし，中には斬新な視点から現代の憑きもの筋研究を切り拓くものも散見される。本節では，香川雅信と近藤祉秋の研究に着目する。

　まず，香川雅信による，徳島県における登校拒否と犬神筋の融合を当該地域の「病因論」から考察した研究に注目する〔香川 1995〕。香川は徳島県K町において，平成3 (1991) 年5月から12月にかけて断続的に約40日間の調査を行い，この地で新たなタイプの犬神筋が現れていることを見出した。

　香川によると，K町に以前から存在してきた結婚忌避を主とするオーソドックスな犬神筋言説とは別に，小中学校の児童や大学の学生が登校拒否になった原因を，優れた学力を持つ子どもへ嫉妬した犬神筋の者による攻撃と解釈する語りが近年出現したという。話者の年齢や論文中に提示された年代から，こうした語りが発生したのは昭和50年代前半から平成初頭であると推測される。K町には病院も存在しており，香川は，現代医学で病気が治らない場合に人々は病を「障り」とみなし，犬神筋と憑きもの落としといった祈祷のステージへ移行すると指摘する。さらに，学校の成績が良くない子どもが憑依状態になった際には，その憑依主体を狐[29]とする語りが存在することから，成績が良い者に憑依する主体は犬神であり，その原因には犬神筋の者は嫉妬深いという従来

---

29)　ここでの狐は狐持ちのような家筋ではなく，突発的な憑依の意味合いで使われている。

のK町における犬神筋への理解との関連があると考察する。香川はこれらを総括し，地域社会の紐帯が弱体化したことで，講や集会などの犬神筋と犬神筋でない者が同席し犬神筋差別の舞台となった場が減り，今なお強制的な集団生活の場となる学校が，新たな犬神筋差別の舞台になったと結論付ける。

　香川の研究は，昭和晩期から平成初頭にかけて犬神筋が変容を遂げたことを示すとともに，K町の事例に限られてはいるものの，犬神と狐の違い，換言すれば憑きものの個別性に言及したと評価できる。後に示す筆者のフィールドデータも，これまで犬神の語彙で一括りにされてきた憑きもの筋が，変容すると同時に，同じ名であっても地域によって，場合によっては同地域の個人間でも個別性を有する可能性を示唆している。加えて，長らく前近代的な迷信としての位置に据えられてきた憑きもの筋の問題が，時代が下った近年においても，当該社会における最先端の社会現象と結び付き，新たな展開を見せる事例を示した点も重要な貢献である。香川が示した「徳島県K町の犬神筋」の特徴的な事例は，憑きもの筋の問題はそれぞれが独自の地域性を有するとともに，その地域毎の事例が生活世界との間で様々な相互作用をなしている可能性の一端を示していると見られよう。

　次に，近藤祉秋の仕事に注目する。本書では，後に石塚ら民俗学者による戦後の憑きもの筋研究が，アクターネットワーク理論（Actor-Network Theory，以下，ANT）とも近しい独特な段階に到達していることに触れるが，憑きもの筋研究へ直接的にANTを援用したものとしては，雑誌『現代民俗学研究』上で展開された近藤と梅屋潔との論争が挙げられる。

　近藤は隠岐の島町某地区のO家における，人間と蛇神の関わりをポール・ナダスディとブルーノ・ラトゥールの議論に引き付けながら考察する。近藤が依拠した理論を補足すると，1980年代頃から文化人類学の領域では，ブルーノ・ラトゥール〔ラトゥール1999；2008〕，マリリン・ストラザーン〔ストラザーン1988；2015〕らが，客観性と主観性の間を繋ぐ論考を次々と発表し，こうした一連の学問潮流はANTと呼ばれた。ANTは日本においても「人類学の静かな革命」として積極的に援用され，春日直樹らに強い示唆を与えている〔春日編2011〕。中でもラトゥールの指摘は，従来完全なる客観性に立脚し主観の入り込む余地がないと考えられてきた「科学」が，無限の世界から分析

対象の要素だけを切り抜く主観的で戦略的な営為であることを明らかにした。近藤は石塚ら先行する憑きもの研究者の欠点は，人と動物の関わりを人間同士の関係論に置き換え，動物が持つ主体性を看過した点にあるとし，ANT の導入によって，非人間である蛇（動物）が O 家の人々にとっては確固たるエージェンシーとして立ち働いていると指摘する〔近藤 2013〕。

　近藤論文の意義は，近藤自身が最初に問題設定を明確にしたことで，狭い範囲ながらも憑きもの研究に非人間，さらに言えば非実在の存在をエージェンシーとして扱い得る新たな視野を提供したことにある。なお，憑きものにおける憑依者と被憑依者のネットワークに注目した研究は近藤以前にも存在する。例示すると，昼田源四郎は狐憑きの研究を通じて，『源氏物語』における六条御息所による葵の上への憑依を，従来の六条御息所から葵の上への攻撃という見方を改め，葵の上が六条御息所に憑依されたと口走ることで，憑依者である六条御息所を周囲に悪として周知させるという，葵の上側からの攻撃であったと分析している〔昼田 1997〕。『源氏物語』はフィクション作品であるものの，これは速水の家が狐持ちとされた経緯[30]にも共通する部分があり，憑きもの筋の問題においては，相手の視点，周囲の視点を想定しながらアクター（主体）が立ち働く事例は珍しくないとも捉えられよう。しかし，これまでの研究が憑依する動物霊が物質的には存在しないことを理由に，憑きもの全般に関する言説を迷信や民間信仰として扱ってきた潮流に対して，そうした非実在の存在がアクターとして働き得る可能性を示した近藤の着眼点は，憑きもの研究に新たな切り口を提供したと見られる。

　同時に注目すべきは，この近藤論文に寄せられた梅屋潔のコメントである。梅屋は近藤の議論の精緻さを認めながらも，近藤による憑きもの理解を以下の二点で誤っているとして強く批判している。第一に，「憑きもの」の語に先述した突発的な憑きものと憑きもの筋が存在することを区別せず，石塚を批判的に扱っている。第二に，近藤の憑きもの先行研究理解では，「社会変化」が視野に入っていない，との指摘である〔梅屋 2013〕。近藤の理解に社会変化に対する視座が欠けていたかについては疑問を残すものの，憑きものを一括して扱

---

30) 速水の家は神がかりに陥った者に狐持ちだと名指しされたことによって，狐持ちの家とされてしまった〔速水 1957：175-182〕。

う難しさは，先に挙げた戦後の民俗学・文化人類学の諸研究や速水の抱いた疑問をみれば明らかであり，この点では梅屋に賛同できよう。仮に近藤が「憑きもの」を区別することに意味はないと考えていたとしても，梅屋への反論〔近藤 2014〕においてそれを明確に示すべきであっただろう。さらに梅屋は，近藤との間で続けられた論争を通して，近藤の議論は理論的な纏まりを優先するあまりレトリックが事実と乖離する段階に至っており，事実に立ち戻るべきとの批判を提出する〔梅屋 2014〕。

　「憑きもの筋」に問題を限定して考えるならば，梅屋の指摘は的を射ており，その批判を強く支持できよう。しかしこの論争については，梅屋の指摘を認めると同時に，「憑きもの筋」への着目で硬直しつつあったこの研究領域に新たな視座を与えたものとして，近藤の仕事にも一定の評価を与えるべきである。近藤自身が言うように，彼は憑きもの研究ではなく，憑きものを通して「人と動物の関わり」を研究しようと試みており，憑きもの研究や憑きもの筋研究としての厳密さに欠ける点も散見されるものの，憑きものを事例に新たな研究視座を拓いたこともまた事実ではなかろうか。

　同時に，単なる研究対象ではなく社会的緊張を伴う問題として憑きもの（特に憑きもの筋）を扱う，民俗学を中心に継承されてきた実学としての視座も忘れてはならないだろう。本章の結びとして，憑きもの筋による差別の成り立ちと変遷，現代での在り方という社会的緊張の高いテーマをあえて研究する意味に言及しよう。人権の観点からすれば，憑きもの筋による差別は当然廃すべきだが，そうした差別を根絶するためにはこの差別という問題の綿密な研究が必要であると考えられる。なぜなら，研究者や行政から強圧的に憑きもの筋にまつわる差別を否定されても，そうした差別を長年続けてきた人々の心への効力はあまり期待できないだろう。それは憑きもの筋の言説を今なお意識し続ける人々が，人権への理解力を欠いているなどという意味ではない。喜田や速水が指摘したように，人間は，これまで当然として受け止めてきたことを，外部の者から突然否定されても，なぜ否定されているのか理解し難いものである。むしろ，差別の全容を示すことで初めて人々が憑きもの筋について客観的に考えることが可能になると言えよう。

　加えて，憑きもの筋による差別のメカニズムの解明は，今後「犬神」が名や

形を変えて再発することを防ぐ意義もあると考えられる。続く第2部ではインフォーマントの語りを取り上げるが，それらを顧みると，高知県内でも近年は「犬神」に付随する諸問題は大きく薄れつつあることが分かる。それならば，このまま何も言及せず放置しておけば，「犬神」に関する言説は消失するのだろうか。確かに「犬神」という名称での差別は，数十年後には消えている可能性が高い。しかしながら，差別の根本的なメカニズムを明らかにしないままでは，人々の意識から「犬神」観の消えた遠くない未来にも，名前こそ違えどもそのメカニズムを同じくする新たな差別が生まれる可能性が残されてしまう。そうした将来の悲劇を未然に防ぐためにも，現時点で「犬神」のメカニズムを解明しておかなければならない。現在求められている憑きもの研究とは，生活世界の人々に寄り添う実学としての眼差しと，時にはあくまでも冷静に学術研究を遂行する研究者としての視座を両立させ，眼前の問題のみならず未来をも視野に入れたものでなければならないはずである。

第 2 章
憑きもの筋研究再考
学術研究の傾向と「強制力」としての機能

　前章で概観したように，憑きもの筋とは西日本を中心として近世に出現したとされる比較的新しい憑きものであり，憑きもの筋とされた者は，周囲の者から結婚を忌避される，謂われなき人格攻撃を受けるといった強い差別に晒されてきた。憑きもの筋の言説は強い差別を伴うため，近世の登場以来，随筆や精神医学，歴史学から批判的に分析され，時代が下るにつれてその言説もやや薄まる兆しはあった。しかし，戦後の社会不安を背景に憑きもの筋差別が再燃し，重大な社会問題を引き起こした。この問題へ真っ先に対応したのが柳田国男や石塚尊俊，堀一郎などの民俗学者たちであり，彼らの活動は学術的関心のみならず，眼前で差別に苦しむ人々を手助けしたいという民俗学の「実学」としての自負——近年の表現を借りれば，高い「公共性」——に下支えされたものであった。こうした学術研究の生活世界への還元を前提とする姿勢は，後に石塚のフィールドを引き継ぐ形で憑きもの筋研究に携わっていった文化人類学にも受け継がれている。

　本章では，日本における特徴的な言説「憑きもの筋」に伴う社会的緊張，学術研究の憑きもの筋に対する問題意識を確認し，日本において憑きもの筋が研究のメインテーマとなり得た背景を再考する。これらを考察することで，冒頭に挙げた高知県幡多地方の「犬神」観の変容を促した「強制力」——迷信打破への方向性を帯びた内外からの力——と，この「強制力」と生活世界の人々——生活者——の間に発生した相互作用を明らかにするための道筋を導出する。

第1節　憑きもの筋研究再考——「公共性」への視座

　特に近年の憑きもの研究では，石塚ら民俗学者たちの手による研究が「憑きもの筋」に限定されていることを批判し，その反例として突発的な憑きものや専門の宗教職能者を挙げるに留まるものも散見される。しかし，『日本の憑きもの』に鑑みると，石塚が憑きもの筋以外の憑きものの事例も広く知っていたことは明白である〔石塚 1959：75〕。ゆえに我々は，反例を示すだけの皮相的な批判に終わるのではなく，民俗学者たちが「あえて」憑きもの筋に焦点を絞った意味を再考し，現代社会における憑きもの筋や憑きもの全ての研究に活かすべきであろう。

　『日本の憑きもの』の冒頭やあとがきを読めば，石塚がいわば憑きもの筋に偏った分析を行った背景には，憑きもの筋言説が引き起こす社会問題を可能な限り解消しようとする強い想いのあったことが理解できる〔石塚 1959：1-20, 293-297〕。この明確な目的意識は柳田や堀，速水らにも共有されており，近世から戦中まで続けられてきた，随筆・精神医学・歴史学の問題意識を引き継ぐものであったと考えられる。また，憑きもの筋の問題に限らず，民俗学が草創期から明に暗に志向してきた経世済民の「実学」としての意識も根底にあったであろうことは想像に難くない。

　さらに，石塚や速水らの研究成果は，当時から新聞やラジオを通じて積極的に生活世界へ還元されるものであった。学術研究の成果は即座に一般社会へ還元されるとは限らず，特に自然科学の基礎研究や人文科学の研究においてこうした傾向は頻繁に見られる。これに対し戦後の憑きもの筋研究は，喫緊の社会問題の解決を意図したがゆえに，研究成果が時を置かずに生活世界へ働きかけ社会的緊張を緩和することを期待されるという，人文科学の研究としては珍しい特徴を秘めていたと指摘できる。

　社会人類学の見地から憑きもの筋研究に取り組んだ吉田や綾部も，理論的進展に加えて，差別問題である犬神への迷信を打破するという，近世以来継承されてきた実践的目的には強く賛同していた〔吉田・綾部編 1967：6〕。小松和彦も，『憑き物耳袋』の序文において，憑きもの筋言説が引き起こす社会問題へ

取り組んだ倉光や喜田の問題意識を肯定しており，アカデミズムのみに傾倒するのではなく，学術研究の社会還元にも一定の理解を示していたと表現できよう〔小松 2008：1-6〕。

　しかし，これまでの憑きもの筋研究には，研究成果の社会還元が目的とされてきたにもかかわらず，生活世界の言説へ学術研究の言説が及ぼした影響の検証が今日までなされていないという，大きな問題が残されている。戦後の民俗学以降の憑きもの筋研究は，憑きもの筋の言説に付随する社会問題の解決と，客観的な研究の両立を目指していたと振り返ることができる。また，センセーショナルな事例の紹介に傾注する研究手法へ柳田が鳴らした警鐘は，大正期に南方熊楠が『郷土研究』へ寄せた民俗学批判との共通性も見出されよう。この点に鑑みると，「憑きもの筋研究」は，研究成果の社会還元を大きな目的とするがゆえに，客観性と実践性に基づく研究手法を模索してきたとも考えられる。しかしながら，管見では実践的な憑きもの筋研究が生活世界にいかなる影響を及ぼしたのかを考察する先行研究は見出せなかった。すでに挙げた石塚や速水，吉田らの研究から分かる通り，先行する憑きもの筋研究者たちが自らの研究の実践的波及効果に興味を抱いていなかったと解釈することは難しい。むしろ，西日本各地を中心に憑きもの筋が引き起こす社会問題が喫緊の課題であったからこそ，まずは眼前の問題解決に注力したと受け止めるべきであろう。

　一方，憑きもの筋を原因とする結婚差別や人付き合いの忌避が近年は下火になりつつあることは事実であり，遠くない将来に各種「憑きもの筋」の名を冠する諸問題は人々の記憶から忘れ去られるであろう。もっとも，喜田が大正期に指摘したように，社会問題の解決を人々の記憶からの風化に任せるだけでは，将来的に消滅した（と思い込んでいる）社会問題と機序を同じくする新たな問題が発生する危険もある。ゆえに，二十一世紀初頭の「現代社会」で憑きもの筋を研究する意義とは，この民俗事象が弱まりつつも人々に記憶されている時期であるからこそ，喫緊の社会問題への対応を一旦離れ，客観的にこの事象の機序を明らかにし，将来同種の問題が生じる事態を防ぐことにあるのではなかろうか。

　奇しくも近年の文化人類学では，「公共人類学」として文化人類学が実際の社会問題に力を貸す研究が注目されつつある〔山下晋司編 2014〕。しかし，こ

こまで見てきたように，戦後の民俗学を中心に「憑きもの筋研究」に携わってきた研究者たちは，近年の研究動向に先駆けて，高い「公共性」を発揮し[31]，日本社会における問題解決に尽力してきたと言えよう。つまり，公共人類学が「公共性」を生み出したのではなく，我々文化人類学者が「公共性」という分析のフレームを得たことで，これまでのアカデミズム上で看過してきた過去の研究群に隠された意義を，再評価できる段階に達したのである。

第2節　憑きもの研究における資料の方向性と蓄積量

　前節を踏まえ，憑きものに関する資料そのものに関する考察を行う。日本の憑きもの資料，特に憑きもの筋に関する資料は，付随する差別を批判するという明確な目的を抱いて書かれたものが大部分を占める。言い換えれば，憑きもの筋の資料は，内容や分析結果が多様に存在するとはいえ，大部分が「憑きもの筋を否定する」という共通項で結ばれている。

　差別を伴う憑きもの筋の言説を擁護する意図は毛頭ないが，憑きもの筋を「批判」する立場から書かれた資料は，分析や解釈の前段階として大きな視点の偏りがあることを見落とすべきではない。こうした偏りを排除するため，憑きもの筋を中心とする憑きもの諸事象に対して中立的な立場から書かれた資料に，我々は今こそ注目すべきではないだろうか。例えば，柳田は戦前の日本各地に橋浦泰雄らの子弟を送り，各地の民俗を住民のありのままに語らせ，山村海村調査の資料にまとめ上げている〔柳田編 1937〕。こうした資料は憑きものと直接的に関連するものではないが，その中立な立場ゆえに，当時の狐や狸にまつわる民俗を写実的に書き記している。憑きもの筋に関しても，いまだにこれにまつわる差別は存在するものの，その強度は戦後と比べても大きく薄れている。こうした現状を憑きものに関する言説が薄れていく過程として捉えることは当然ながら，同時に，社会問題の解消を至上問題にするだけではない，新たな憑きもの筋研究が可能な時期になったと受け止めることで，憑きもの筋

---

31)　本書で考察する「憑きもの筋研究の公共性」は，一貫して「憑きもの筋にまつわる社会問題の解消」を志向してきたと表現できる。一方，歴史的な変遷とともに「公共性」の目的が変容した事例としては，後述する「高知県内の生活改善」が挙げられる。

問題への新たな突破口が開かれるものと期待される。

　また，憑きものは今日まで一括して扱われてきたものの，その資料の蓄積には大きな隔たりが存在する。端的に表現すれば，憑きものの資料は狐に関するものが大部分を占め，憑きもの筋で狐持ちに次ぐ広がりを持つ犬神でも，その資料の厚みには遠く及ばない。その顕著な一例として，金子準二の仕事〔金子 1966；1967〕が挙げられよう。これらは，狐憑きに関する資料を説話から芸能に至るまで幅広くまとめ上げ，索引や同類語による分類を付与している。こうした体系的な研究は，犬神など他の憑きものには存在しない。狐とその他の憑きもので，資料の絶対量と分析に大きな隔たりがある以上，狐の分析に「憑きもの全体」の分析が引き寄せられることは想像に難くなかろう。実際に，民俗学の憑きもの筋研究は，狐持ちの分析を中心にして経済的格差論へ収斂している。速水は，憑きもの筋の汎日本的な研究を行うためには膨大な資料の蓄積が必要であり，柳田のみがそうした資料を一手に引き受け，重出立証法（比較研究法）によって帰納的な全国研究を可能にすると期待していた〔速水 1976：86-87〕。これは上記山村海村調査に対する筆者の期待とも大きく重なる考え方だが，社会科学の量的調査などに見られる，統計処理を用いた各データへの属性付けと分類だけでは，絶対数で勝る狐の属性を色濃く示すこれまでの研究動向と同じ結論にしか到達できないであろう。

第3節　社会への「強制力」として働く「憑きもの筋研究」

　これまでの議論を踏まえると，先行する憑きもの筋研究は，生活世界に対して一種の「強制力」として働きかけてきたと結論付けられよう。この「強制力」は，憑きもの筋言説に付随する差別を解消するという明確な方向性を有しており，ベクトル的性質を有してきたと捉えられる。

　この問題意識の下で憑きもの筋研究は進められてきたと考えられるが，「公共性」や「実学」への視座も加味すると，「強制力」の効力までもが問われたはずである。つまり，いかなる手段で研究を遂行し生活世界に還元すれば最大の効果が得られるのかについても，先行する憑きもの筋研究は自問を繰り返してきたと推測されるのである。

石塚，速水，吉田らの研究を概観すると，その「公共性」への着目は日本全国を対象とした演繹的研究に集約されてきたと指摘できる。先述の通り，石塚は地域による濃淡の差や同一地域における別種の憑きもの同士の重なり合い，多数地帯における例外に気付いた上で，日本全国を一括し「憑きもの筋研究」を行ってきた。これは他の研究者にも見られる傾向である。こうした研究手法は時に皮相的な憑きもの研究から批判される点でもあったものの，石塚ら自身がこうした論理的矛盾に気付いていた以上，そうした矛盾をも抱え込んで全国的な議論を行う必要に駆られていたと受け取るべきである。そうした喫緊の要請こそ，「公共性」を基盤とする生活世界への還元の効率であり，日本全国の憑きもの筋を大枠で捉え，時には例外も巻き込みながら広い視野からの議論を行うことこそが，生活世界に対する研究成果の還元を最大効率で成し得る手段だったのであろう。後に取り上げる文献資料では，石塚や速水，吉田，小松の研究が度々引用・言及されており[32]，彼らの「公共性」への取り組みは，実社会に働きかける「強制力」として看過すべからざる影響を及ぼしたと考えられる。

　以上，第1部では先行研究の批判的読解と，その裏に隠された「公共性」への取り組みを明らかにし，そうした先行研究群そのものが生活世界への「強制力」として働いてきたことを指摘した。

---

[32] なお，人々による引用や言及の方法は様々であり，学術研究を無批判に受容したとは結論付けられない。

第 2 部
▼
高知県における「犬神」観の変容

第3章
現在の「犬神」観の事例
高知県と徳島県でのフィールドワークから

　本章ではフィールドワークから得られた現在の「犬神」観に関する語りを分析する。本書に取り上げる23の事例は，2011年8月7日（日曜日）から9月15日（木曜日）にかけての合計40日間を皮切りに，2018年8月まで断続的に実施してきた高知県幡多地方と徳島県賢見神社における聞き取り調査を通じて，インフォーマントから得られたインタビューデータに基づくものである。なお，取材拒否や「両親に聞いて欲しい」などの理由で他者にインタビューを引き継ぐ形となった事例は，後述の事例13，事例18以外には取り上げていないが，実際には本書で紹介する3倍程度のインフォーマントに聞き取り調査を実施した。

　第1部で触れたように，憑きもの筋言説には強い社会的緊張が伴うため，インフォーマントたちの本名や居住地が明らかになることで，実生活における不利益を生じさせることも懸念される。このため，賢見神社の宮司を務める漆川夫妻[33]を除く，全ての氏名はアルファベット大文字での仮名とし，市町村以下の大字や地名，集落の名称は「（ギリシア文字小文字）集落」の表記に統一した。また，インフォーマントの中には何度か調査を依頼した人物も含まれているため，各話者の年齢に関する情報は生年を基本とし，参考として2011年に初回調査を行った際の満年齢を併記した。調査地の大まかな位置は，地図3-1，地図3-2で示したが，具体的な集落の特定を避けるため，各集落の生業の詳しい記述や，集落内の写真，地図の掲載はあえて控えている。

---

[33] 漆川夫妻からは，本名で登場させることに対する承諾を得ている。

フィールドにおける「犬神」にまつわる知識や「犬神」観に対しては，人々の考えを可能な限りありのままに表現させるため，インフォーマントから求められない限り，筆者から彼らの知識に対する補足訂正は行っていない。これは，文化人類学者がフィールドに犬神の知識を伝えることで，犬神に起因する社会問題が再燃する悲劇を防ぐ意図もある。インタビューデータの中には日本語として不自然なものも散見されるが，これは話者たちの語りを可能な限りありのままに表記するためであり，意味が理解し難い箇所には括弧を設け筆者が説明を加えた。

第1節　高知県でのフィールドワークから得られた事例

　戦後の石塚や桂井の研究に鑑みると，高知県内には犬神と蛇神にまつわる憑きもの筋の言説が広く浸透しており，これらに付随する社会的緊張も強力であったことがうかがえる。本書では，高知県西部の幡多地方をフィールドに定めた。幡多地方は，応仁2（1468）年に一条教房が京都から土佐幡多荘[34]へ下向したことで京都風の文化が花開いたとされており，現地の人々も一条公の下向を自分たちの文化のルーツと捉えている場合が多い。また，方言の上でも，高知県中部・東部とはイントネーションや語彙に顕著な違いを見せる。こうした文化的な特殊性に加えて，幡多地方は戦後の民俗学や文化人類学でも度々研究対象にされており，過去の研究成果と筆者の得たデータとの比較が可能である。

1　三原村での事例

　三原村は行政区分の上でも幡多郡に属す，周囲を山に囲まれた内陸の村である。農業は米作が盛んであり，現在はその豊富な米資源を活かして作ったどぶろくを売り出してもいる。村の全域が山地であることから，農業従事者は猪を中心とした獣害に悩まされており，年々動物が人里近くまで現れるようになってきていることに頭を抱えている。三原村では，以前に中央大学による民俗学

---

[34]　現在の四万十市に含まれる旧中村市域。

地図 3-1　高知県全体図

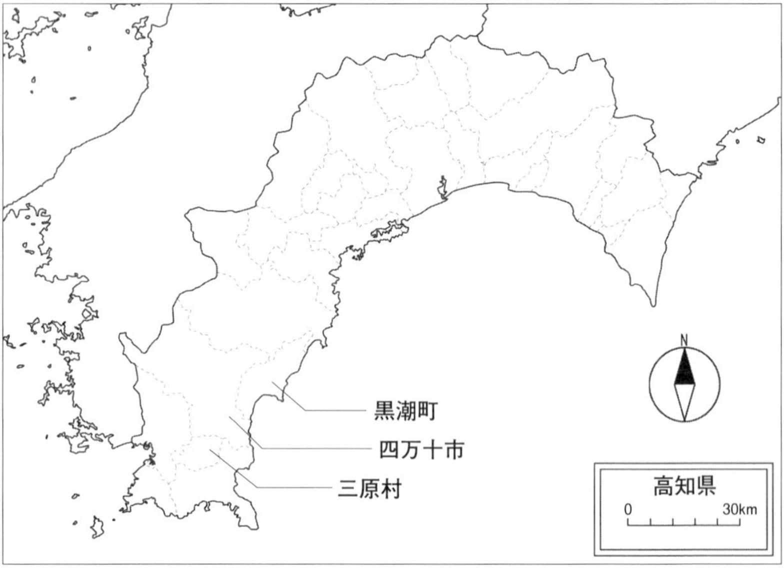

(出所)　筆者作成。

地図 3-2　調査地周辺図

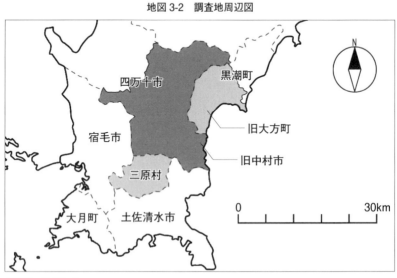

(出所)　筆者作成。

的な悉皆調査が行われていた〔中央大学民俗研究会編 1964〕ことも手伝って，村役場や教育委員会の理解が得られたため，比較的スムーズに調査を遂行し得た。

(1) 三原村 α 集落

α 集落は後述する黒潮町 η 集落に居を構える T 氏の出身地であり，T 氏によるとかつて犬神として「てがった（からかった）」相手のいた集落だという。もっとも，T 氏が住んでいた頃の α 集落は 2018 年現在よりも広い範囲を指したため，T 氏の言う犬神とされた家は，次に紹介する現在の β 集落にあった可能性も考えられる。

【事例 1】A 氏（昭和 24 年生，調査当時 62 歳，男性）の話
　　（犬神とは）差別用語，えた・非人の類かもしれない。「つちの日」という木材に虫が付くとされる日が年に 6 回ある，これはいわゆる迷信である。（犬神も）迷信だとは思うが，過去に何か根拠となることがあったのかもしれない。犬神は正しくない知識だとは思う。ハンセン病患者や結核，古くは肺病が嫌われ，こうした病気の患者を出した家は「あそこの家は……」と言われ，十字架を背負わなくてはならない。一人そういう患者を出すと，家全体が地域から嫌われる。

　A 氏は，独特の「犬神」観を抱いている。彼は「犬神」という言葉をえた・非人などの差別用語の一種かもしれないと捉えており，犬神と同和問題を関連付けて意識している。また，「犬神」の者に対する周囲の嫌悪は，ハンセン病や肺病（結核）といった，かつて恐れられていた病気に罹患した者への嫌悪と近しいものだという。また，これらの病の罹患者を一人出すと家全体が地域から嫌われると語るが，これは「犬神」として一家全てが嫌われる文脈にも共通していることを伝えようとしていると受け止められる。ここから，A 氏の意識の上では，「犬神」は一家の成員がある日突然なるものであり，そこから一家全体が嫌われるという流れを踏むと理解されていると推測されよう。

(2) 三原村β集落

β集落は，現在の住所区分では別の集落とされているものの，村史などの文献資料を紐解くと，古くは上記α集落の一部であったことがうかがえる。

【事例2】B氏（昭和2年生，調査当時84歳，男性）の話

　　（犬神持ちのことを）昔は言ってまわっていたが，最近はあまり言わない。はっきりとは知らないが，犬神持ちは一般の氏族とは縁遠い人たちだった。犬神持ちは三原でも裕福な家庭が多かったが，私は具体的な家は覚えていない。

【事例3】C氏（大正10年生，調査当時90歳，男性）の話

　　（犬神について）小さい頃に聞いたことがある。犬神の方には，嫁いだり，（犬神の方から）嫁をもらったりしない。私は（犬神について言うことには）反対だった。

　　現在は（犬神への差別や家筋そのものが）もうない。犬神とそれ以外で経済的な差はなかったと思うが，具体的にどの家が犬神かは忘れた。

【事例4】D氏（昭和15年生，調査当時71歳，男性）の話

　　犬神とは血の関係のことではないか。（犬神とは）生まれながらに血が濁っていたり，ブツブツが出たりする人種であり，要するに同和問題のことである。（犬神のことを）めったな所で聞くものではない。私は犬神ではないが，今でも犬神を嫌っている人がいる。犬神とは結婚したりするものではないと言われていた。現在では犬神持ちは結婚で混ざり合っている。

【事例5】E氏（昭和7年生，調査当時78歳，男性）の話

　　外に出ていた（村外に住んでいた）のでよく分からないが，（犬神は）この部落の話ではないと思う。

B氏の話では，「犬神持ち」のことは，「昔は言ってまわっていたが，最近はあまり言わない」とされている。昔が何年前を指すのか不明ではあるが，犬神

持ちに関連する言説が近年は少なくなっていることがうかがえる。「あまり言わない」という表現は，「犬神持ちの家を意識してはいるが，表面的には言わない」ことを意味している可能性も考えられるが，断定はできない。また，Ｂ氏の知る犬神持ちは一般の氏族とは縁遠い人たちで，裕福な家庭が多かったという。先述の通り，石塚や速水は犬神とされた家筋に経済的優越が見られなかった可能性を指摘しているが，Ｂ氏の知る犬神持ちは，裕福であるがゆえに周囲から攻撃されるという，先行研究が数多く指摘してきた「憑きもの筋」差別の文脈に合致する例であったと見られる。また，「三原でも裕福な家庭が多かった」ことから，犬神持ちとされた家が複数あったとも考えられよう。さらに，「昔は言ってまわっていた」と語られているが，かつて犬神持ちについて言ってまわっていた人々とは，Ｂ氏より年長の世代の人々であろう。この点から，Ｂ氏より上の世代とＢ氏の間で，犬神持ちという言葉を使用する頻度に差があると考えられる。

Ｃ氏は犬神について小さい頃に聞いたことがあると話す。Ｃ氏は犬神に関して，「犬神の方とは結婚しない」と表現しており，かつては犬神の家と犬神でない家が「方」という言葉で区別されていたことが分かる。大正 10（1921）年に生まれたＣ氏が子どもの頃は戦前を指すと考えられるため，Ｃ氏は戦後の社会不安や新興宗教乱立によって再燃する以前の犬神観を経験した可能性が高い。

Ｃ氏の語りで注目すべき点は，犬神にそれ以外の者との経済的格差が見られなかったことである。これは犬神持ちに裕福な家庭が多かったというＢ氏の語りと相反している。両者の語る内容に食い違いが生じた原因には，Ｂ氏とＣ氏がそれぞれ異なる「犬神持ち」と「犬神」を意識していた，同じ家筋や人物を意識しながらも経済的状況に対する共通の理解がなかった，聞き取り調査の際に意図的に情報を操作して筆者に語ったなど，様々な可能性が想定できる。しかし，いずれの場合にしても，犬神に関して強固な一枚岩の言説を村落社会で共有してきたとする先行研究の知見と異なる語りが，現在の三原村で見られることに違いはない。

また，Ｃ氏も犬神の具体的な家は忘れたと語っている。先行研究に鑑みると，時代が下るに伴って徐々に薄れる兆しが見えていたといえども，戦前の段階で

幡多地方における犬神の言説が「聞いたことがある」程度にまで弱められていたとは考え難い。仮にC氏の語りを全て真実としても，C氏は戦後の憑きもの筋言説の再燃も経験しているはずであり，それらを全て忘れることは難しいのではなかろうか。あえて踏み込んで解釈するならば，犬神に関して口外すべきではないという想いから，具体的な家は忘れたと筆者に語ったとも推測されよう。つまり，「聞いたことがある」や「昔のことである」として自身の「犬神」観を説明する語りは，自らのライフストーリーを歴史的に配置したものに留まらず，昔のことや伝聞の形態を採ることで，話し難い重い話題を口にすることを可能にさせる一種の話法として機能している可能性が見出されるのである。

　D氏も事例1のA氏と同じく，「犬神」を同和問題と近しいもの（あるいは同一のもの）と意識している。D氏の抱く「犬神」観で特徴的な内容は，「犬神」とされる人々は，「血が濁って」いるとした点である。この表現は，D氏の意識下で「犬神」が血筋と結び付いていると同時に，非常に重い問題とされていることを意味しているのであろう。また，「ブツブツが出たりする人種」という表現は，D氏の「犬神」観においては，「犬神」とされる人々が明確な身体的特徴[35]を有すると解釈されていることを示唆している。A氏はハンセン病患者を「犬神」が差別される文脈を示す例に挙げており，両者はあくまで弁別されていたが，D氏は「犬神」とされる人々が差別の要因となる身体的な特徴を備えていると考えている。また，同席して聞き取り調査に応えてくれたD氏の妻は犬神について知らないと話しており，D氏夫妻と彼らを取り巻く社会では，現在まで犬神に関する知識の共有がなされてこなかったとも推測できよう。

　加えて，現在では結婚によって混ざり合った「犬神」の人々を，今なお嫌う人々が存在するという[36]。D氏の「犬神」観においては，「犬神」は結婚や年月の経過によって消えるものではないとされており，現在でも「犬神」の語はタブー的に扱われている模様である。

---

35)　当然のことながら，そうした外見的特徴が存在するという考えは，誤った理解である。
36)　C氏の語りの分析の際に指摘した話法を援用するならば，「犬神」への嫌悪感がD氏自身のものである可能性も挙げられるが，拡大解釈に過ぎるため本書では扱わない。

E氏は，犬神のことは村外に住んでいたため分からないが，この部落（ここでは集落の意）の話ではないと思うと語る。また，E氏が筆者に情報を隠していないと想定するならば，B氏とほぼ同年代のE氏は，転居先でもβ集落でも犬神にまつわる言説をあまり経験しなかったことになる。

本項での議論をまとめると，現在の三原村においては，犬神による表面的な社会問題は大幅に減少しつつあると言えよう。しかし同時に，同一集落内でも人々の「犬神」観が個々人によって大きな偏差を見せる一方で，「同和問題」との関連付けや類似という点において奇妙な合致をみせている。

2　四万十市での事例

四万十市は平成17（2005）年4月10日（日曜日），中村市と西土佐村が合併して生まれた市である。行政区分としての幡多郡には属さないものの，この地を幡多の一部として意識する人々が旧中村市域を中心に数多く存在する。本研究では，旧中村市域の集落で調査を行った。

(3)　四万十市γ集落

γ集落は三原村と四万十市を隔てる山裾に位置する集落である。旧中村市中心部へのアクセスが容易であるだけではなく，古くから三原村との交流も深い。ここでも米作が盛んであり，水の利用などの時期を合わせるため，今日でも連携しながら農業を行う家々もある。三原村や黒潮町山間部と同じく獣害に悩まされており，近年は猪や猿の出没頻度が増したとの悩みが聞き取り調査中に幾度も語られた。

【事例6】F氏（昭和12年生，調査当時74歳，男性）の話
　憑きものは人の恨み，妬みではないだろうか。γ集落には，取り憑かれた時に拝んでくれる人がいると聞いたことがある。そもそも，そういう人がいないと「取り憑かれた」と断定できないはずである。「現代医学では治らない」と分かると，祈祷のステージへ移るんだと思う。
　自分もガンに侵されているが，「それでも自分は負けない」と思うようにしている。（病気に関して）「何か憑いているかもしれないから，見ても

らった方がいい」と言われたことがある。今でも憑きものの考えはあり，祈祷師的役割の人物がいる。十年も現代医学の世話になっているが治らないので，「何かが憑いているんじゃないか？」と自分でも考えるようになった。「(病気を治すため) 何か他にいい方法はないか？」，「(この症状は単なる病気ではなく) 憑きものじゃないか？」とは実際に思う。しかし同時に，「何かが憑いている」と言われても，本当なのかと疑うとも思えるし，「(憑いているものを) 祓ってくれ」と言うかもしれない。それでもやはり，「早稲田が良いロボットを作ってくれないだろうか？」などと，現代の最先端技術に縋りたい心理も存在する。

　(犬神は) 言葉として聞いたことがある。狐憑きもある。年寄りから聞くが，あまり人前で口にすべき言葉ではない。

【事例 6-2】F 氏 (2018 年 8 月の追加調査，調査当時 81 歳) の話
　今日は暑いが君は汗をかくだろう。私は汗をかかなくなった。汗をかかないから体温調節ができない。
　子どもの頃から高校までγ集落で過ごした。(同じγ集落でも) 今とは景色が全然違う。昔は山の中だったし，自転車も少なくて (中村の) 街までは歩いて行った。中村高校も 5 キロくらい歩いて行く。小さい時は山や川の中で遊んだ。今みたいにゲームなんかないから，山へ行くか川へ行くかしかなかったし，タイモを掘ったり川でエビを捕まえたりしていた。今と違って四季の違いがあったね。今は寒いか暑いかだけ。
　父親は戦争に行ったから 3 歳で別れたけど，(戦死して) 帰ってこなかったからそれ以来会っていない。家が百姓だから，父親の父親と母親 (祖父母) と農作業の手伝いに雇った人で過ごした。祖父の希望は私が百姓をすることだったけど，(私は) 百姓と違うことがしたかった。
　東京の大学に入ったのは昭和 30 年代の前半だったはず。当時 (の大学にいた教員) は日本でもすごい先生ばっかりで，文法などを勉強させてもらった。その頃は働きながらでも単位が取れるように，夜 9 時まで授業があった。(大学に) 5 年も 6 年もいる学生がいくらでもいたけど，みんな不思議と卒業して就職もしていたね。政治への興味関心がさらに強く

なったから，（大学）院は政研（政治学研究科）へ入った。仕事をしていた時期もあるから，院に入ったのは昭和40年くらい。その時にＸ舎[37]というサークルを立ち上げて，何年も活動してきた。

　Ｘ舎は山や自然に興味があったから作った。今もあると思う。東京からこっち（γ集落）へ春夏2週間ずつやってきて，納屋で合宿しながら山へ行って木の下の草を刈ったり，地域の農家と交流したりしていた。他には，2年に1回，日本から苗木を持っていって中国の砂漠を緑地化しようとしていた。その関係で向こう（中国）で仕事をしている人とか，上海支局で活躍している人もいる。出版社，共同通信，高知新聞と色々いる。（Ｘ舎の活動を）ずっと続けてきたけど，体を壊したから今は具体的な活動ができなくなった。地球が温暖化して，嵐や雨などの災害が起こる。30年から40年前にそういう考え方はなかった。だから，「地球を大切にして災害を起こさない」ことを目指してやってきた。でも最近は色んな所で災害が起こるようになってしまった。自分たちの小さな力ではどうにもならなかった。

　昔は大学の学生も春には20人から30人くらい来ていた。最初（に合宿を始めた頃に）は，食べ物もご飯しかない。ご飯と味噌汁だけ，1日100円くらい。そこで学生は自然のものの美味しさに気付く。それが，自然とのふれあいの中で知ること，大学にいてはできないことよ。今の大学に（同年代で）知った人はいなくなったけど，教え子はまだいる。（Ｘ舎の活動を）今でもやりたい気持ちはある。Ｘ舎は「人間と自然の調和」を目指すグループ，それを訴えながら実践してきた。大きな夢を持ってやってきたけど，今はここで静かに過ごしている。（私たちは）理論だけではなく，「行動」を重視してきた。「行動」で自分たちの考えを示してきた。学生に授業をする時は，教科書の内容そのままじゃなくて，自分が体験した話を盛り込むと環境問題にも興味を持ってくれると思う。

　私は携帯（電話）を持っていない。手が不自由で出られないからね。手も足も動かない。だるまさんは手も足もないけど，転んでもコロンと戻っ

---

[37]　人物の特定に繋がるため，サークル名の一部を伏せた。

てくる。私は手も足もあるが歩けないし立ち上がれない。

【事例7】G氏（昭和5年生，調査当時80歳，男性）の話
　γ集落で狐憑きを祈祷したことがあるが，いつ頃誰がやったかは覚えていない。Fさんの家とは道を挟んで反対の山の上に神様を祀っている。昭和17（1942）年前後に，いなくなった人を探すため，地区の人がその神様の前で円陣を組んで声を上げていた。太鼓やチーンという音も聞こえてきた。
　犬神は，はっきりした場所は分からないが，子どもの頃から祀っている場所があると聞いたことがある。（どういう祀り方をしているのかなどの）確かな内容は知らない。

【事例8】H氏（昭和11年生，調査当時74歳，男性）の話
　犬神は差別というか，そういった人たちをそうでない人が敬遠していた。今は違う。ちょこちょこそういう場所（犬神とされる人がいる場所）がある。犬神の詳しいいきさつは知らないが，親は知っていた。（犬神は）落人部落のような集落。そこの人と付き合いをしなかったり，結婚をしなかったりした。いわゆる同和地区の話だが，今は言う人はなくなった。

　F氏はかつて都内の私立大学で教鞭を執ったこともあって筆者の調査に興味を抱き，インタビューや新たなインフォーマントの紹介に快く協力してくれた。十年ほど前に大病を患い，足のリハビリを現在でも続けている。
　F氏は「犬神」という存在に関して，非科学的だと考えている。しかし，病に蝕まれ十年を経た今も完治しない自分の体を思うと，時折ふと「何かが憑いているんじゃないか？」という考えが頭をよぎると語る。また，F氏の周囲の人から，「何か憑いているかもしれないから，見てもらった方がいい」とアドバイスされることもあるという。「見てもらう」とは，γ集落で拝み屋のような民間の祈祷を引き受ける人物に依頼することを指す。筆者は後にこうした人物がγ集落に今なお存在するのかF氏を含む多くのインフォーマントたちに尋ねてみたが，過去にはいたが現在ではいないという回答しか得られなかった。

F氏の周囲の人も，実際に拝み屋に連れていくというよりも，意気消沈したF氏を慰めるためにそうした言葉を掛けたのかもしれない。F氏の語りでは，憑いている対象は「何か」で済まされており，具体的な憑依主体は追求されていない。あくまでF氏個人の考えではあるものの，憑く「もの」ではなく「憑いている」という状態——「ツキ」——が重要視されており，先行研究の中では小松の枠組みと似た解釈がなされている。

しかしながら，F氏は自分の病を長引かせる「憑いている」かもしれない状態の主体と「犬神」とを弁別して語っており，γ集落における「犬神」言説やF氏の抱く「犬神」観が説明体系に類する文脈で扱われてきたとも断定できない。F氏もD氏らと同じく「犬神」はあまり人前で口にすべき言葉ではないとするが，F氏自身が「犬神」についてあまり知らない（もしくは筆者に語らなかった）ため，「犬神」の使用される文脈は不明である。

また，高齢のインフォーマントが多いため，筆者が初めて調査を実施した2011年8月から本書を執筆している2018年11月までの間に，インフォーマントが体調を崩す，転居する，あるいは亡くなってしまうことも少なくはなかった。F氏は初回の調査以来筆者の研究に関心を抱き，長期間にわたってインタビューに応じてくれている。本書では事例6-2として，F氏が自らのライフヒストリーを振り返る語りを取り上げる。

F氏はγ集落で農業を営む家庭に生を受けたが，家業をそのまま継ぐのではなく，他にやりたいことを求めて東京の大学の政治経済学部へ入学した。学部では環境問題を専門とするゼミに入ったことで政治と環境の関連に興味を抱くようになり，引き続き政治学研究科の大学院へ進み修士課程を修了した。当時のF氏の活動は，後の章で注目する地方新聞『高知新聞』などで追うことが可能であり，東京在住ながら故郷高知県の政治問題へ投書を通じて関わろうとしていた模様である[38]。修士課程修了後は東京の大学で教鞭を執った後に高知県へ帰郷し，旧中村市の自宅を拠点としてX舎のサークル活動を支援する。X舎は自然環境保護活動を推進する学生サークルであり，在京中にF氏が中心となって立ち上げたものである。F氏が東京の大学を離れてからも大学の枠を

---

[38] 該当する記事は多数挙げられるが，個人の特定に繋がるため本書では引用しない。

越えて多くの学生を集めていたことが，新聞記事などからうかがえる。F氏は自らが所有する農地や山林，実家の蔵などを学生に開放し，農作業の練習や共同生活の経験を積ませた後に，中村駅の線路周辺の草刈りや中国での植林活動など，自然に関わるボランティア活動を実施した。このX舎の活動についてF氏は，多くの学生が農作業の初心者であり短期間の訓練だけでは十分な戦力にならないこと，仮に各種作業に習熟した学生も大部分は卒業とともにサークルを去ってしまうことを認めた上で，X舎での活動が学生たちに自然の豊かさや大切さを知ってもらうための精神的な働きかけであったと語る。

『高知新聞』には，このX舎の活動に対するγ集落の反応を示す興味深い記事が掲載されていた。X舎に大学生以外で参加した珍しい人物の述懐について，次に引用する。

【事例6補足記事】昭和59年8月21日（火曜日）付の記事（執筆者：中村・須賀）

　そのメンバーの中にただ一人，地元中村市出身の学生がいた。T君。彼は□大生[39]ではない。浪人の時にグループの存在を知り，その輪の中へ飛び込んだ。今回の合宿では，装備を担当。X舎[40]の活動の意義をかみしめて，もう六年になる。

　そのT君が浮かない顔だった。地元での合宿だけに，理解を示してくれるはず，と思った友人・知人たちの反応が冷たかったからだ。

　『信じてもらえなくて…いぶかられたり，ばかにされたり。情けなかったですよ』

　『あいつはおかしい』とまで言われたこともあった，という。幡多特有の強い閉鎖性を痛感せざるを得なかった。

この記事に登場する男性には，2018年8月の調査中にγ集落で出会い，当

---

39) 大学名が書かれているため伏せ字とした。本書では，人名などを伏せ字にする際と判読不能な文字に「□」を用いる。

40) 人物の特定に繋がるため，記事では明記されているサークル名を本文と同じ「X舎」と表記した。

時のことについて質問することができた。以下に男性の語りを挙げる。

【事例6-2補足】匿名希望（昭和33年生　調査当時59歳，男性）の話
　　その記事に出ているのは間違いなく私ですね。当時高新（高知新聞）はよく来た。（閉鎖性は）「幡多特有」というか，「田舎特有」でどこにでもあると思う。X舎の活動も，最初は周りから「変な政治結社じゃないのか？」と言われた。名前が名前だしね。「山の中で何やってるんだ？」というのもあったと思う。

　男性によると，X舎の活動は（名前が政治結社のように見えることもあって）地元の人々から奇異の視線を向けられていたようである。加えて，幡多地方に限らない田舎特有の閉鎖性が，そうしたある種排他的な見方を助長していたと考えられている。『高知新聞』の記事を執筆した記者も当時の中村市在住であり，幡多地方にそうした新来の集団に警戒心を抱く心理が残っていたことを考慮した上で，記事を書き上げたものと目される。これらを「犬神」の問題へ引き付けて考えると，X舎に対する幡多地方の人々の態度を，そのまま犬神とされた人々への態度であると拡大解釈することはできない。しかし，昭和末期でさえ幡多地方が新来者や異分子に対する閉鎖性を保ったコミュニティであったことは，X舎の例からうかがい知ることができるのである。
　G氏はγ集落の民俗や伝承に詳しい人物[41]だが，犬神について詳しくは知らない模様である。犬神は子どもの頃に「祀っている場所がある」と聞いたことがあるというものの，神社や祠のように特定の祭祀場所を意味するのか，犬神を祀る人々の集落を意味するのかは不明である。G氏も「犬神」に関する知識をほとんど身に付けてはいないことから，現代社会において「犬神」言説が表面的には大きく弱められていることは指摘できよう。
　H氏の「犬神」観は，三原村のインフォーマントたちとよく似ている。H氏は，「犬神」に対する差別をかつての落人部落への差別と近しいものであり，そうした人の住む集落全体に及ぶものであると考えている。また，「犬神」と

---

[41] 本書の論旨を外れるため詳しくは紹介しないが，この集落の伝承や民俗について多くの話題を提供してくれた。

される人々への差別問題を，同和問題であると明確に語ってもいる。

　これまで見てきた事例も考え合わせると，三原村と四万十市（旧中村市）において，「犬神」が一部の人々の間で部落差別と同じもの，あるいは類似したものとして捉えられていることが明らかになってきた。同時に，かつての犬神に関する知識や犬神観は，インフォーマントたちとより年長の世代（親）の間で，あまり受け継がれていないとも見られる。現在「犬神」について知っている世代と，その上の世代の間で知識の受け渡しがなされなかったことは，B氏やF氏，H氏，さらには今後取り上げるインフォーマントたちの語りにおいても散見される。これらを念頭に置き，黒潮町の事例にも目を向ける。

3　黒潮町での事例

　黒潮町は平成18（2006）年3月20日（月曜日），佐賀町と大方町が合併して生まれた町である。本研究では旧大方町域（現黒潮町西部）を中心とする調査を行った。大方町は戦後の憑きもの筋研究で，桂井や石塚によって犬神の事例が数多く報告された地域であり，先行研究との比較を通して，半世紀ほど前に人々が抱いていた犬神観と，現在の「犬神」観を対比的に扱うことができる。

（4）　黒潮町δ集落

　δ集落は後述のε集落から道路に沿って内陸に北上していくと辿り着く集落である。農業は米作が中心であり，所々見られる畑の作物は自分の家で消費するためのものである場合が多い。一般的に米の買い取りはJA（農業協同組合，以下，農協）に一任しているが，山の斜面に作った棚田のような小規模の稲田しか持たない農家は，得られた米を農協に売っても採算が取れないことから，数軒もしくは単独で米屋に直接販売することを試みてもいる。三原村や四万十市と同じく，近年は猪の害に悩まされているという。

　δ集落では，取材拒否や不在があったため完璧とは言えないものの，全戸に聞き取り調査を実施しており，本調査で得られたこの集落における「犬神」観とその分布には，十分な信頼性が伴っていると自負している。

【事例9】I氏（昭和10年生，調査当時76歳，女性）の話
　「あこ（あそこ）の家は犬神」と言ったが，由来は知らない。犬神同士での結婚はするが，犬神と犬神以外で混ざり合ったりはしなかった。今はもうそういうことはない。昔は犬神の者と恋愛や結婚をした後で犬神であることが分かると，家の者から反対された。昔は当人同士が好き合うだけで結婚することはなかったから。犬神という言葉は，「良い方（犬神でない者）」，「悪い方（犬神の者）」という使い方をする。現在でも，犬神の人に集会で会ったりすると，この人は意地が悪いと思うことがある。

【事例10】J氏（昭和23年生，調査当時63歳，女性）の話
　（軽い話し振りで）先祖が犬神だったらしい。「犬神じゃ」と言われたことがある。（犬神のことは）嫁に来た時に聞いたが，（義理の）両親は（J氏に）犬神のことを一言も言わなかった。同和問題と同じで薄れてきており，同和問題よりも薄れている。家のお墓は，まとめてしまうまでは相当古い物が沢山あった。

【事例11】K氏（昭和5年生，調査当時80歳，女性）の話
　（犬神についての）話は聞いているが，根本的なことは知らない。自民党や社民党のような差別ではないか。「犬の神様」ではないと思うし，そうとも聞いていない。「犬神とは結婚しない」と言われていた。
　私の代になってかなり薄れたが，「イヌガミトウ」という言葉らしいと聞いている。自分が結婚する頃には（イヌガミトウへの差別が）あった。

【事例12】L氏（昭和10年生，調査当時76歳，女性）の話
　（犬神という言葉を）聞いたことはないが，昔は「イヌガミトウ，イヌガミトウ」と言った。「あそこは昔からイヌガミトウじゃ」というふうに使ったが，（特定の家がイヌガミトウとされた）理由は知らない。「（イヌガミトウとは）縁組せられん」と言うのを聞いたことがある。

【事例13】M氏（昭和27年生，調査当時59歳，女性）の話
　　（犬神のことは）分からないが，父なら知っているかもしれない。

【事例14】N氏（昭和5年生，調査当時80歳，男性）の話
　　昔はうんと（頻繁に）「犬神じゃ」と言って差別した。（犬神と言う）理由は知らない。犬神の者とは結婚しないし，しようものなら縁切りされた。昔の特殊部落のようなものだが，δ集落じゃない。θ（土佐清水市の地名）にも（犬神と言われる所が）あると思う。「犬の神」ではない。

【事例15】O夫妻（生年月日非公開，調査当時70代前後）の話
　　（犬神のことなど）知らないが，昔は言った。家のことを「犬神じゃ」と言った。そういうのがある。理由があって言っているのかは分からないが，「犬神じゃ」と言った。

【事例16】P氏（昭和18年生，調査当時68歳，女性）の話
　　（犬神という）言葉を聞いたことはあるが，内容を詳しくは知らない。昔の人は犬神と結婚しないことがあった。私より上の世代の人は犬神を嫌ったが，今の世代（2011年当時に結婚適齢期にある世代）は（犬神による結婚の忌避を）言うと怒る。
　　犬神と結婚した者とは，縁を切ったりした。私の親が犬神のことをよく言っていた。犬神とは同和問題である。犬神の謂われは知らない。

　I氏の「犬神」観は，かつて多くの先行研究が示したものと酷似している。「犬神」は「家」を単位に広がり，犬神でない者との結婚は忌み嫌われる。また，犬神による結婚差別が成り立った要因は，かつての結婚は当人同士だけのものではなかったからだという。I氏の語りで注目すべきは，現在でも「犬神」の者を「意地が悪い」と考えていることである。これは誰が「犬神」であるかを明確に意識しているだけに留まらず，「犬神」の者は「意地が悪い」という，これまで数多く報告された犬神観を現在まで受け継いでいることを示す。
　J氏の語りは，これまでに唯一得られた，犬神とされる人の側からのもので

ある。J氏は先祖が犬神と言われ，自身も嫁に来てから「犬神じゃ」と言われた経験を持つ。また，犬神について義両親はJ氏に何も言わなかったという。そのため，J氏が「犬神」について持っている情報量は，犬神とされていないインフォーマントたちよりも遥かに少なく，何らかの「犬神」観を抱いているとも見られない。家の墓は古くから続いてきており少なくとも10基はあったとのことだが，すでにまとめられてしまったため，J氏の家のルーツが石塚や速水の説く憑きもの筋の発祥——近世初頭や享保期——にまで遡り得るのかは明らかにできなかった。なお，J氏が「意地が悪い」と表現した人物がJ氏を指すのかは不明である。J氏は犬神と同和問題を比較していることから，犬神と同和問題を明らかに弁別している。これは，「犬神」と同和問題の差別の文脈に類似点を見出す，あるいは両者を明確に同じものとして語ってきた，「犬神ではない人々」の抱く「犬神」観とは異なっている。

　三原村，四万十市，黒潮町のインフォーマントたちの語りにおいて，「犬神」は強いタブー性を伴う話題とされる場合が多かったが，J氏は筆者の聞き取り調査に快く応じてくれた。J氏個人が「犬神」の問題を重要視していないことも考えられるが，彼女の態度は他のインフォーマントたちの多くが「犬神」を重く捉えている現状とは対照的である。

　K氏は踏み込んだ内容を知らないとはいえ，周囲の人から犬神にまつわる話を聞かされた経験があるという。他のインフォーマントの例に鑑みると，犬神について聞かせたのはK氏の親などのK氏本人より年長の世代と推測されよう。K氏の代になって「犬神」に対する差別が大きく薄れたことは，同年代の他のインフォーマントたちの語りと共通している。また，実際に犬神を指す言葉を使う際には，「イヌガミトウ」の語彙が使われたという。かつて民俗学の見地から幡多地方の憑きもの筋を研究した桂井和雄の報告では，大方町（現在の黒潮町西部）では犬神を「犬神統（いぬがみとう）」と呼称していたとされている〔桂井1953〕。一方，K氏は自民党や社民党といった政党を比較対象としており，あえて漢字を用いて表記すれば，「犬神党」と考えていると見られよう。政党を比較対象にしている点に着目すると，δ集落において犬神とされた人々が複数存在し一種のグループを形成していた[42]ことも考えられるが，深読みを避けるため可能性の指摘に留める。

K氏は「犬神」を，「犬の神様」ではないと語る。K氏の考える「犬神」が，第1部で分析したように，犬神という名を冠しながらもその姿はネズミなどの小動物が集合した存在に仮託されているのか，そもそもK氏の「犬神」観では「犬神」を「憑きもの」として考えていないのか，もしくは全く別種の理解をしているのかについて，少し検討したい。K氏が「そう（犬の神様）とも聞いていない」と回顧していることを踏まえると，K氏は彼女に犬神の知識を伝えた人物から，動物のイヌと犬神が異なるものであるという前提で知識を伝授されたものの，犬神が実際にはどのような姿をしている（と人々が考えようとしていた）かについての情報は継承していない。一方，その人物から受け取った情報が現在のK氏の語りの根幹を成しているとすれば，「犬神とは結婚しない」という情報はK氏へ重点的に伝えられたと推測できる。こうした情報伝達の偏りを考えると，K氏と彼女に犬神に関する知識を授けた人々との間でも，他のインフォーマントと同じく民俗知識が十全には受け継がれていないと考えられる。

　L氏は最初犬神について知らないと言ったものの，インタビューを続け筆者とラポールが形成されるにつれて，少しずつ自分の知る「犬神」にまつわる記憶を披露してくれた。L氏の知る「犬神」は前述K氏と同じく「イヌガミトウ」という語彙で使用されるものであり，特定の家を指すという。やはり結婚差別の要因となるものであったというが，L氏は「犬神」に対してこれ以上の知識を持っていないと語る。

　M氏は，犬神のことを質問した筆者に対して，「分からないが，父なら知っているかもしれない」として，彼女の父を紹介してくれた。このように，比較的若いインフォーマントに犬神のことを尋ねると，知らないと答えるか，両親など年長の世代を紹介されることが，調査中に幾度も経験された。

　筆者のこれまでの調査で「犬神」に関する聞き取り資料を得られたインフォーマントたちは，昭和10年代後半から20年代前半に生まれた人々——

---

42) 速水によると，狐持ちも周囲との結婚を忌避されたため，日常生活においては狐持ち同士でグループを形成したという。一見こうしたグループは社会から追いやられた人々にも考えられがちだが，経済的に裕福な家庭が多かったために，村落社会における経済・権力を独占する事実上の支配者層であり，選挙など有事の際には，グループの強い結束力が発揮されたという〔速水 1957：221-226〕。

2011年の初回調査当時に60代から90代，特に70代が多い——が大部分を占めた。しかし，こうしたインフォーマントたちの次の世代とも表現すべき，昭和20年代後半以降に生まれた人々——初回調査当時に50代以下の人々——は，（それぞれ離れた集落の人々が申し合わせたように犬神を知らないと語る事態を想定しない限りは）「犬神」に関する知識をほとんど受け継いでいない。当然これまで見てきたインフォーマントたち同士にも，各自の有する知識量には大きな隔たりがあり，時には同一集落内の人物同士でも語りの内容に矛盾が見られた。しかし，内容の偏差こそあれ，今なお独自の「犬神」観を抱き続ける人々がいる一方で，特定の年代を境として，そもそも犬神を知らない人々が多く存在するようになることを指摘しておく。

　N氏も独特の「犬神」観を抱いている。N氏は「犬神」を被差別部落と比較しており，犬神と同和問題を分けて考えている。同時に，「昔の特殊部落のようなもの」，「ð集落じゃない」という語りから，集落に犬神が存在することで，集落全体が周囲から差別される対象にみなされかねないと解釈していることもうかがえる。先行研究の挙げる犬神への差別は，特定の家筋や血筋に対して同じ集落内の他の人々が行う差別であった。これに対して，N氏の意識する「犬神」への差別は，「犬神がいる集落」として，集落全体が他の集落から蔑視されると考えられているようである。N氏は同和問題と犬神を弁別しているが，それらの差別の文脈は極めて似通っていると解釈している。これまでの事例も踏まえると，高知県幡多地方では，多くの場所で犬神と同和問題が類似したもの，場合によっては同一のものとして語られていると指摘できる。

　O夫妻も，あくまで昔の話と前置いた上で，主に夫のO氏が「犬神」について語ってくれた。彼は犬神を特定の「家」を指す言葉とするものの，その謂われや詳しい内容は知らないという。筆者に「犬神」について語ることを躊躇い言葉を濁した可能性も拭い切れないとはいえ，この夫婦の持つ「犬神」の情報量も少なく，二人の抱く「犬神」観も曖昧なものである。

　P氏は「犬神」の謂われこそ知らないものの，結婚差別について詳細に知るインフォーマントである。P氏の親も犬神のことをよく言っていたということから，親からP氏への経路で「犬神」にまつわる知識が数多く受け継がれたのであろう。P氏は，今現在「犬神」に起因する結婚差別がない根拠として，

「今の世代は言うと怒る」と語る。しかし，そもそも「犬神」による結婚差別が存在しないのであれば，そうしたことを「今の世代」に言う必要自体が生じないはずである。P氏の語りは，逆説的に今なお「犬神」による結婚差別を意識していることを示唆しているのではなかろうか。

　一方，「今の世代」が犬神をどのように意識しているかについては，残念ながら検証に足る情報が得られていない。例えば，「今の世代」が「犬神」の話をされて「怒る」という状況については，①「犬神」自体を知らないがゆえに，根拠のない差別で結婚を妨げることに怒っている，あるいは，②「犬神」について知った上で，結婚は当人同士の自由意思に基づいて成立すべきであるとして，現代まで差別を受け継ぐことに怒っている，といった二つの可能性が挙げられよう。しかし，事例13の分析でも取り上げたように，若い世代はそもそも「犬神」について知らない可能性が高く，ここでの怒りも前者に当たるのではなかろうか。

　また，他のインフォーマントたちとも共通する点として，P氏の「犬神」観では，「犬神」と同和問題が明確に同一視されている。幡多地方という大きな括りに含まれるとはいえ，三原村，四万十市，黒潮町は距離的に離れている。これら三市町村に住まう多くの人々の語る「犬神」観において，「犬神」と同和問題が頻繁に接近させられている現況は，これまでの憑きもの筋研究では報告されていない特徴的な事態である。

（5）　黒潮町ε集落

　ε集落は山間部と沿岸部の間に広がる平地に位置する集落である。山中のβ集落やδ集落と比べると猪の出没は少なく，ビニールシートなど猪対策の設備は見られない。

【事例17】Q氏（昭和3年生，調査当時84歳，女性）の話
　　（犬神筋とは）「この家は犬神筋だ，あの家は犬神筋だ」という使い方をする言葉である。
　　（犬神筋の発祥は）ある一軒の農家が稲を作っていると，必ず猪に食われ頭を悩ませていた。通りがかった人の勧めでお坊さんに見てもらうと，お

坊さんは犬の絵を描き，それを田んぼに置いておくように言われたが，同時にお坊さんから，その絵を絶対に家に持ち帰るなと忠告された。言われた通りに犬の絵を田んぼに置いておくと，稲は猪に襲われず無事だった。その家の人は来年もその犬の絵を使いたいと思ったが，田んぼに置いておくと朽ちてしまうのが明らかなので，お坊さんの忠告を無視して家に持ち帰った。そこから犬神が家の人の子孫にまでに広まったのだという。（私はこの起源伝承を）本で読んだ。

（犬神筋は）幡多郡には現在でも沢山いる。口に出してはいけない言葉である。婚姻は（犬神筋の家，犬神筋でない家）同士でする。私の家は犬神持ちではない。（犬神筋の男の家へ，犬神筋でない女が）嫁ぐ場合は，「（嫁を）担いできた」と言われた。犬神がついてきたわけではない。今でも犬神筋の家系はあるが，若い人は知らない。知っているのは大正生まれくらいまでだと思う。（犬神のことを）今更調べなくてもいいのではないか。それに，（犬神筋と犬神筋でないなどと）どうしてそんなことを分けたのだろう。

昔はナカウド（仲人）さんが足繁く通って男女を結婚させ，離婚したくても泣いてでも我慢したが，今はある程度簡単に離婚できる。（さらに）本人同士が仲良くならないと結婚しないので，犬神筋による制約が弱まるのではないか。

犬神筋が結婚しにくかったのは事実だが，それは昭和3（1928）年生まれの私の（結婚する）頃でも稀だった。現在結婚には，嫁の気立てや男の甲斐性が重要。犬神の家へ嫁に行くと，その一族も犬神になると思うが，詳しくは知らない。60代の娘や30代の孫は，犬神のことなど夢にも知らない。「あんた（筆者）はえらい古臭いことを調べるなあ」と内心驚いた。（犬神は）とうの昔に廃ったこと。犬神のことはε集落に来てから聞いたが，ある程度年を取ってからでないと聞かない話でもある。

Q氏は同じ黒潮町のδ集落の出身で，結婚を機にε集落へ移り住んだという。これまで聞き取りに成功したインフォーマントたちの中で唯一，犬神の起源について彼女なりの理解を持っていた人物である。Q氏はその起源論を偶然本で読んだと語るが，残念ながら書名は忘れてしまったという。Q氏の語る犬

神の起源に注目すると，その内容は第1章第2節2項で石塚の『日本の憑きもの』を基に分類した④に酷似している。

④の起源論について補足すると，学術研究における言及は，大正2（1913）年に発行された『郷土研究』1巻2号にまで遡ることが可能である。寄稿した愛媛県小松町青年会によると，当時の愛媛県では特に松山以東で犬神に対する迷信が広がっており，犬神は家筋に取り憑いて犬神でない周囲の者に害をなすと考えられていたという。青年会が『郷土研究』に寄せた犬神の発祥に関する伝説は，以下の通りである。

> 犬神の起源に就ては，松山狸物語と云ふ小説めいたものが伝はつてゐるが，之は世間に広く知られてゐるから，茲には土地で話されてゐる伝説を述べる。むかし弘法大師が四国巡錫の折，或村人が宿をかして丁重に待遇した。大師はこれを徳として，謝礼のために如何なる望でも叶へてやらうと云ふと，主人は畑の芋を野猪に荒されて困るから，野猪の出ぬやうにして貰ひたいと頼んだ。大師は料紙を取寄せて何か書いてそれを封じ，これを畑に立てゝ置けばよい，併し忘れても封を切つては成らぬと堅く命じて置いた。主人がその禁呪の紙を竿に挟んで畑に立てると，その晩から野猪が出ない。余りの不思議さに封を切つて見ると，唯一匹の犬の絵が描いてあつた。その絵は忽ち紙をぬけ出して犬神と成つて，其家に住むやうに成つた，これが犬神の起源である。〔愛媛県小松町青年会 1913：48-49〕

この箇所によると，弘法大師の巡錫を契機とする犬神の起源論は，小説を通した知識の敷衍ではなく，地域で共有される伝説として人々に知られていたと見られよう。この起源論は倉光や石塚など多くの研究者に引用されており[43]，Q氏の読んだという書籍を特定することは難しい。もっとも，学術研究で犬神の起源が議論される際に度々引用されたことから，読書を嗜む一般の人々に

---

[43] なお，倉光も石塚もこの起源論の出典として雑誌『郷土趣味』の11号を挙げている〔倉光 1922：100；石塚 1959：57〕が，筆者が確認したところ，この起源論に関する記述は見出だせなかった。倉光は『郷土研究』1巻2号も出典に併記しており，彼の誤った表記が後の研究者に受け継がれた可能性も考えられる。

読まれる機会が数多く存在した起源論であったとは考えられよう。また，弘法大師の訪問によって一時の豊穣を得るものの，大師との約束を破ったがために却って災いを受ける例としては，新潟県古志郡上塩村（現長岡市）に伝わる「塩の宮」の伝説〔淀江 1922：32-33〕もよく似ている[44]。

　加えて，こうした文献資料からの情報とは別に，ε集落に嫁いで来てから犬神について耳にすることもあったという。その内容は犬神筋への結婚差別であったが，現在ではそうした差別は薄れたとされる。少し補足すると，Q氏の言う「担いできた」とは，男女が家の反対を押し切って結婚を強行することを指し，彼女が語る通り犬神が嫁ぎ先についていくことではない。桂井によると，かつての土佐で男女が家の取り決めに背き結婚を強行する際には，男性が女性を家から連れ出し，一定期間友人の家などに匿ったという。匿った先をそれとなく女性の両親に伝えることで，若い男女と両親の間で我慢比べが始まり，若者たちの結婚を認める場合には，両親が女性を匿った家に出向き二人の結婚を認めたという〔桂井 1955〕。これは，後述の地方新聞記事に登場する「嫁かつぎ」と同義であり，幡多地方では広く知られた習俗である[45]。

　Q氏は差別が薄れた背景に，本人同士の同意だけによる結婚や，ナカウド（仲人）に縛られない離婚が可能になったことがあると考えている。しかし，薄れたとはいえ，幡多地方には今なお犬神筋とされる人々が沢山いるという。Q氏が犬神筋について「本から知った」ことについては後ほど詳細に検討するが，一旦彼女の抱く「犬神」観の分析を終了し，他のインフォーマントたちの語りを追う。

（6）　黒潮町ζ集落

　ζ集落はδ集落からさらに内陸へ進むと辿り着く集落であり，山からの湧水

---

44) 伝説の内容は以下の通りである。塩不足に悩まされていた村を訪れた弘法大師が，村の肝煎役を務める三浦氏に，他の住民と共同で使用することを条件として塩水湖をもたらす。後年再び村が塩不足に陥った際，三浦氏が金銭に目を眩ませて大師との約束を破ったため，湖に塩水が湧かなくなり，ついには干上がってしまったという。

45) 近年重大な社会問題となっているキルギスやパキスタンの「誘拐結婚」，「略奪婚」などとは異なり，女性の隠匿は男女の同意があって初めて行われる。また，女性の側の同意がない一方的な略奪婚は，「無理かたぎ」や「無理かつぎ」と呼称され，別種の習俗とされる。

が川となって流れ出る場所でもある。その豊富で清らかな水を活かした米作りが盛んであり，この集落で作られた米は黒潮町一だと自負するインフォーマントもいる。中には猪撃ちやウリボウの飼育を生業にする人物もいるという。

【事例18】R氏（昭和21年生，調査当時65歳，女性）の話
　お前（筆者）のお父さんやお母さんは（犬神を）知っているか。（「知らないと思う」と答えると）それなら言いたくない。

【事例19】S氏（昭和11年生，調査当時74歳，男性）の話
　犬神の人とは結婚しない，今はもうないが，（S氏が）子どもの頃に大人が言っていたのを聞いた。どの人が犬神かは知らない。

　R氏が「犬神」を語る文脈は明確である。「犬神」とは親から子へ（より広く考えるならば，上の世代から下の世代へ）秘密裏に語り継がれるものであり，親から犬神の知識を受け継いでいない部外者とも言うべき筆者には，「犬神」に関する話はできないと考えていると見られる。R氏の抱いていた「犬神」観は明らかにできなかったが，現代でも「犬神」という言葉が気軽に部外者へ語ることを許されない重いタブー性を伴って扱われていることは疑うべくもない。
　S氏も大人（自分より年長の世代）が犬神について口にするのを聞いたことはあるものの，そうした犬神についての知識を十分に受け継いではいない。他の多くのインフォーマントたちの語りにも見られることではあるが，S氏とより年長の世代の間で，それぞれの有する「犬神」に関する情報量には隔たりがあると見られる。

(7)　黒潮町 η 集落

　η 集落は海沿いに位置する集落である。海に臨む立地とはいえ，生業が漁業に集中しているとは言い難く，農業や第三次産業に従事する者も多い。

【事例20】T氏（昭和元年生，調査当時85歳，女性）の話
　（犬神について）詳しくは知らない。5，6歳くらいの子どもの頃に「犬

神，犬神」とてがった（からかった）ことがある。てがった相手は位の高い家だった。犬神の話は昔はあったと思うが，最近は聞かない。てがった相手の家は（三原村の）α集落にあった。

　T氏は三原村α集落の出身であり，ここでの語りもα集落での経験に基づいている。かつてのα集落には現在のβ集落も含まれていたため，本書で挙げた事例1から事例5の語りと同じ集落での経験が語られている。現状の聞き取り資料だけからは断定できないが，T氏のてがった（からかった）という「犬神」とされた家が高い家格を備えていた点では，事例2のB氏が挙げる裕福な犬神の家と類似した部分がある。かつて三原村には，高い家格や経済力を備えた犬神と，周囲とは特に格差のない生活を送っていた犬神の二種類が存在したとも考えられるが，その点の解明は今後の課題として，まずは高知県幡多地方での調査から得られた資料を総括する。

4　小　括

　ここで，これまで追ってきた20の事例をその内容を基に分類し，現在の高知県幡多地方における「犬神」観の実情を概観する。これまで見てきたインフォーマントたちの語る「犬神」観には，先行研究と共通する要素と，筆者の調査で初めて明らかになった要素が複雑に絡み合っており，内容に基づく分類は現在の「犬神」観を理解する助けとなろう。
　まず，そもそも「犬神」[46]について知っているのかに注目すると，三原村の事例5，四万十市の事例7，黒潮町の事例13，事例18以外の16の事例で，インフォーマントたちは「犬神」について知っていると話す。なお，事例18は調査の拒否に近い形であり，R氏も「犬神」について知っている可能性がある。以上16の事例の中で，現在も「犬神」とされる家や人物が存在すると表現した事例は，三原村の事例4，黒潮町の事例9及び事例17である。そして，「犬神」に関する諸問題を過去のこととして語ったインフォーマントたちが，残りの13例となる。

---

[46]　インフォーマントによって，「犬神党」や「イヌガミトウ」，「犬神筋」など表現は様々だが，便宜的にこれらを「犬神」として議論を進める。

語られた「犬神」の内容に目を向けると，「犬神」を家筋や血筋の問題として表現した事例は，三原村の事例1，事例2，事例3，事例4，黒潮町の事例9，事例10，事例12，事例15，事例16，事例17，事例20の11の事例である。黒潮町の事例11，事例19も，明示してはいないが，「犬神」を家筋や血筋の問題として捉えている可能性がある。さらに，事例4ではD氏が「犬神」を明確に血筋の問題と表現している。

　また，「犬神」とされた人々が周囲よりも位が高い，裕福だとしたものは，三原村の事例2と，実質的に三原村の事例である黒潮町の事例20である。二つの事例の舞台となった三原村α・β集落（かつては同一の集落であった）では，こうした戦後の憑きもの筋研究と共通する「犬神」観が残る一方で，「犬神」とされた人と周囲の人の間に経済的な差はなかったとする事例3のC氏の「犬神」観が同時に存在することが分かった。

　「犬神」への差別の内容として結婚差別を挙げた事例は，三原村の事例3と事例4，四万十市の事例8，黒潮町の事例9，事例11，事例12，事例14，事例16，事例17，事例19の10例である。加えて，事例8では結婚以外の日々の付き合いをも避ける場合があり，事例9では実生活で「犬神」とされる人の意地が悪いと思う時があると述べられている。

　インフォーマントたちから得たインタビューデータ群の顕著な特徴として，しばしば「犬神」と同和問題が関連付けて語られることが挙げられる。「犬神」と同和問題を近しい問題として表現した事例は，三原村の事例1と事例4，四万十市の事例8，黒潮町の事例10，事例14，事例16の6事例である。このうち，事例1と事例10では，インフォーマントが筆者への説明を助けるための比較対象として同和問題を持ち出しつつも，「犬神」とは別の問題としている。一方，事例14は「犬神」と同和問題を弁別しながらも，それらの差別の文脈は同じと捉えている模様である。さらに，事例4，事例8，事例16では，明確に「犬神」と同和問題を同一視している。

　フィールドワークから実際に得られたデータを概括すると，遡ること半世紀ほど前に憑きもの筋研究が隆盛を迎えた時期と比較して，高知県幡多地方における「犬神」観は様々な「変容」を遂げていると結論付けられる。第一に挙げられる顕著な変容は，表立った犬神に対する差別（特に結婚の障害となる差別）

がほぼ消滅したことであろう。このことは、「犬神」にまつわる語りでありながら、結婚差別に触れない事例が数多く存在する点からも明らかである。当然ながら、これらの事例の中には、「犬神」について筆者に語りたくないがために、意図的に口を閉ざした場合が含まれている可能性もある。しかし、筆者に「犬神」と結婚差別を絡めて語ったインフォーマントでさえ、現在では「犬神」が結婚の支障になることはないとしており、もはや結婚する男女の意思を越えて「犬神」による差別が機能しているとは考え難い。もっとも、黒潮町δ集落の事例9が示すように、「犬神」に対する差別は水面下で続いているとも捉えられよう。あえて指摘するならば、「犬神」に関する差別が以前よりも見え難くなったことで、文化人類学者や民俗学者がこの問題に「公共性」や「実践性」の観点から取り組むことは一層難しくなっているのかもしれない。

筆者に今日の「犬神」観を語ったインフォーマントたちは、昭和10年代後半から昭和20年代前半に生まれた人物（2011年の初回調査当時に90代から70代）が大半を占める。これは筆者が高齢のインフォーマントへ集中的に聞き取り調査を実施したためではなく、「犬神」について知り、筆者に語ってくれた人々が、この年代に集中していたことによるものである。さらに、これらの人々が、程度の差はあれ、今なお「犬神」観を抱き、「犬神」に関する知識を保有しているにもかかわらず、彼ら・彼女らより年下の次の世代には、ほとんど「犬神」に関する知識が受け継がれていない。近年民俗が後景化しつつあることを考慮に入れても、かつては犬神に関する知識が親と子に代表される世代間での伝達を基盤に受け継がれてきたことを考えると、今なお「犬神」について知る人々とそうでない人々の間で、「犬神」に関する知識の量や質に突如として大きな隔たりが生じていると指摘できよう。同様に、「犬神」について知る人々も、その大部分が親など彼らより年長の世代から、犬神についての知識を部分的にしか（もしくは全く）受け継いでいない。端的に表現すれば、現在の高知県幡多地方の広い範囲で、「犬神」に関する民俗知識を巡り、三つの世代間で有する情報量に大きな隔たりが見られるのである。加えて、犬神にまつわる情報伝達が集落内での口承に依拠していたことを考え合わせると、各世代間で犬神に関する情報伝達が十全に機能しなくなったと推測できる。本節で指摘した知見については、文献資料との関連にも目を向けながら次章以降で再度

考察を行うこととして，一旦分析を終了する。

第2節　徳島県でのフィールドワークから得られた事例

次に，幡多地方との比較対象として，徳島県賢見神社での聞き取り調査に目を向ける。高知県でのフィールドワークと並行して，筆者は憑きもの落とし神社[47]として知られる賢見神社（徳島県三好市山城町寺野）を訪れ，聞き取り調査を実施してきた。この調査の目的は，徳島県における「犬神」の実情を調査するとともに，憑きものを祓う宗教職能者の側の，憑きものに対する意識や理解を明らかにすることにある。賢見神社には平成23（2011）年9月11日（日曜日）に初めて足を運び，同年9月15日（木曜日）には，実際に祈祷を受けた後，宮司の漆川夫妻に意図を伝え聞き取り調査を実施した。

1　賢見神社での事例

本項では，賢見神社でインタビューに応じてくれた，漆川和孝・こはま夫妻，神社へ参拝に訪れていたU夫妻の3例の語りを取り上げる。中でも漆川夫妻の語りは，憑きものを祓う宗教職能者の側の「犬神」観を示唆するものとして注目できよう。

【事例21】漆川和孝氏（昭和26年生，調査当時60歳，男性）の話
　　神宮（宮司の意）を始めたのは21歳からだが，18歳から修行を始めた。賢見神社は，私の祖父が昭和22（1947）年に復興させた[48]。40年ほど賢見神社に通っている人もいるが，（その人が）通い始めたきっかけは，何か「感じる」ものがあったからだと思う。逆に，神社でお祓いを受けて良くなったから，お礼参りを続ける人もいる。お祓い中に泣き出したり暴れ出したりする人，要するにトランス状態になる人もいて，自分で自分の行

---

47) なお，埼玉県秩父市三峰の三峯神社も，神使に狼（大神）を据え，関東圏における憑きもの落とし神社に目されることがある。
48) 村史に当たる『山城谷村史』でも，賢見神社復興の年代は和孝氏の語りと一致している〔近藤編1960〕。

写真 3-1　賢見神社拝殿の外観

(出所)　2011年9月15日筆者撮影。

動に驚くことがある。お祓いであげる祝詞は賢見神社だけのものであり，賢見神社以外で祝詞をあげる際は普通の祝詞を読む。金幣でのお祓いも独特のもの。祝詞の読み方が大和言葉の発祥ではないかという研究者の人もいた。基本的に参拝者は邪気退散のために来るが，高知からも毎月来ている。坊主や神主，修験者もお祓いを受けに来るし，坊主は坊主の格好で来ることもある。賢見神社に来る人の目的の8割はお祓い。男女比は女6に対して男4くらいだったが，4，5年前から20代，30代の人が急激に増えた。

　犬神など（の憑きもの）は基本的に誰にでも憑くものである。（この神社への参拝者は）昔は拝み屋を中心にグループで来たが，最近は個人で来る。香川では，各地の祈祷師が「患者」に賢見神社を教えている。憑きものについて，昔の人は十字路や丁字路を通ると憑くと考えていた。賢見神社に来る人の内訳は，徳島5に対して，香川4，その他1くらいだと思う。犬神憑きの場合でも，高知から来る人は「犬神に憑かれたこと」をひた隠しにする場合が多く，はしかの治療などと嘘をついてくる。しかし，徳島にも犬神による血筋への差別は残っている。トランス状態になる人は現在でもいるし，最長で3日間連続でトランス状態になり，3日目に正気に戻った例がある。昔は通夜堂に2年ほど住み込んだ人もいた（現在通夜堂はなくなっている）。今は（昔なら何かが憑いたとされる事態でも）精神病だ

としてすぐに病院に放り込むようになった。

【事例22】漆川こはま氏（昭和27年生，調査当時58歳，女性）の話
　（私は）21歳の時に秋田から嫁に来た，恋愛結婚である。昔賢見神社を守っていたVさん（の家の人）は，今も下（山頂の賢見神社から少し下った場所）に住んでいる。漆川家が賢見神社を守るようになってから4代目になる。私の旧姓がV（上記V家と同姓）なので，賢見神社に来たことに縁を感じるし，ここにいるべきだと感じて40年間やってきた。
　40年間神社に通っている人がいるが，嫁の悪口を言うのは40年経っても変わっていない。水行も昔は「馬鹿じゃない？」と思っていたが，今は「水行よりも辛いことがあって，水行をすることで幸せになれる」のだと考えている。私が水行をしたいと言うと，夫（和孝氏）に「修行はお神さんに言われたら自然とやるものであって，人にやると言ってからやるものではない」と言われたこともある。奥の院への道で「何かを感じる」人もいて，色々な場所を回っている人が「夢に見た景色はここだ」と言ったこともある。
　（私に）「願いが叶った」と話す人が多い。犬神憑きなどの悩みを根掘り葉掘り聞きはしないし，参拝者もあまり自発的には話さない。賢見神社では誰にでもまず邪気払いをするし，邪気払いの後に改めて願いを掛ける人も多くいる。この世には言葉では説明できないものが確かにある。

【事例23】U夫妻（夫：昭和11年生，調査当時74歳，妻：昭和15年生，調査当時71歳）の話
　徳島県阿南市から来ている。賢見神社には40年ほど通っているが，きっかけは妻の父が信心家でお参りしていたから。25年ほど前の6月に，孫（長男の息子）が幼稚園の時に足をひねって歩けなくなったが，8月に賢見神社で祈祷してもらうとすぐに良くなった。（夫は）「子どもには祈祷の効果がないだろう」と思っていたのに確かに治ったので驚いた。他にも，次女の娘婿が鬱病になったが，夫婦が祈祷してもらうと電話があり，祈祷が終わった時間に娘婿の鬱病が良くなったことがある。長女の夜泣き対策

にお札を貰って来た時は，お札がちゃんと立っている間は夜泣きが治まるが，お札が倒れると途端に泣き出し，お札をちゃんと直すとまた夜泣きが治まるということもあった。今話した三つの話は全て事実であり，これを通して最初は賢見神社の御利益に懐疑的だった夫も，神社の力を信じるようになった。

　漆川和孝氏（以下，妻のこはま氏との混同を避けるため漆川夫妻の発言は名で表記する）は賢見神社の宮司として，多くの「憑かれた人」と接触してきた。「憑かれた」という状態にも様々あり，トランス状態を伴うなど，明確な肉体的・精神的異常を見せる人々は現在でも存在するという。参拝者の内訳は徳島県と香川県が大部分を占め，その他としては，四国の他二県は言うに及ばず，日本中から賢見神社を訪れる人がいるとのことである。徳島県や高知県の話題については，「犬神」が人に取り憑く対象として明確に挙げられた。

　和孝氏の話では，高知県からの参拝者は「犬神」に憑かれたことをひた隠しにする傾向があるという。これは高知県幡多地方での「犬神」という言葉の使われ方に鑑みれば，十分納得できる。しかし，長年日本各地からやって来る「憑かれた人」を見てきた同氏によると，そうした高知県の人々の態度は他県や同じ「犬神」に憑かれてやってくる徳島県の人々の態度と大きく異なっており，高知県からの参拝者の「犬神」に対する態度は，他県の人々よりも遥かに重いという。これは，高知県における「犬神」には，四国と九州に広く分布する犬神の一種として扱えない側面が存在することを示唆していると考えられよう。

　また，精神疾患と関連させた語りも興味深い。すでに石塚らが指摘する通り，かつて「憑きもの筋」言説が村落社会で強力に成立した背景には，宗教職能者による断定のプロセスが不可欠であった。仮に誰かを憑きもの筋に仕立て上げる攻撃的な語りを生成したとしても，それが宗教職能者によって承認されない限りは，あくまで言い掛かりの段階を越えることはない。しかし，病への癒しが祈祷から医学に移った現代においては，かつて憑きもの筋に攻撃されたと語った人々と同じ症状を呈した場合でも，精神医学の見地から処理されることとなる。香川雅信の調査したK町や事例6のF氏の語りでは，現代医療で解

決できない場合に祈祷のステージに移行するとされていた。これらに対して，実際に祈祷を担う和孝氏の語りに従うと，異常な状態が精神医学（現代医療）に引き受けられた場合，そこからさらに祈祷へ移行する例は少ない模様である。より踏み込んで考えると，宗教職能者が癒しに介在しなくなったことで，異常な状態が憑きもの筋からの障りとは認定されなくなり，実質的に社会や言説は変化せずとも，表面上憑きもの筋言説の数が減じたように見える現象が生じている可能性も想定できる。

　夫の和孝氏から「憑かれた人」や「犬神」について多く聞かされていたため，妻のこはま氏には賢見神社そのものに関するインタビューを行った。彼女によると，賢見神社の参拝者が祈祷を依頼する理由は様々だが，どのような参拝者に対しても必ず最初に「邪気払い」をするという。筆者も実際に祈祷を受けたが，祝詞には「犬神狐狸」，「悪しき」など憑きものを連想する単語が数多く含まれていた。和孝氏によると，この祝詞は賢見神社の祈祷だけで用いる特殊なものであるという。

　こうした特殊な祝詞が存在し，どのような願いの参拝者に対しても用いられる意味は，賢見神社が「憑きもの落とし」を掲げる神社であることから理解すべきだろう。特に休日には多くの参拝者が訪れる賢見神社では，様々な願いを持つ人々が本殿で同時に祈祷を受けることも珍しくない。そこで参拝者の願いに合わせて祝詞を替えていては，祈祷に膨大な時間を要するだけでなく，「誰が」「何に」「憑かれた人」であるかを周囲の人々へ知らしめることになる。同様に，「憑かれた人」をそうでない人と隔離して祈祷を行うことも，周囲に「憑かれた人」が誰であるかを明示する事態を引き起こしかねない。また，先述した高知県幡多地方の「犬神」のように，実際の願いである「憑きもの落とし」を，漆川夫妻にさえなかなか打ち明けられない参拝者も一定数存在すると推測される。参拝者全てに特殊な祝詞で等しく祈祷を施すことは，「憑かれた人」への配慮であろう。

　U夫妻は筆者が漆川夫妻に聞き取り調査をしている最中に，参拝のため徳島県阿南市から賢見神社を訪れた。もう40年も賢見神社を訪れており，こはま氏とも気の置けない仲であるようだ。

　注目すべきは，U夫妻が筆者の聞き取り調査に応じてくれた経緯である。筆

者は高知県幡多地方におけるフィールドワークの経験から，「犬神」にまつわる話題は現代でも強いタブー性を伴い，時間をかけてインフォーマントに受け入れられなければほとんど聞くことのできないものと捉えていた。しかし，U夫妻はこはま氏から「憑きものを研究している人だから，良かったら話してあげて」と紹介されただけの筆者に，彼らの知る憑きものや賢見神社の霊験を快く語ってくれた。U夫妻の語りの内容そのものは犬神や憑きものから少し外れていたものの，犬神の分布域とされる徳島県の住民でありながら，憑きもの研究をしていると紹介された筆者に夫婦揃って調査に応じてくれるなど，高知県幡多地方では考え難い対応であった。

2　小　括

　賢見神社における聞き取り調査では，事例が少ないとはいえ，宗教職能者の側からの憑きもの全般に対する理解をうかがうことができる。賢見神社を訪れる人々は，自分や身内の体の不調といった「よく分からないこと」が祈祷によって解消されたことを素直に喜び，取り憑く対象であった「犬神」や「狐」，「狸」といった存在に対しても，「よく分からないことの原因」程度にしか考えていない。こうした考えは，小松和彦の提示する「説明体系」や「ツキ」の枠組みと大いに重なる領域があると言えよう〔小松 1972；1979〕。

　また，不可視の動物霊が存在することを肉体的に傍証するトランス状態と，「憑きもの筋」の関連性にも焦点を当てよう。昼田源四郎の研究では，『源氏物語』における葵の上に対する六条御息所の憑依は，葵の上が「取り憑かれた」として六条御息所を攻撃する証拠として機能したと指摘されている〔昼田 1997〕。これを動物霊の場合に援用すると，トランス状態下の人間が動物のキツネやイヌに酷似した振る舞いを見せた背景には，意識を失った上でキツネやイヌ「らしい」振る舞いをすることで，人狐や犬神などの動物霊の実在を示そうとする秘められた意志があったと見られよう。先述の通り，自らが憑きもの筋に攻撃されていると認められるには，宗教職能者や周囲の人々の承認を得ることが不可欠であり，憑きもの筋研究でしばしば報告される被憑依者の異常な振る舞いは，そうした期待に起因していると考えられよう。何かが「憑いた」ことによって初めて「祓う」ことが可能になる点では，何が憑いたか——「も

の」——を重視する憑きもの筋の場合も，小松の「ツキ」やこれに類する賢見神社でのトランス状態も同じであり，両者の違いは，「祓い」が終わった後にも憑依主体へ注目するかにある。

第3節　比　　較

　続いて，高知県幡多地方と徳島県賢見神社の事例を比較し，両者の違いと本書の主題である高知県の「犬神」観の特徴を導く。漆川和孝氏によると，高知県における「犬神」は，取り憑かれたことを決して人に知られてはならないタブー的な存在として今なお意識されているという。この語りは，フィールドワークを行ってきた高知県幡多地方の人々が「犬神」について多くを語りたがらない事実とも一致する。
　一方，賢見神社で出会ったU夫妻は，（実際の話の内容は憑きもの筋から少し外れていたとはいえ）漆川氏から軽く紹介されたに過ぎない，見ず知らずの筆者の憑きもの筋に関する調査へ応じてくれた。幡多地方のインフォーマントの語りからも分かるように，憑きもの筋に関して「気軽に話す」こと自体が，幡多地方における「犬神」への態度とは対照的である。
　幡多地方における「犬神」は，U夫妻と同世代のインフォーマントの大部分が多かれ少なかれその言葉に対する知識と，重い言葉としての意識を持っていた。また，賢見神社で長年憑きもの落としに従事してきた漆川夫妻には，今日の徳島県における「犬神」観はある程度理解されていると考えられる。仮に現在でも徳島県内の「犬神」観が強いタブー性を伴うのであれば，そもそも筆者をU夫妻に紹介することはないだろう。和孝氏は徳島でも「犬神」の血筋に対する差別は残っていると語っており，香川の研究に鑑みても，徳島県全域から「犬神」に対する差別意識がすでに消失したとまでは考えられない。しかし，同じ和孝氏が徳島県の人々と高知県の人々の「犬神」への態度の違いを語っており，高知県と比較する限りにおいては，今日の徳島県における「犬神」観は，社会的緊張を伴う差別的な意味を弱めており，最低でもタブー的な重い意味は現代では薄れつつあると見られよう。
　これを踏まえて確認すべきは，話題に伴う社会的緊張が緩和されつつある徳

島県の人々の「犬神」観が特殊なのか，今なお強いタブー性を伴う高知県の人々の抱く「犬神」観が特殊なのかという問題である。例えば速水によると，1970年代の時点ですでに，戦後と比べて狐持ちを原因とする結婚差別は大きく減じており，ほとんど見られなくなったと述べている〔速水 1976：2-26, 212-214〕。これを全ての憑きもの筋の問題にそのまま援用できれば，徳島県と高知県の対比では，徳島県の人々の考えが一般的な憑きものに対する態度であり，高知県の人々の考えは極めて特徴的であると指摘できよう。しかし同時に，速水は犬神人に「犬神」の発祥を求め，その根底には強い人間疎外の理論が働いたとも述べている〔速水 1976：51-57〕。犬神人と犬神の関連は後に詳述するが，速水の説に従うならば，むしろ強い差別意識が残る高知県の事例が一般的であり，近年までに社会における実効力を失った徳島県の事例の方が特徴的な変容を遂げているとも考えられよう。高知県と徳島県の「犬神」観の現況の違いを引き起こした要因を結論付けることは難しいが，少なくとも，こうした差異が生じていることから，両地域における「犬神」観の変容を言葉としての一致だけを証拠に一括して扱う研究手法だけでは，両者の背後にある地域に根差した特徴的な要因を捨象してしまう危険性があることは明らかにできたであろう。

　和孝氏が語った通り，賢見神社は徳島県や高知県のみならず各地から「憑きもの落とし」のために人々が訪れる場所であり，宮司を務める漆川夫妻には他地域における憑きもの筋の現況がある程度理解できていると見られる[49]。これを踏まえて考えると，和孝氏に多くの憑きもの筋の中で今なお強いタブー性を伴うと解釈される高知県の「犬神」は，やはり特殊な事例と言えるのではなかろうか。同時に，本節での議論を考え合わせると，「憑きもの筋」や「犬神」で各地の事例を一括して論じることは，少なくとも近年においては絶対的な手法ではないことも指摘できる。

---

49) 当然のことながら，「憑きもの筋」の全国的な現況を賢見神社の漆川夫妻の語りだけから断定することはできないが，高知県との比較に供する意味で徳島県を中心とする他地域の憑きもの筋の現況を想定した。

第4章
「犬神」観変容の実情と戦後社会の影響

　前章の内容を受け，現代社会における「犬神」観の変容を一旦整理する。また，こうした変容を発生させた権力の側からの働きかけとして，インフォーマントたちの語りに度々登場する同和問題に関しても，戦後以降の活動の趨勢をまとめ，「犬神」言説との関係を議論する。

第1節　現代社会における「犬神」観の変容

　フィールドワークを総括すると，高知県幡多地方の三原村，四万十市（旧中村市域），黒潮町（旧大方町域）の地域住民たちが抱く現在の「犬神」観は，民俗学や文化人類学が盛んに研究を行った戦後から昭和40年代頃までとは大きく異なっていると指摘できよう。「犬神」を背景とする結婚差別はほぼ消滅したと言えるまでに弱められており，今日の村落社会で「犬神」にまつわる情報が人々の間で共有されることも大幅に減少している。ただし，表面上の社会問題は減少したとしても，今なお一部の人々が水面下で差別意識を抱き続けている可能性も指摘できる。

　さらに，顕著な特徴として，かつては日常生活における因果関係の説明として体系立っていた「犬神」に関する知識が部分的になりつつあり，インフォーマント個々人による情報の偏りが広く見られる。この現況は，従来は社会集団内部で同一の理解を共有するよう強いられていた犬神が，インフォーマント個々人の解釈に従って変容させられ得る知識に転じたことを意味している。今日の「犬神」は個人の意識に沈滞する知識と化しており，最早周囲の人々との

紐帯に縛られず，各自の主体的な意思決定に応じてある程度自由に解釈される段階に至ったと考えられよう。

しかし同時に，個人に沈滞する知識と化したはずの「犬神」が，特定の領域において集落や市町村を越えた広範囲で共通する解釈をされるという，奇妙な現象も生じている。端的に表現すれば，現在の高知県幡多地方における「犬神」観は，「同和問題」と接近させて語られるのである。この問題に対してはインフォーマントたちの解釈にも揺らぎがあり，筆者に犬神と類似する社会問題の例として挙げた場合と，明確に「犬神」を「同和問題」と同一視している場合の二者が存在する。少なくとも戦後期の先行研究においては，犬神（及び憑きもの筋）と同和問題は分けて考えられており〔桂井 1953〕，両者は憑きもの筋研究が興隆を迎えた戦後期以降に何らかの要因によって接近させられたと考えるのが妥当であろう。

さらに，昭和10年代半ばから昭和20年代前半にかけて生を受けたインフォーマントたちが多少なりと「犬神」について知っているにもかかわらず，それ以降に生まれた世代には「犬神」に関する知識がほとんど継承されていない。近年民俗が急速に後景化しつつあることを踏まえても，この知識の隔たりは民俗の単線的な減少として処理できるものではなく，意図的な情報操作を経た結果だとは考えられないだろうか。

一方，徳島県の賢見神社における調査結果を踏まえると，犬神同士で比較しても，今なお強い社会的緊張を伴う高知県の「犬神」観は，徳島県における「犬神」観と同一項で結べない。ゆえに，現代社会における高知県の「犬神」観の変容の背景には，これを引き起こした地域特有の原因があったと想定できよう。

本章では，文献資料を基盤に「犬神」と「同和問題」がいかなる時期に接近させられたのかを考察する。この作業は事件史・政治史に近しいものであり，人々の主体性へ着目する文化人類学や民衆史の枠組みとは力点が異なるとも言える。しかし，歴史において「事件」や「政治」が生じてきたこともまた確かな事実であり，これらを見落としたままでは，民衆個人のライフヒストリーの特殊性を指摘するに留まり，歴史の大きなうねりを描出し得ないであろう。今後の文化人類学と歴史学に求められているものとは，事件史と民衆史が釣り合

う平衡点を模索することにあり，この後の検証はそうした未来への展望を拓こうとする試みの一端である。

第2節　部落差別と戦後の解放運動

　前節の展望を踏まえ，本節では戦後の解放運動に着目する。インフォーマントたちの中には，本来弁別されてきたはずの「犬神」への差別と被差別部落への差別を接近させて語る人物が散見される。そこで本節では，二つの差別問題の起源と戦後社会における扱いを明らかにする。

1　部落差別とは

　部落差別とは，近世初頭に武家によって士農工商の下に設けられた身分に属する人々や，そうした人々の住む集落に向けられた差別とされている。しかし，差別の起源に目を向けると，近世初頭に部落差別が突如として始まったという理解は誤りであるとも考えられる。原田伴彦によると，部落差別において使用される「えた」という言葉は近世以前から存在し，多分に侮蔑的な意味を含む「穢多」という表記も南北朝期から現れているという。さらに，「非人」という単語も平安期にはすでに登場しており，特定の人々を何らかの論拠によって卑賤視する差別は近世以前から存在したと考えるべきであると説く〔原田 1975：31-34〕。近世初頭の「部落差別」の特徴は，それまで流動的であった被差別身分を，幕府という上からの圧力によって徐々に固定化していったことにあると言えよう。

　部落差別の持つ様々な特徴のうち，本書で注目すべきは，被差別部落とされた集落に住む人々に対して集落外の人々が抱く，「部落の人々とは人種や血筋が違う」などの理解であろう。原田によると，昭和40（1965）年の「同和対策審議会答申」の予備調査では，部落外の人々の70パーセント近くが，「部落の人びとは人種や血筋のちがう人びとだ」と答えているという〔原田 1975：21-37〕。当然ながらこれらは人間の尊厳への誤った理解に違いないのだが，「血筋」によって相手と自分を区別する論法は憑きもの筋言説と類似した部分があり，後に詳述する大方町公民館報に掲載された犬神批判でもその不当性が

度々訴えかけられている。

2　日本全国における戦後の解放運動

　被差別部落の人々の人権回復運動は今なお続けられている。明治4（1871）年8月28日[50]の太政官布告——いわゆる解放令——で法令上の身分差別は撤廃されたものの，実社会における差別や格差は根強く残ってきた。本項では，部落解放運動のうち，戦後期以降の活動に焦点を当てる。

　戦後の部落解放運動は，全国水平社による水平運動を受け継いで発足した部落解放全国委員会の主導により，昭和20（1945）年8月18日（土曜日）に始まった。しかし，原田の指摘によると，終戦を迎えてすぐ部落解放運動に着手されたにもかかわらず，その後数年の間は，社会的・政治的・心理的要因から，解放運動は停滞しがちであったという〔原田 1975：353-355〕。社会的には，戦前の国家による統制が薄れ，思想，信仰，集会，結社の自由，男女同権が認められた。これは先述したように，戦後に憑きもの筋による差別が再燃する土壌ともなった。政治的には，華族制度廃止や財閥解体，農地改革によって，これまでの社会的通念であった身分・門地・家格，あるいは家父長制などに対する世間の考え方に変化が生じた。そして心理的には，敗戦後のヤミ成金や敗戦太りの金持ちが現れる社会的下克上とも表現すべき世の中になったことによって，戦前の社会的身分に対する固定観念が薄れたという。原田は，戦後の解放運動の停滞には，こうした変化の下で部落差別が自然と薄れ，消滅することを願ったという背景があったと指摘する。

　しかし，部落差別は戦後も根強く存続したため，昭和30年代に解放運動が再開される。昭和30（1955）年8月の第十回全国大会において，部落解放全国委員会は部落解放同盟に改称し，部落全体の団体の統一体として活動を開始する〔原田 1975：376-381〕。解放同盟の運動が大きな盛り上がりを見せる年に着目すると，それは昭和35（1960）年から36（1961）年にかけてであろう。解放同盟は昭和32（1957）年に，国会に対して部落問題の根本的解決を図る国の総合的対策の樹立の請願を行い，国会でそれが採択されている。これを受

---

50)　日本でのグレゴリオ暦導入以前の出来事であり，現在の暦では10月12日に当たる。

け，昭和35年から36年にかけて，解放同盟を中心に部落解放要求貫徹請願運動が全国規模で繰り広げられるようになったという。この年から，戦後の解放運動は全国規模で盛り上がって行ったと考えられよう。

3 高知県における戦後の解放運動

前項までの全国的な趨勢を踏まえ，高知県における戦後の解放運動にも着目する。『戦後部落問題年表』によると，高知県においても昭和36年が解放運動の大きな契機であったことがうかがえる〔部落問題研究所編 1978a；1978b；1979〕。同和教育の面では，8月25日（金曜日）から26日（土曜日）にかけて「高知県同教第1回夏期講座」が開催され，その後この講座は毎年開催されるようになった。昭和36年は，戦後の高知県で同和教育の始まった年であると言えよう。

高知県における解放運動の興隆の一端を表す事例として教科書無償運動が挙げられるが，この運動も昭和36年に始められた。この運動は3月7日（火曜日）に高知市長浜の解放同盟長浜支部によって始められ，昭和37（1962）年3月30日（金曜日）に高知市教育委員会が教科書の全額無償支給を認めたことで決着した。教科書無償運動は全国に広まり，県内の同和教育でも，しばしば高知県発祥の解放運動として取り上げられる。

以上に鑑みると，高知県においても，昭和36年に解放運動が大きく盛り上がったと考えられる。全国的にも，高知県に限った場合でも，昭和30年代後半に「部落差別」を糾弾する解放運動が最高潮に達したとまとめられよう。

第3節 「犬神」への差別と部落差別

本節では，本来異なる差別であったはずの「犬神」への差別が部落差別に近しいものとして扱われるようになった経緯を考察する。先述の通り，現在の高知県幡多地方に住まう一部の人々の間では，「犬神」が部落差別と近しい言葉として扱われており，両者が同義と認識されている例も散見される。

幡多地方における現地調査は，三原村，四万十市，黒潮町という旧幡多郡内部といえども距離的に離れた広範囲に渡るものであり，それぞれの生活圏や経

済圏も異なっている。ゆえに,「犬神」への差別と部落差別への接近を,隣接する地域同士で文化の共有がなされた結果であると結論付けられるとは限らない。文化圏の異なる複数の調査地において,部落差別と「犬神」への差別を結び付ける特有の「犬神」観が,同時多発的に発生している可能性も否定できないからである。

1 解放運動の停滞期と憑きもの筋研究

　考察の前提として,かつては犬神筋への差別と部落差別が異なるものとされていたことを確認しよう。前節でも確認したように,部落差別は江戸期の身分制度によって固定化され,戦後の解放運動も戦前から続く差別を根絶する目的から行われた。また,今回調査を行った三原村α集落,三原村β集落,四万十市γ集落,黒潮町δ集落,黒潮町ε集落,黒潮町ζ集落,黒潮町η集落が,実際に部落差別の対象とされた集落であったのかにも目を向けなければならない。『憲章簿――穢多牛馬之部』や『中村における被差別部落の今昔』によると〔高知県立図書館県史編纂室・京都大学経済学部図書館編 1985;北澤 1983〕,本書における調査地は全てかつての被差別部落とは異なる集落であることが分かった[51]。また,文献資料に目を向けると,桂井和雄による『土佐の民俗と人権問題』でも,部落差別と犬神統への差別は,それぞれ,「5 未開放部落の問題」,「6 犬神統その他」として,明確に弁別されている〔桂井 1953〕。それではなぜ,二つの差別は接近させて語られるようになったのだろうか。

　この接近が引き起こされた要因として,戦後の解放運動の高まりに注目すべきである。前節で確認した通り,戦後の解放運動は昭和30年代後半から大きな盛り上がりを見せる。後述の大方町公民館報においても,昭和30年代後半から部落差別に関する記事が急増する[52]。また,現地調査で「犬神」にまつわる語りを披露してくれた話者の多くが昭和10年代後半から昭和20年代前半の生まれであり,昭和30年代半ば以降の解放運動隆盛期には,10代から30

---

51) 資料にはかつての被差別部落の具体的な場所や集落の名前が挙げられているが,プライバシーと人権の観点からそれらの場所や名称を本文中に挙げることは差し控える。
52) 昭和33(1958)年11月1日(土曜日)発行の第39号に掲載された「部落問題に関する一考察」など,昭和30年代後半以前にも少数ながら部落差別を扱った記事は存在するが,昭和30年代後半からそうした記事は爆発的に増加する。

代の結婚適齢期を迎えていたと考えられる。こうした時期に解放運動やそれに伴う同和教育が熱を帯びたために，部落差別や結婚差別が，「正しくないこと」，「口にすべきではないこと」として強く意識されるようになったと想定できる。

　もっとも，こうした経験だけでは部落差別を基盤とする結婚差別が弱められるに留まり，「犬神」観との接近は生じまい。事例1，事例10，事例14のように，インフォーマントが「犬神」を説明する上で，筆者の理解を助けるために部落差別を比較対象として挙げた例だけであれば，分析はここで終えられよう。しかし，事例4，事例8，事例16のように，「犬神」への差別と部落差別を同一視する語りも存在する。これらの差別問題を人々に接近して意識させる何らかの要因が存在したのではなかろうか。

　ここで本書では，戦後から昭和30年代後半まで続いた，解放運動の停滞期間に注目する。戦後の解放運動の停滞期間は部落差別が自然消滅することを願っての意図的なものであったとされるが，この十数年間は民俗学を中心に憑きもの筋研究と差別問題への批判活動が展開された期間でもある。戦後から現在までの時間の流れの中で，この十数年間は解放運動が存在せず，憑きもの筋研究だけが存在する特殊な期間であったと考えられる。仮に解放運動が戦中から途切れることなく続けられていたならば，戦後起こった憑きもの筋研究と批判活動も，解放運動と並行して展開されたこととなる。この場合，両者の明確な比較が可能であり，一般社会の人々にもそれぞれ別種の活動として認識されただろう。実際には，戦後から昭和30年代後半までの十数年間，解放運動には空白期間が生じていた。そして戦後憑きもの筋研究が盛んになった十数年という期間は，偶発的とはいえ，パズルの欠けたピースのように，解放運動と重なり合うことなくその空白期間を埋めることができるのである。

　ここまでの考察を通じて，戦後社会において憑きもの筋研究と解放運動は異なる期間に展開されたことが分かる。しかし，両者が明らかに異なる活動として人々に認識されていたのならば，あくまで別種の差別への批判とされてきたはずである。この想定を踏まえ，かつての犬神への差別と部落差別の，差別の内容そのものに注目する。

　戦後の犬神への差別の代表的な例は，結婚差別，普段の人付き合いの忌避，血筋そのものへの差別が挙げられる。これらを部落差別で用いられる差別と比

較すると，その差別の文脈や成り立ちが異なっているとはいえ，結果として行われる差別は似通っている。つまり，犬神への差別と部落差別は，その差別の内容に共通点を有するがゆえに，人々によって類似のもの，もしくは同一のものとして扱われる可能性を有していたのである。そうした二つの差別が，戦後から昭和30年代後半までの十数年間で，人々の前には「なくすべき差別」，「やめるべき差別」として交互に批判された。そこで人々は，本来異なる活動である憑きもの筋差別への批判と解放運動を一つの流れとして捉えたのではなかろうか。特に犬神の研究も解放運動も積極的に展開された高知県では，「犬神」の問題と部落問題が大きく接近して意識されても不思議ではない。

さらに考察を進めると，憑きもの筋研究と差別への批判活動が高まった昭和20年代前半の戦後期当時には，筆者が聞き取り調査を実施したインフォーマントたちの多くは子どもであり，彼ら・彼女らより年長の世代（特に親）は憑きもの筋への差別を「やめるべきこと」や「迷信」として強く意識したことも十分想定できる。そうした意識を背景に，子どもたち（インフォーマントたち）へ犬神にまつわる知識をあえて受け渡さなかったのではなかろうか。また，憑きもの筋研究が社会に還元される昭和30年代半ばには，インフォーマントたち自身もこの問題を主体的に受け止められる年齢に成長していたに違いない。それゆえに，時には年嵩の人々が口にする犬神の言説を，インフォーマントたち自身の主体的な判断によって，語り継ぐべき情報としては受け取らなかった可能性も考えられよう。

この変化に，先述した犬神への差別と部落差別の接近も絡み合う。学術研究の成果発信などから，犬神を憑きもの筋と捉えた上で，犬神にまつわる言説を受け継がせなかった（もしくは受け継がなかった）世代が存在すると考えられる。加えて，犬神への差別と部落差別を年代的な連続性からいわば混同しながらも，そうした言説をなくすべき差別として受け継がせなかった（受け継がなかった）世代も存在したのではなかろうか。

これらの「犬神」あるいは「なくすべき差別」への意識改革を通じて，昭和30年代半ばにおける結婚の当事者（現在のインフォーマントの世代）が犬神に起因する結婚差別を受け継がなくなるとともに，犬神の言説が受け継がれる土壌となった結婚時の親や仲人――結婚の当事者より年長で当時は結婚の成否を

大きく動かした世代――による反対が大きく弱められたとは考えられないだろうか。そして、本書のインフォーマントたちの世代は、場合によっては「犬神」について部落差別と一部混同しているとしても、「犬神」への差別を一様に「いけないこと」として強く意識しており、そうした情報を次世代に強く発信することはないだろう。これによって、昭和20年代後半以降に生まれた世代では、「犬神」への知識そのものが急速に失われていったという仮説が立てられる。

2　同和教育の記述

また、「犬神」への差別と部落差別が接近させられた要因として、同和教育の内容そのものにも目を向けねばならない。人権やプライバシーに深く関わる重大な問題である部落差別を記述するには細心の注意が必要であり、部落差別を記述し人々を啓蒙する上で婉曲的な表現が多用されることを責めるつもりはない。しかし、具体性を離れた表現は人々に言葉と実際の対象の結び付きを曖昧にさせ、他の対象との混同を生む可能性があることも確かであろう。

そもそも「犬神」への差別と部落差別が接近させて扱われる背景には、人々の大部分が両者に対する体系的な[53]知識を有していないことがある。かつて石塚らが調査を行った昭和20年代から30年代[54]には、憑きもの筋でない人々が、狐憑きや犬神筋は「なぜ差別されるべきか」という因果関係について、様々な起源論や超自然的エピソードを添えることで説得力を持たせようとしてきた。一方、今日のインフォーマントたちの中には、二つの差別を近しいもの（あるいは同一のもの）と語る人物も存在するものの、それらがどうして同じであるか、あるいはどの時点で同じになったかに関する知識は有していない。

このような変容が生じた要因の一つとして、上述した世代間における犬神の情報伝達が挙げられる。前項では、インフォーマントたちの世代とその親たちの世代の間で、犬神[55]への差別的言説からの脱却を目指す主体的な意思のも

---

[53] ここでの「体系的な」知識とは、学術的に正しいかではなく、個々人が犬神や部落差別に対して自分なりの意識や理解を持っていることを意味する。

[54] 石塚は自分が憑きものに関心を持ち始めたのは昭和22（1947）年の夏頃であり、出雲地方の事例研究や柳田からの指導を経て、昭和34（1959）年7月に『日本の憑きもの』を著し、十年以上に及ぶ研究を集約したと振り返っている〔石塚1990：492-498〕。

とで，犬神にまつわる知識の伝達がなされなくなった可能性を指摘した。こうして犬神の具体的な知識を受け継がないことによって，犬神に関する体系的な知識を有することが難しくなり，犬神への理解が「結婚してはいけない人」，「血筋の問題」のように，曖昧なものと化したことは十分想定できる。

　一方，同和問題に対する人々の理解はいかなるものだったのか。本項では，人々に部落差別への知識を提供する媒体となった同和教育の記述に焦点を当てる。ここでは昭和41（1966）年2月11日（金曜日）と，昭和50（1975）年3月の大方町公民館報・広報[56]を資料として，同和教育の記述を分析する〔坂本編 1991〕。公民館報や広報を検討する意義としては，石塚の議論が参考になる。石塚は，かつて市町村史を編纂した経験を下敷きに，市町村史は共同体内部の人々が執筆し共同体の内部で読まれることで，市町村の現状や暮らし，今後の展望を住民自身に考えさせることを目指す傾向があると指摘する〔石塚 2002：25-28〕。石塚の指摘する市町村史に関しては，第4部で二種類の『大方町史』の記述を通して分析するが，彼の指摘は公民館報や広報にも援用できよう。これらの執筆者が地域住民であるとは断定できない[57]ものの，その読者の大部分を周辺の生活者であると想定していることは疑いようがない。ゆえに，大方町の生活者たちに働きかけた「強制力」の一端として，公民館報・広報における同和問題の記述に着目する。

（1）　公民館報第100号（昭和41年2月11日発行）

　昭和41（1966）年2月11日（金曜日）の公民館報における「同和問題に関する調査結果」では，「部落はどうしてできたと思いますか。」「部落はいつ頃

---

55)　犬神への差別と部落差別を接近させて扱っている場合を含む。

56)　本書では，『町の玉手箱―大方町公民館報・広報縮刷版』から，昭和41（1966）年2月11日（金曜日）発行の第100号と昭和50（1975）年3月発行の広報おおがた No.9 の記事を取り上げている。また第4部では，昭和28（1953）年7月12日（日曜日）発行の第2号と昭和33（1958）年7月3日（木曜日）発行の第35号を取り上げる。各記事の全文を論文中に示すことも考えられたが，記事には存命中の人々のプライバシーや人権に関わる部分も散見されるため，インフォーマントの居住地や部落差別の対象となった具体的な集落と同じく，あえて掲載を見送った。

57)　例示すると，第7章で扱う生活改善諸活動では，全国各地に派遣された生活改善普及員が啓蒙・生活の簡素化を推し進めてきた。生活改善普及員は赴任地以外の出身者であることも多く，赴任地では広報活動に従事することもあった。

できたと思いますか。」という二つの質問に対する回答の３割近くを「わからない。」が占めている。調査は大方町全域を対象としているため，この「わからない。」とした３割も地域によって濃淡があり，実質的な無回答票も含まれていることが想定されるため，回答結果から何らかの知見を導くことは難しい。しかし，最大で３割近くの人々が，正しいか正しくないかを問わず，同和問題に対して自分なりの体系的な理解を持っていない点は注目に値する。こうした調査を通して，同和問題への体系的な知識を持たない回答者は，同和問題を「特定の部落が周囲の部落から差別されること」と理解した可能性が生じる。そうした回答者の中には，自分の住む集落や近隣の集落で，犬神に対する差別が行われていた者もいたであろう。つまり，回答者の一部は，同和問題への曖昧な理解を抱いたまま，犬神への差別を経験した可能性がある。犬神と呼ばれ差別される人々が住んでいる部落（集落）を目にする状況下では，両者への知識が曖昧であるがゆえに，一部の人々が被差別部落と犬神の住む部落を類似のものと解釈しても不思議ではない[58]だろう。これまで調査を行ってきた全ての集落も，実際の被差別部落とはある程度の距離があり，こうした二つの差別が接近させて扱われる下地は揃っている[59]。

（２） 広報おおがた No.9（昭和50年3月発行）

続いて昭和50（1975）年3月の広報おおがた No.9掲載の部落問題に関する記事を，同和教育の表現に注目しながら分析する。この記事は昭和49（1974）年の大方町による『部落完全解放宣言』を記念したものであり，読者である大方町の人々に，部落差別や戦後の解放運動の進展を総括的に伝えるものである。この記事では，差別の撤廃や文化的水準の格差是正，基本的人権の尊重が強く訴えかけられているが，部落差別の起源論や歴史的変遷にはほとんど触れられていない。昭和50年は戦後の同和運動が盛り上がってから十数年ほど経過しているが，この間に被差別部落の歴史や起源が同和教育を通して

---

[58] これに加えて，先述したように，犬神（あるいは憑きもの筋全般）への差別が，部落差別と類似する部分があったことも，両者が接近させて考えられる要因になったと考えられる。
[59] 大胆に解釈すれば，実際の被差別部落が存在しない地域で，犬神を擁する集落が被差別部落の代用品として同様の役割を担わされた可能性も考えられる。しかし本書のデータだけでは断定できないため，今後の研究の課題とする。

人々へ十分に浸透し，もはや広報で伝える必要もない周知の事実と化していたとも考え難い。なぜなら，そうした同和教育を経験したはずのインフォーマントたちが，同和問題に対して体系的な知識を有していないからである。同時に，義務教育において筆者自身も経験した近年の同和教育を振り返っても，部落差別はなくすべきであると強調される一方で，部落差別そのものの情報は非常に少なかった。こうした同和教育の方法を批判する意図はないが，情報に具体的な対象との結び付きがないことで，その情報を受け取る者の誤解を誘発する可能性があろう。同和教育の目的が部落差別の解消であるとはいえ，一般の人々の前に同和教育として提示される資料は，直接的に被差別部落の起源や具体的な差別を想起させる内容ではない場合が多い。部落差別に関する記述を目にした時，人々は「被差別部落への差別はいけないものである」という情報を，「現在自分たちの行っている差別はいけないものである」という情報に変換して受け取るのではないだろうか。こうした情報の誤変換とも呼ぶべきものが，「犬神」への差別と部落差別の接近を発生させた，一つの要因であると考えられないだろうか。

3　高知県における「犬神」観の特殊性

しかしながら，これまで分析した「犬神」への差別と部落差別の接近を，「憑きもの筋への差別と部落差別の接近」という汎全国的な分析に援用し得るかについては一考の余地がある。漆川和孝氏の語りにもある通り，同じ犬神憑きでも徳島県と高知県では，高知県における犬神憑きの方が遥かに「重い」，「人には言えない」問題として人々に受け止められており，こうした違いを引き起こした要因にも目を向けるべきであろう。

高知県は，昭和36年の教科書無償運動の流れからも理解できるように，同和運動が全国規模で考えても盛んに行われた地域であり，同和教育が人々の心へ与えた衝撃は計り知れない。そうした状況下で，部落差別——ここでは同一視された「犬神」への差別も含む——が「いけないこと」であると周知されると同時に，部落差別の持つイメージそのものが強化されて人々の心に刻み込まれた可能性があろう。各種の批判活動を通じて，人々は部落差別を「いけないこと」であると認識すると同時に，そうした差別そのものが持つ忌避のイメー

ジや人間疎外の理論を強く意識せざるを得ないようになる。ゆえに，接近して扱われる（もしくは同一視される）「犬神」への差別的意識も強化され，「犬神」に対する強い恐怖や恥へ結実していく。多くのインフォーマントたちが「犬神」について語る際，筆者に対して最初は知らないと言う，人前で言ってはいけないことと断った上で話し始めるなどの深刻な態度を見せたのも，こうした強い差別のイメージが背景にあったためだとは考えられないだろうか。

第4節　小　　括

　本章での議論を小括すると，戦後の憑きもの筋研究と部落解放運動の両者は，本来別種の差別問題であるにもかかわらず，年代的には重なり合わずに生活世界へ働きかけたことで，地域社会の住民にはそれらが連続した「差別問題への批判活動」として捉えられ，両者にまつわる言説を接近させる契機になった可能性がある。特に高知県は戦後の部落解放運動が盛んな地域であったこともあり，差別問題への批判も強く遂行されたと見られる。これらの活動が人々の意識下で連続的に捉えられることによって，両者の言説が接近させられる。同時に，学術研究による憑きもの筋批判を通じて，これに伴う差別の不当性を体系的に理解した人々も，犬神にまつわる情報の引き継ぎを弱め，結果的に単線的な民俗の後景化を越える急激な言説の弱体化が生じたと考えられる。
　加えて，人権に配慮した部落問題の記述法は，具体的な差別の内容や起源を明らかにしないがゆえに，「犬神」への差別と部落差別の接近を引き起こすだけではなく，差別のイメージそのものの強化要因としても機能した可能性がある。こうしたイメージの強化は，「犬神」にまつわる情報が社会集団において共有された時期においては，言説空間の形成に際して適宜修正されてきたと考えられるが，前章で述べた通り，近年は「犬神」に関連する知識が個人に沈滞するものへと変容しており，特定のイメージの強化も加速度的に進行しつつあると指摘できよう。以上が，現在の高知県において，いまだに「犬神」が重い話題であるとともに，「部落差別」と接近させて語られるものに変容した，政治史・事件史的要因である。

第2部全体のまとめ

　ここで，第2部の結論を簡潔にまとめ，第3部以降の議論の足掛かりとする。現在の高知県幡多地方における人々の「犬神」観には，戦後期を中心に盛り上がった先行研究の指摘と比較して以下のような変容を見出すことができる。それらは，① もはや犬神が社会で共有される知識ではなくなり，人々の「犬神」観が個々人の解釈によって多様な偏差を見せるようになった，② 犬神（憑依主体）と犬神を使役する者（憑きもの筋の人物や家筋）が同一に扱われる例が散見される，③ 犬神憑きによる錯乱状態がほぼ見られなくなった，④ 犬神筋への差別が集落への差別として扱われている，⑤ 犬神筋への差別と部落差別が近しい，あるいは同一のものとして扱われている，の5点である。

　これら5点が本書における新たな知見だが，筆者はこの5点が根底で繋がっていると考えている。戦後から昭和30年代後半にかけての十数年間，部落差別の解消を目指す解放運動が停滞している間に，民俗学を中心とした憑きもの筋研究と批判活動が盛り上がる。両者は元々別の活動であるものの，その差別の内容に類似する要素があることから，二つの異なる運動が連続した一つの流れとして人々に認識された可能性がある。憑きもの筋への差別そのものに対する批判活動と，二つの批判活動が人々の意識下で連続的に配置された「差別問題への批判活動」によって人々の意識が変化し，高知県幡多地方では，「犬神」に関する情報を世代間でほとんど受け渡さなくなった。その結果，昭和20年代以降に生まれた人々にほぼ受け継がれないほど，民俗事象「犬神」は急速に後景化していった。また，世代間での情報の受け渡しが途切れたことによって，犬神に関する体系的な知識が失われ，犬神が差別される因果関係への理解が曖昧になる。同時に，部落差別に対する文献資料の記述方法も，人権やプライバシーの観点から直接的な描写を避けており，こちらも人々に曖昧な理解を抱かせる。これら二つの曖昧な理解が重なり合うことで，「犬神」は，結婚差別や血筋への差別だけが部分的に受け継がれた知識へ変容するとともに，「集落に対する差別」としての側面を獲得していったと想定される。

もっとも，これはあくまで高知県幡多地方の「犬神」に対する分析であり，そのまま全国的な憑きもの筋の分析へ援用することは難しいだろう。同じ犬神の語彙が語られる徳島県と高知県でも，高知県の「犬神」は徳島県の「犬神」よりも遥かに重い，タブー的な言葉とされている。この要因の一つとして，高知県は全国でも同和教育が大きく盛り上がった場所であることを挙げた。同和教育の盛り上がりは，部落差別と，それに連続的に並べられた「犬神」への差別に対し，許されざる社会問題としての意識を抱かせると同時に，両者の差別のイメージそのものをも強化する。これによって「犬神」という言葉の重さ，タブー的要素が強化され，高知県における「犬神」が今なお極めて重い言葉として存在するのではなかろうか。

　第2部の論理展開を振り返ると，第3章において今日の「犬神」観が特異な変容を遂げたことを明らかにしたが，その要因を解き明かすためには，先行研究に用いられてきた演繹的な枠組みを一旦離れ，高知県の「犬神」が晒されてきた独自の「強制力」群を探る事例研究としての手法が必要とされると指摘できよう。徳島県との比較からもうかがえるように，高知県幡多地方における「犬神」観の変容は，幡多地方や高知県が経験してきたローカルな要因に強く影響されたと想定できるため，従来の演繹的な「憑きもの筋」研究では，地域独自の特徴を捨象してしまうことが懸念される。

　また，第4章では，本来異なる二つの差別が混ざり合っていく過程を指摘したが，これは歴史学的な年代の連続性と，その証左となる文献資料を挙げたに留まっていると反省される。第4章における議論は，制度史の上で憑きもの筋と同和問題が連続的に配置され，差別のイメージそのものが強化される「権力」の側からの働きかけを示したが，その働きかけを「民衆」が全て受容したとは考え難い。ゆえに，高知県の人々が，これらの働きかけに対していかなる反応を示したのかも明らかにする必要がある。

　第4章で用いた分析手法は，文献資料を中心に年代的な一致と資料の記述法を精査する，事件史・政治史的視点からの分析であったとまとめられる。もっとも，それらは言わば上からの「強制力」の指摘であり，生活世界の人々がその「強制力」を受容するか，拒絶するのかについても分析の手を伸ばす，民衆史的視点からの分析も必要とされている。しかし，最初から民衆史的手法

に依拠した分析に着手したとしても，高知県における個々の事例の特殊性を挙げるに留まり，より大きな枠組みである「社会」や「文化」の考察には到達し得なかったであろう。

　近年民衆史に依拠した研究が先鋭化するにつれて，民衆の主体性を重要視するあまり，それら個人が属する社会や文化からの影響が看過されてきたこともまた事実であり，反省の余地がある。確かに個人の主体性は重要視すべき主題ではあるものの，彼ら・彼女らが生活する周辺環境からの影響を考慮しない限り，それらはケース・スタディとしての枠組みを越えることはできない。社会や文化，あるいは世間で生きる日本人の民衆史を再考する上で，事件史・政治史的視点からの分析は，高知県における「犬神」に働いた「強制力」の大枠を捉え，俯瞰的な視点から「犬神」観の変容を描出することを可能にしたと考えられる。

　とりわけ第４章での議論は，高い公共性を発揮する「憑きもの筋研究」そのものが生活世界に変容を促す「強制力」として働いた可能性を示す。先述したように，この「強制力」は，憑きもの筋の言説に伴う社会的緊張を可能な限り和らげようとする明確な意図を秘めた，ベクトル的性質を有している。この上からの「強制力」と，高知県の人々の意識の間にいかなる相互作用が起こったのか——あるいは，起こらなかったのか——を検討することで，現在の「犬神」観が示す特異な変容の過程を明らかにできると期待される。

第 3 部

▼

高知県の「犬神」観に働いた独自の「強制力」

第5章
「犬神」に関する知識を発信する文献資料の考察

　第2部での議論を踏まえ，第3部ではより「高知県」というフィールドに密着した「犬神」観変容への「強制力」群を分析する。本書冒頭でも述べた通り，「強制力」とは迷信打破への方向性を帯びた内外からの力を意味している。高知県の人々が抱く「犬神」観が変化した背景には，犬神にまつわる言説を批判する行政や有識者からの指導——特定集団外部からの圧力——だけではなく，犬神に関する問題解決を目指す地域住民の主体的な取り組み——特定集団内部からの圧力——も存在したと想定されよう。この視座に立って考えると，第4章において指摘した「強制力」は，主に日本全域の憑きもの筋への差別や同和問題に対する批判活動であり，人々の抱く「犬神」観への外的な力であったと指摘できる。第3部では，高知県のローカルな要素とも絡んだ「強制力」の内的側面を導出し，全国的な批判活動と並行して高知県を席巻した文化変容へのうねりを描き出す。

　本章では，高知県内の文献資料に登場する犬神や憑きもの筋に注目し，それらの検討を行う。第2部で高知県幡多地方における「犬神」観が変容を遂げていることを明らかにしたが，桂井らの研究に鑑みると，高知県における犬神は，濃淡の差こそあれ県内全域に広がっていると想定すべきである。それゆえに，憑きもの筋や犬神に関係する文献資料の検討においても，幡多地方の検討だけではなく，高知県全体の検討が必要とされる。加えて，第2部におけるインフォーマントたちの大部分が自身の抱く「犬神」観を歴史的に変容させてきた一方で，事例17のQ氏は文献資料から突発的に犬神にまつわる知識を得た可能性がある。よって，犬神に関する情報発信を行う文献資料は，社会との

紐帯がないことを理由に無視できるものではなく，むしろ集団成員間の強固な紐帯を必要としないがゆえに，時間や場所を越えて人々に新たな「犬神」観を敷衍する性質を有するとも推測できよう。

　これらを踏まえ，本書では高知県内で高いシェアを占める地方新聞『高知新聞』と，文献資料と生活世界の間に生じる相互作用を示す『毎日新聞高知地方版』の記事群を例として，時期による記事の頻度や内容の変遷を追う。新聞は，テレビやインターネットの普及する以前から人々へ様々な情報を伝える媒体であったとともに，読者からの投稿などを通じて，一般市民にも社会問題への発言を許す数少ない場でもあった。そのため，これらの記事群の内容分析を通じて，高知県における文献資料と生活世界の往復運動の一端が明らかになると期待されよう。

第 *1* 節　新聞を通して戦後高知県の「犬神」観に働いた「強制力」

　まず，『高知新聞』の記事群に目を向けると，本書でテーマとする犬神に関する記事は，戦後から（集約的な文献調査を実施した）2017 年 3 月末までに，以下の 22 資料を見出すことができる。その後も犬神に関する記事が増え続けている可能性も考えられるが，本書はこの期間の記事を用いて議論を進める。なお，「犬神サーカス」や「犬神家の一族」など，明らかに本書で扱う犬神と関係のない記事は除外した。

1　地方新聞に登場した「犬神」

　本項で取り上げる 22 資料は，記事中に犬神が登場するものである。記事における表現も重要であるため，各記事の該当部を引用するとともに，分析で記事中の表現を初めて引用する場合には括弧でその単語を囲んでいる。なお，人生相談など記事の執筆者が一般の人々となる場合には，プライバシーに配慮して実名や詳細な住所を伏せるなどの修正を施した。

（1）　実生活と結び付いた記事
　資料 1 から資料 11 までは，高知県内各地における実生活上の犬神とそれに

まつわる諸問題について書かれた記事群である。戦後の『高知新聞』において，犬神は昭和25（1950）年10月5日の記事に初めて登場する。以下にその文面を引用する。

【資料1】昭和25年10月5日（木曜日）付2面の記事（執筆者：幡多郡・男性）
◇大正年間であつた，北陸地方の某県に猿神統と呼ばれる人種があつて一般社会より差別をうけていると，当時の大阪毎日，朝日の両新聞を賑わしたことを記憶しているが，それより幾年を経た昭和の今日に，所は幡多郡某村某部落にこれに等しい不可解なる問題がある
◇それは同部落の某家が近隣より養子を迎えることになり婚約したところ，その養子の生家は犬神統であるとして親戚一同の反対するところとなり紛糾に紛糾を重ね絶交問題まで持ち上らんとする有様である，なかにも反対の第一人者某村会議員の如きはわが娘の結婚に支障があるとして頑として譲らないとか，指導階級である村議もかくのとおりであり，他は推して知るべきである
◇同村内を見渡せばその過半数が犬神統と呼ばれて非犬神統より常に排斥せられつゝありときく，昭和の今日にいまなおかくの如き人種差別の声をきくとは真に□□[60]の至りである，指導階級こそ，まず立つて一日も早くこの□[61]習を排除すべきである

この記事は当時の『高知新聞』の読者投稿欄の一種である「直言」に投稿されたものである。「直言」には住所氏名，年齢，職業を明記した上で投稿しなければならなかったため，本記事を執筆した幡多郡の男性の詳細な住所や氏名も掲載されているが，本書ではこうした情報は伏す。この男性は，現地の犬神を「犬神統（いぬがみとう）」と表現し，幡多郡某所において犬神統への差別と排斥が続いていることを批判している。記事によると，幡多郡某所では，指導階級であるはず

---

60) 漢字2文字が判読不能。文脈から，「残念」や「嘆かわしい」などの意味を持つ語が入ると推測される。
61) 漢字1文字が判読不能。直後の「習」に続く，「因習」や「旧習」の語と推測される。

の村会議員までもが犬神統への差別を積極的に行っており，執筆者はそうした指導階級の態度を厳しく批判し，この差別的習俗を一刻も早く排除すべきであると結んでいる。以下同様に，『高知新聞』の記事から本書の議論に関連する箇所を引用し，順に考察を行う。

【資料2】昭和26年2月14日（水曜日）付4面の記事
　　▼…キトウに迷信は隣組，幡多路の王座は"犬神統"誰が決めたか誰も知らないという奇妙なしろもの，古老の伝えるこの一族は押入れの中にかくした油ツボで小さな犬コロ数匹を大事に囲っておりその性格も犬によく似てドンラン・シツヨウこれがそのいわれとか，なかゝゝもつてユーモラス，だがその犬コロ誰も見たことがないというからヘンテコな話だが，その確信ぶりは想像以上，犬神統といわれる方は大メイワク，相思相愛の男女でも破談のナゲキをかこつ悲劇のカズゝゝは今でもござる
　　▼…因習打破を叫ぶ若者たちの頭にもなかゝゝ根強いから年寄組にいたつてはなおさらのこと

　続いて犬神が登場する記事は，昭和26（1951）年2月14日の記事「同口異曲」の後半部となる。ここでも，幡多路に「犬神統」の迷信が強く残っていることが批判されている。この記事では，幡多路の犬神統の特徴として，①犬神統の者は押し入れの中に隠した油ツボに小さな犬コロ数匹を大事に飼っている，②犬神統の者は，その性質も犬に似てドンラン・シツヨウ（貪婪・執拗）である，③犬神統の者とそれ以外では結婚に大変な障害があり，相思相愛の男女が破局せざるを得ないような悲劇が多々起こっている，④幡多郡では年長者はもとより，因習打破を叫ぶ若者たちの間にも，犬神統への迷信は根強く残っている，の4点が挙げられている。これら4点の特徴は，石塚ら先行する憑きもの筋研究で多数報告された一般的な犬神の性質や差別の内容と合致していると見られよう。

【資料3】昭和28年4月29日（水曜日）付4面の記事（執筆者：主婦，27歳女性）

　私の家は俗にいう犬神統です[62]そのために私は二度までも縁談に破れた苦しい経験をもっています，最初の縁談は私の勤め先の親切な上役の方が持ちこんで来て下さったものですが，この方は私の家が犬神統であることをうかつにもご存じなかったらしいのです，けれども私自身犬神統ということを知ったのは二度目の縁談—それは部落の青年団長をしていたこともある将来をしょく望されている青年との間にもち上ったもので，私達は口約束までする仲になっていました—に破れてからのことでした，祖母からこのことを打ち明けられた時，私は眼の前がくらやみになる思いでした，縁談に破れたことよりも自分が犬神統の生れであると知ったことの方がより大きなショックだったのです，自分の体の中には忌わしい血が流れていると信じ込んでしまった私は，それからは俄かに卑屈な女になり，犬という言葉を聞いただけでも戦慄を覚えるようになってしまいました，今から考えると本当に馬鹿げた話ですが，私はもう一生結婚などしまいと考えたりそんなことを問題にしない都会へ逃げて行こうかと考えたりしたことも何度もありました，そのくせ私は犬神統の由来などに対して，科学的な研究をしようともしなかったし，またこれを一つの社会的な問題として考えようともしませんでした

　現在私は貧しい俸給取りと結婚していますが精神的にはかなり恵まれた生活をしています，呪われた宿命から私を救ってくれたのは今の夫でした，夫は犬神統ではありません，だから私達の結婚はこの田舎においてはたしかに革命的な行動だったわけです，犬神統の私と結婚したために，いまだに夫側の親せきの二，三は私達との親族づき合いを拒んでいます

　医学などのあまり発達していなかった昔は，重い病気にかゝったりすると，祈祷師にたのんでそれを治療してもらう風習があったようです，いまでも田舎ではそれがいろんなかたちで残っていますが，犬神というのは猿神とか狐神とかいうのと同じように，実は祈祷師の職名だったということ

---

[62] 原文ママ。句読点やスペースを挟まず次文が続いている。

です，犬神の祈祷師は病人に対して「犬神がついている」といい，猿神の祈祷師は「猿神がついている」などといってそれを追払うことによって病が癒るという，一種の暗示療法をやったのですが，それがいつのまにか血統のことになってしまったのでしょう

　聞くところによると犬神統は幡多郡と南宇和の一部に残っているだけだそうです，いまだにこうしたことを頭から信じこんでいるものがたくさんおり，□[63]村の民主化，ひいては日本の民主化を妨げているということは本当に嘆かわしいことです[64]　このような迷信を温存して来たところの封建社会が滅び去るのは歴史の必然でしょうけれどそれは私たち若い世代の科学的な認識と新しい社会創造の意思と努力によってのみなしとげられることを私は強調したいと思います

　連載「まだ残る封建制」の 22 番目に掲載されたこの記事では，実際に「犬神統」とされた若い女性の悲劇と，迷信打破，日本の民主化への強い意思が綴られる。投稿者の女性は，自身が犬神統とされていることを知らずに育ったが，犬神統であることから愛した男性との結婚を周囲の妨げによって二度も破談にされ，ついには自分の体に忌まわしき血が流れていると思い込み，卑屈な性格になってしまうほど追い詰められたと語る。彼女は，（おそらくは記事の執筆に際して）自分が集めた犬神統の起源論として，「犬神」とはもともと一般家庭の者ではなく，「犬神の祈祷師」という専門の祈祷師の職種を指す言葉だったが，この祈祷師が病人に「犬神がついている」といった診断を下して祈祷による治療を行ううちに，いつしか一般人の血統へ話がすり替わっていったとする説を挙げている。そして，こうした愚かしき封建制が消え去ることは歴史の必然であるとしながらも，投稿者らの若い世代が差別の根絶のため積極的に行動すべきであると強調している。

【資料4】昭和 28 年 7 月 27 日（月曜日）付 3 面の記事
　　竹村　このごろつくづく思うのだが土佐の迷信俗信の多いのには驚きま

---

63) 漢字 1 文字が判読不能。直後の「村」に続く，「農村」や「我村」の語と推測される。
64) 原文ママ。句読点は付されていないが，1 文字分のスペースが空いている。

すね 例の犬神さまなんかもいまだに残っていて縁談に大きな障害になっているのです，これは人権じゅうりんですよ
——犬神は有名ですね，辞書をみると中国，九州に多くて土佐では一村に六，七戸は必らず犬神の血統があると出ていますよ（笑）いまから六十余年前，長岡郡豊永村に犬神の集団発生があったそうです（笑）役所へ報告した届書にはことの次第をこう書いてある「私共支配豊永郷岩原村地下人ども人数二十余人今正月十六日より乱心仕り（中略）

　　竹村　どこそこの犬神がくいついているというんですね，これを落さないと病気も治らんという，私のところへもいって来ましたよ調伏してやろうといって…（笑）
——犬神つきになるのはずいぶん厄介らしいですね，まず生きた犬を首だけ出して土中に埋め絶食さす餓死寸前にご馳走をそばへ置く，犬はもだえて精神が頭に凝る，とたんに首を斬り落し焼いて骨にして箱に入れ，街中の土中に埋め通行人に踏ます，それを取出して神棚にまつり酒をそなえると神棚はその人のいうになりなるというのです（笑）

　　竹村　実際バカな評です，あゝいう根も葉もない俗信で人間の運命が左右されるんですからね

　資料4では，竹村義一と記者の対談を文字に起こす形式を採っており，記事中で竹村は高知県に今なお残る「犬神さま」とそれにまつわる差別を批判している。記事でインタビュアーが言及した集団犬神憑きは，「豊永郷奇怪略記（または「豊永郷奇怪略記」）」と題される弘化元（1844）年正月十六日に発生した事件を指す。この事件については，後に坂東眞砂子の著した『鬼神の狂乱』を考察する際に振り返るため，一旦省略する。

【資料5】昭和30年6月10日（金曜日）付4面の記事（回答者：紫藤貞一郎）
　　僕には結婚話にまで及んでいる相思相愛の女性があります。ところがこのことを両親に打明けたところ「先方は犬神統だ」といってどうしても同意してくれません[65] 犬神にくいつかれたら必ず病気か不幸に陥る。犬神は女に多く奸智に長けて末恐ろしく，単なる迷信ではないとまでいい張り

ます。果してそんなことがあるでしょうか。

|答| 昔から犬神つきとか狐つきという現象があったことは事実です。それは現代でもわれている[66]神社などの巫女の「神がかり」などと全く同じ憑依妄想または憑依状態という異常心理現象であって、文化の低い未開人に多く殊に一種の精神病質の人、特に女性に現われるものです。(中略) さてご質問の犬神の家系のことですが、もしその家が代々犬神の信仰に凝りかたまっていてしかもその家系から犬神つきの人間が多数出ており、さらにまたおなた[67]の愛人がそのような信仰を持ち、そのような異常心理素質がありとすれば十分考慮すべきですが、遠い祖先にそのような人があったという程度なら普通一般人と区別して特に重大に考える必要はないと考えます。

　昭和30年代に入ってからの資料5は、かつての幡多郡以外の地域における「犬神統」の情報が詰まった貴重な資料である。ここでは、高知県東部に存在した香美郡の青年が、相思相愛で将来を誓い合った仲の女性との結婚を、両親に「犬神統だから」という理由で頑なに反対されていると述べており、先行研究では報告の少ない東部にも犬神の言説は強く存在したことが分かる。

　この記事において、「犬神統」は「犬神の血筋」を意味し、青年の両親は、①「犬神」は他人に「くいついて」病気や不幸に陥らせる人間とは異なる存在であると同時に、②統の者自体が「犬神」であり、「犬神」の者は女が多く奸智に長けて末恐ろしい、と信じているという。また、この記事は人生相談の形式を採っており、回答者の紫藤貞一郎は、当時の心理学における無意識の研究を援用し、「犬神つき」の者は自我意識の分裂を起こしやすい一種の精神病質の人々と結論付ける。さらに、青年の結婚相手に関しては、心身共に健康であれば結婚に躊躇することはないと背中を押している。

---

65) 原文ママ。句読点やスペースを挟まず次文が続いている。
66) 原文ママ。「行われている」の誤りか。
67) 原文ママ。「あなた」の誤りか。

【資料6】昭和34年8月21日（金曜日）付5面の記事（執筆者：平尾道雄）
　私たちの少年時代には，高知市付近でもしばしば「犬神」の話を聞いた。最近はそんなうわさもほとんど耳にしないが，地方にはまだ犬神伝承が生きている所もあるそうだ。
　説によると，犬神もちというのは特種の性格者で，この人が他人の幸福とか成功をうらやましく思う。するとその一念が相手方に禍いして正体の知れない病気になったり，なにか不幸がもちあがる。医者の薬でもきかなくなると「それは犬神のせいだ」ということになって祈祷師にたのみ，当の病人なりその代人をいのって犬神を逐い出す。奇々怪々の風習で，この犬神もちは親から子へ，子から孫へ血統を伝えるというので甚だ厄介なことになる。
　この異常心理をどう解釈するかは心理学者の問題で，この習俗がどんな形でどの地方に流布しているかを調査することは民俗学者の分野である。すでに桂井和雄氏や橋詰延寿氏等によって研究されている問題だが，私は文献的にこれをとりあげてみたい。

【資料7】昭和34年8月22日（土曜日）付5面の記事（執筆者：平尾道雄）
　犬神習俗は四国のほか中国と九州の一部から沖縄あたりまで及んだそうで，近世になると四国でも阿波から土佐へかけてさかんだったとの説がある。土佐でも幡多地方に多くて安芸方面になるとすくない。統計をとることはできないけれども迷信の濃度は西から東へ傾斜しているらしい。
　犬神の家筋とみられると嫁入りもむこ取りもさまたげられるし，一般との交際もいとわれる。想像もできない悲劇もおこって村八分の宿命に泣き，隣人の暴行さえうけた実例は前にあげておいた。こんな愚かしい事実も人類文化発展の過程にはあったとしておこう。

　資料6及び資料7では，土佐の幕末・維新史の研究家平尾道雄が，五つの史料に散見される犬神を紹介しつつ，昭和34（1959）年当時の犬神に対する所見を述べている。平尾は当時の犬神について，西の幡多郡から東の安芸市近辺まで拡がっているとした上で，西側の方が東側より強く犬神の言説が拡がっ

ていると述べる。

　本書では，これら2資料内で紹介された5史料のうち，「清水浦逃散」と呼ばれる文書資料[68]に注目する。この文書には寛文12年（1672）3月12日，幡多郡下ノ茅の百姓九郎右衛門の一家が，息子の仁右衛門を除く9人で薩摩へ逃亡した事件のあらましが綴られている。当時無断で住居を立ち退く者は「走りもの」として厳刑に処すことが常であり，役所側がただ一人残った仁右衛門から事情を聞いたところ，仁右衛門は親戚との連名で次のような差出書を役所へ提出したという。この差出書を資料6より引用する。

　　私，代々犬神持ちにて御座候。親九郎右衛門近年犬がみをむざと人につけ申し候に付，諸人に対して面目なき由常々申し迷惑がり申し候。なかんずく私の母迷惑がり打ち置かずなげき申し候。定めて此儀を迷惑仕り，所の堪忍もなりがたく存じ奉り欠落仕りたりと存じ奉り候。

　この差出書によると，九郎右衛門一家が走りものとなった理由は，「犬神持ち」として差別されることに耐えかねたためとなる。この一連の事件は，後に資料12として挙げる坂東眞砂子の手による新聞記事や，舞台となった土佐清水市の市史にも登場しており，研究者の間でも桂井から紹介を受けた石塚が『日本の憑きもの』で引用している〔石塚 1959：119-120〕。石塚はこの文書をあくまで数百年前の記録であるとしてさほど重要視していないが，土佐では江戸期以前からすでに，犬神持ちを強く差別する言説が形成されていたことを示す重要な資料と言えるのではなかろうか。

【資料8】昭和39年2月24日（月曜日）付4面の記事（質問者：高岡郡H生，回答者：西村久子）
　【問い】ある事情で隣家の夫人とトラブルを起こし，三か月も口をききま

68）「清水浦逃散」の文書資料は『南路志翼』にまとめられており，これは東京大学が保管している。なお，高知県にも『南路志翼目録』が残されており，かつては高知県立図書館で閲覧することができた〔高知県史編纂委員会編 1966〕。高知県立図書館は高知市民図書館と合併し，平成30（2018）年7月24日にオーテピア高知図書館として新たに開館している。

せん。その夫人は評判の雄弁家で口先はきれいですが，内心は恐ろしい女だという定評です。

最近私に初孫が出産，近所からの祝い物に遅れてその夫人からも品物が届きましたが，辞退しました。もちろん夫人は立腹だったようです。ところが偶然にも品物を返した翌日から，それまで張りさけるほどだった嫁の乳が出なくなりました。医者に見てもらうようにも言いましたが，妻や嫁たちは色々と迷信的なことを申します。

というのは，夫人の里方が農山村でよく言う"犬神"の血統だとのこと。妻の知人にも，その夫人とトラブルを起こした者が二，三あり，そのたびに病人が出たそうで，タユウさんも"生霊"が食いついたと言っていました。私には信じられないことですが，やはり心に迷いが生じます。お考えを聞かして下さい。

【答え】幽霊やお化けなどと同じように『犬神』などという憑きものも過去の伝説のように考えていました。さっそく方々に聞き合わしたところ地方によっては，なおこういうある種の霊力がとりつくという思想が根強く残っていることを知り驚きました。もちろんこういうつきものを本気で信じているわけではないでしょうが，口では迷信だと言いながらもなお心の中で釈然としない場合もあることと思います。こういう時には，一度その渦中から離れ客観的に冷静にその問題点を考えてみる必要があると思います。

あなたの一家がどういうわけで隣の夫人とトラブルを起こしたかわかりませんが，隣同士三カ月も口をきかないこと自体少し問題だと思います。(中略)あなたのご一家の方たちは事の是非はともかくとして，口では言わなくても心の中で隣の夫人に対し，あんなにまでしなくてもよかった，なんだか悪いことをしたと後悔の気持ちをきっと持たれたことでしょう。そして相手がさぞ怒っているだろうと推測した恐怖心が，不安定な心理状態をつくり，被害妄想となったのではないかと思われるのです。その一つのあらわれとして，お嫁さんの乳の出が悪くなったのではないでしょうか。(中略)

私もお手紙をみせていただいてからあわてて手近にあるこの種のつきも

のに関する書物を読んでみました。なんといってもこういうつきものの問題の実態や、またはその歴史、なぜこのような俗信が生じたかなど、正確な知識を知ることがこういう俗信をなくする方法だと思いました。念のため書物名の一例をあげておきます。読みものとしてもおもしろうございますので、お暇の節はお読み下さい。

桂井和雄著『土佐の民俗と人権問題』

石塚尊俊著『日本の憑きもの』

池田弥三郎著『日本の幽霊』

安田徳太郎著『人間の歴史6巻・火と性の祭典』

【資料9】昭和39年3月2日（月曜日）付6面の記事（執筆者・高岡郡窪川町・農業・37歳男性）

　二月二十五日付け[69]『人生ガイド』欄の『"犬神"統の夫人とトラブルを起こして不安』の問いにつき一読者の見解を申し上げます。

　回答では俗信の実態を正しく知り、一度渦中から離れて客観的にその問題点を考えてみることとあり、隣の夫人と仲直りをして親しくすることだとありますが、こういった根強い感情のトラブルが、そう簡単に解決できるでしょうか。よしんば表面的に儀礼的な仲直りが成立したとしても、果たしてそのお嫁さんの乳が元通り出るようになるものでしょうか。

　"犬神"というつきものを単なる迷信だから『気にしない』と笑いとばせとのご意見のようですが、そんな考え方で俗信の実態が正しく理解できるとは思えません。また生霊だとか死霊だとかいう霊力を全く否定できるでしょうか。

　母乳の分泌は精神的なものに影響されるとのことですが、霊力（または念力）とは、人や動物の精神（または念）が他の物、あるいは自分自身の肉体に及ぼす力であり、精神的ショックで乳が上がるという例などはその実証です。

（中略）

---

69)　原文ママ。「二月二十四日付け」の誤りか。

近代は物質科学万能の思想に偏していますが，今後は霊的な分野の研究が発展しなければ，調和のとれた社会の実現は望めません。"犬神"の問題も迷信で片づけず，根本的な解決が必要だと思います。

資料8と資料9は互いの結び付きが非常に強い記事である。資料8は「犬神統」の夫人とトラブルを起こし，翌日から孫を産んだ嫁（息子の妻）の乳が出なくなったことを，夫人の「犬神血統」によるものではないかと心配する高岡郡[70]の男性の人生相談である。この記事で相談者は，先日から相談者の嫁の乳が出なくなった原因は，犬神血統の隣家の夫人から届いた初孫出産のお祝いを辞退したことにあるのではないかと心配している。相談者は，嫁の乳が出なくなる以前に犬神統の夫人と何らかのトラブルを起こして険悪な状態となっており，お祝いを断るという失礼な振る舞いもその遺恨が背景にあった。そして，妻の友人とこの夫人とのトラブルのことを聞き及び，自分の失礼な振る舞いが夫人を怒らせ，犬神統の得体の知れない力によって嫁の乳を止めてしまったのではないかと危惧し，記事での相談に至ったという。回答者の西村久子は，夫人からの贈り物を辞退したことで，嫁は心の中で悪いことをしたという後悔と夫人の怒りへの恐怖が生まれ，そうした心理不安が乳の出に影響したというマイナスプラシーボ効果に似た解釈を述べ，こうした迷信を一日も早く捨て去り隣家の夫人と仲直りすべきだと勧めている。この記事の興味深い点は，相談の担当者が当時としては最先端の憑きもの筋研究であった桂井や石塚の著作〔桂井 1953；石塚 1959〕などを参考資料に挙げ，犬神とそれにまつわる差別は迷信に過ぎないと説いていることである。

この資料8に真っ向から異を唱えた記事が，資料9である。読者投稿欄に資料8でトラブルを起こした男性と同じ高岡郡の男性[71]から寄せられた意見は，以下の点から回答者の考えを批判している。すなわち，①「犬神」を迷信だとして頭ごなしに否定している，②生霊や死霊は確かに存在し，嫁の乳が出なくなった原因は犬神統の夫人からの霊波を受けての精神的ショックにあることを理解していない，③物質科学に捕らわれた考えでは，犬神問題の根本

---

70) 幡多郡の東隣にかつて存在した郡を指す。
71) なお，2人の男性は別人である。

的解決には至ることができない，の3点である。当然これらは投稿者個人の考えであり，彼一人の意見を以てかつての高知県や高岡郡における犬神観の代表とすることはできない。ここで注目すべきは，読者投稿欄を通して，憑きもの筋研究に対する一般社会からのリプライが行われている点である。先述したように，憑きもの筋研究にはその成果が一般社会に早い段階で還元されることを想定していたという顕著な特徴が見られるものの，先行研究では成果の「発信」に重きが置かれ，社会の側からの「返信」に対する考察は乏しい。資料8と資料9から，憑きもの筋研究からの情報発信に関して，一般市民の側も，提供された情報をそのまま受容したとは断定できないと指摘できよう。

【資料10】昭和42年10月25日（水曜日）付1面の記事（執筆者：森下）
　　犬神は四国地方，とくに高知県と徳島県に伝わる迷信である。面白いのは，それが歴史的にみて新しいことだ。文献に残っているのは江戸中期以降で，それ以前には，ほとんど見られないところから，どうもなかったらしい。
　　また，キツネの生息していない四国には，キツネつきの話がなく，それが犬神に置き替えられていると考えられるのも，迷信と風土の結びつきを物語るものとして注目に値する。
　　さらに，犬神は被支配者が支配者に対して行なった心理作戦だったとの説がある。権力，財力では，とうてい太刀打ち出来ぬと知った民衆の，目に見えぬ反抗であったのだろうか。藩でも，犬神の被害には，相当頭を悩ましたということだ。
　　このように，迷信の背景に，民衆の欲求不満や社会不安が隠されているとしたら，現代でも迷信を培養する素地は十分といわなければなるまい。

資料10では，高知県に残る迷信の一種として「犬神」が紹介されている。ここでの犬神は，①江戸中期以降に出現したもの，②狐のいない四国において，狐の代わりの役を果たすもの，③権力や財力で太刀打ちできない支配者への，被支配者側からの心理作戦と述べられている。特に①，③の記述は速水の『憑きもの持ち迷信』の論旨と酷似しており，明言されてはいないものの速

水の仕事を下敷きとした記事である可能性が高い。同時に，犬神などの迷信を過去の歴史上の伝説と断じるのではなく，素地さえ整えば現代でも成立し得るとした点は，本書の問題意識と大きな領域を共有していると言えよう。

【資料11】昭和49年12月24日（火曜日）付11面の記事（執筆者：高知市・会社員・48歳男性）

　　私たちのいう犬神は土居先生の書かれた犬神とは少し意味が違って，病気や不幸に見舞われた人が，土佐ではまわり見と呼ばれる祈とう師に占ってもらうと，あなたには犬神がついている，と犬神を除く祈とうをして金をとっております。

　　この事は何ら構いませんが，祈とう師は名前は出さずに，あなたの家の西とか東とか何歳くらいの人が犬神で，その人がたたっているといわれると，祈とうしてもらった人が，だれそれさんが犬神で食いつかれたと，村や町である人を犬神に仕立てます。犬神と指定された人のいわれなき差別は，本人や家族の全然身におぼえのないことで，周囲を目に見えない黒い壁にかこまれても，本人や家族の全く知らない場合がほとんど[72]

　　このことで数年前，法務局の人権擁護課をたずね，このような祈とう師を取り締まる方法はないものかと相談にも行き，また郷土史を研究されている人にもこのことでいろいろとお聞きしましたが，幡多郡にはこのようなことがことに多く，その先生も人権擁護委員をしておられたときも，このことだけは何とも措置のしようがなかったとのことでした。

資料11も資料9と同じ読者投稿欄へ寄せられた意見であり，高知市の男性が自分の知る高知県の犬神について語っている。この記事は，当時の高知県で犬神がどのように作り出されたかの一端を伝えるものである。あくまで記事を執筆した男性が知る例に限られるものの，祈祷師が特定の家筋を指定したことで犬神が作り出されたわけではないことが分かる。祈祷師は犬神の家の存在する大まかな範囲を指定するに留まっており，その範囲の中で特定の家筋を犬神

---

[72] 原文ママ。この箇所だけ句点がないまま文が終わっている。

と指定していたのは，被憑依者自身であった模様である。また，犬神言説発生の鍵となる祈祷師への取り締まりが難しかったことも，この記事から読み取ることができる。

(2) 実生活を離れた記事

資料 12 からは，犬神に関連する記事の趣が異なってくる。これまで挙げた 11 資料は，実生活において意識する犬神観とその差別に関する記事であったが，資料 12 以降は文学などのフィクション作品に登場する犬神や，犬神をテーマとした研究者の紹介へ主題が移行していく。

【資料 12】平成 6 年 2 月 14 日（月曜日）付 14 面の記事（執筆者：坂東眞砂子）

狗神（いぬがみ）を題材にした恐怖小説を書いて以来，よく「あの話，フィクションなんでしょう？」と聞かれる。フィクションではあるが，実際に起ったかもしれない話で，高知ではごく最近まで，ある特定の家の人々を狗神持ちとみなして恐れることがあった，と答えると，びっくりされる。驚くのは，たいがい都会出身の人間だ。（中略）

私の亡くなった祖母は，具合が悪くなると「狗神をつけられた」と呟（つぶや）いていたし，叔母は，何かというと，太夫さんのところに行って，誰に祟（たた）られているか占ってもらうのが大好きだった。

私の高校時代の恩師は，子供の時に聞いた話だが，と前置きして，「狗神持ちの人らあは，ここに毛が生えちゅうゆう話やったで」と，肩の下あたりを指さして教えてくれた。知人が聞きこんできた話では，彼女の友人は寝ていた時に狗神に襲われそうになったという。足許から胸のほうに，前脚を使って，もぞもぞと這（は）い上がってきたということだ。

「あっちへ行け」と怒鳴って，事なきを得たらしい。

こんな話が身近に転がっているあたり，狗神伝説は，まだしっかりと土佐人の生活の根っこにこびりついているといえよう。（中略）

人間が，同じ人間に「狗神」というレッテルを貼（は）り，殺したり迫害したりする免罪符とすることにこそ，私は狗神にまつわる話の本当の意味での

怖さを感じる。現在，私たちは，怪談話のように狗神について興味半分に語っている。だが本来，狗神とは，このような陰湿な人間心理から生まれたものであることを忘れてはならないと思う。

【資料19】平成20年1月31日（木曜日）付24面の記事（執筆者：浅田美由紀）

　高岡郡佐川町出身の直木賞作家，坂東眞砂子さん＝イタリア在住＝の書き下ろし小説「鬼神の狂乱」＝写真＝が，このほど幻冬舎から出版された。藩政末期の豊永郷（現在の大豊町）岩原を舞台に，抑圧された山村農民の自由への渇望を描く時代小説。(中略)

　坂東さんは十五年ほど前，県立図書館で「豊永郷奇怪略記」という史料と出合った。「皆山集」などにも筆写されているこの史料には，弘化元（一八四四）年に豊永郷のある村で村人が集団で狗神（いぬがみ）につかれ，大騒ぎになったことが記されている。坂東さんは県内の歴史研究者らと交流を深める中で史料を読み解き，二年前から大豊町へ足を運んで丹念に取材した。

【資料20】平成20年2月10日（日曜日）付26面の記事（執筆者：井上太郎）

　坂東さんは弘化元（一八四四）年に現在の大豊町岩原で起きた，村人らが集団で狗神（いぬがみ）につかれて大騒ぎになったという事件を取材。事件を記録した史料「豊永郷奇怪略記」を題材に，二年前から同町に何度も足を運び小説を書き上げた。

　鼎談は坂東さんが「取材に協力してくれた地域に感謝したい」と申し入れ，町史談会が主催。坂東さんと県立歴史民俗資料館学芸員の梅野光興さん，土佐史談会員でひまわり乳業社長の吉沢文治郎さんの三人で行った。

【資料21】平成20年2月24日（日曜日）付12面の記事（執筆者：田村文・高知新聞学芸部記者）

　本県出身の直木賞作家，坂東眞砂子が江戸末期，現在の長岡郡大豊町岩原で起きたとされる"集団狗神憑（いぬがみつ）き"の記録を基にして，新作小説を書き

下ろした。(中略)

　坂東は「豊永郷奇怪略記」など，当時の記録を精読して考察を重ねた上で，貧しい山村で起きた奇っ怪な事件の根っこに，自由を求める民衆の渇望があったと想像している。

　資料12，資料19，資料20，資料21は，犬神を題材とする小説を書き上げた高知県出身の作家・坂東眞砂子に関する記事であり，実生活上の問題に関するものではないと言えよう。資料12だけは坂東の記憶する「犬神」観にも話題が及んでいるが，実生活における問題と密接に絡み合った資料11までの記事と比較すると，やや昔話としての趣が強い。

　各資料の内容を補足すると，資料12の執筆者である坂東は，これまでの生活で実際に耳にした「狗神」にまつわる話と二つの史料を紹介し，狗神持ちにまつわる言説が高知県ではごく最近まで実在したことを強調している。坂東は資料8・資料9の舞台ともなった高岡郡で昭和33（1958）年に生を受けており，幼少時に犬神について見聞きした可能性は十分考えられよう。さらに坂東は，『土佐清水市史』が「清水浦逃散」[73]に登場する九郎右衛門一家が走りものとなった原因を生活の困窮に帰した記述〔土佐清水市史編纂委員会編 1980：461-463〕を批判し，一家の逃避行の真の原因は狗神への差別にあったとする。坂東の指摘する通り，『土佐清水市史』においては，「清水浦逃散」の内容について山内家と島津家の間で逃亡者9名の処遇が決められる経緯を掲載しているのみであり，その逃散の原因も一家の生活苦にあったとしている。大本の文書で九郎右衛門一家の逃避行は犬神持ちへの差別を苦にした末の行動と明記されていることを考えると，犬神持ちの話題にあえて触れていない可能性も指摘できよう。「清水浦逃散」の文書が一般に広く知られるほど著名な資料であるとは考え難いが，『土佐清水市史』の執筆者は，あえて九郎右衛門一家の逃散の理由を生活苦とすることで，過去の土佐清水における悲劇を覆い隠そうとしたのかもしれない[74]。

　資料19は，再び坂東眞砂子に焦点を当て，資料4で挙げた近世文書「豊永

---

73) 資料6で取り上げた史料と同一の文書である。

郷奇怪略記」を下敷きに，大豊町を舞台とした時代小説『鬼神の狂乱』を書き上げたことを記念する記事となっている。資料20は，『鬼神の狂乱』の出版を記念して大豊町で行われた鼎談の様子を伝えるものである。資料21は『鬼神の狂乱』の書評記事であり，「豊永郷奇怪略記」など高知県には小説のモデルとなった事件や史料が存在することに言及しつつも，犬神の問題と絡めることなく，淡々とした作品のレビューに徹している。

【資料13】平成6年4月17日（日曜日）付23面の記事

　大阪大助教授・小松和彦氏（文化人類学，民俗学専攻）の「憑霊信仰論」も，八二年に初版が出されたものの復刊本である。
　"憑霊"とは，犬神・狐・山姥・付喪神など，人間に精霊（悪霊）が憑くことをいう。それは精霊が人の肉体に侵入するのを言うだけでなく，あるエネルギーのようなもの（呪力）をも含むと小松氏は見なす。

【資料17】平成14年11月21日（木曜日）付28面の記事

　小松教授といざなぎ流の出合いは三十年ほど前，昭和四十六年夏にさかのぼる。大学院生だった小松教授は初めて物部村を訪れる。新幹線が新大阪までしか通っていなかったころ。東京から物部村まで二日かかった。
　「四国は民俗学の調査が進んでいない未開の地だった。最初は『隠居制度』や『犬神』の調査で村に入ったんです」
　「隠居制度」や「犬神」の話はそれはそれで面白いのだが，ここでは割愛する。

【資料22】平成22年6月18日（金曜日）付1面の記事

　妖怪と言えば，水木しげるさんの世界を思い浮かべるが，もちろん，かつては日本の各地に妖怪たちが生きてうごめいていた。そんな妖怪の画像

74）『土佐清水市史』の執筆者が，これまで犬神への差別として片付けられてきた九郎右衛門一家の逃散は，実際には生活の困窮を原因とすると解釈した可能性も指摘できるが，該当部の記述からだけでは判断できない。もしくは，単純に執筆者が「清水浦逃散」の内容を把握していなかったことによるとも考えられるため，ここでは可能性の指摘に留める。

を集めたデータベースを国際日本文化研究センターが作成，ホームページで無料公開を始めた（中略）作成の中心になった小松和彦教授は，本県のいざなぎ流や犬神伝承についての著書もある民俗学者だが，怪異や妖怪研究でも第一人者。

　資料13，資料17，資料22は，高知県とも繋がりの深い研究者・小松和彦の仕事を紹介する記事である。資料13は，『憑霊信仰論』の出版[75]を記念する記事であり，「犬神」という単語が登場するものの，小松が著書で扱ったテーマの一つという位置付けに過ぎない。資料17は，全12回からなるいざなぎ流特集の第2回の記事であり，小松がいざなぎ流研究者として紹介され，その紹介部分に「犬神」の単語が二度登場するものの，記事の主題には関わってこない。資料22も「怪異・妖怪伝承データベース」作成の中心となった小松の研究紹介に「犬神伝承」の語が用いられただけである。

【資料14】平成9年7月15日（火曜日）付4面の記事
　　映画「もののけ姫」からもののけ姫と犬神

　資料14はフィクションとしての性格がより明確であり，映画「もののけ姫」に登場する山犬[76]を，映像のキャプションで一度だけ「犬神」と表記している。本記事の犬神は憑きもの筋の一種とされた犬神とは無関係だが，記事の執筆者自身の知識に依るとはいえ，表面上は犬神が実生活上の緊張を伴う言葉として扱われなくなりつつあることを示しているとも考えられよう。

【資料15】平成10年10月14日（水曜日）付13面の記事
　　　土佐の民話（三二四号）　土佐民話の会の機関紙。坂本正夫「土佐の民話（60）」，（中略）このうち，坂本さんの「土佐の一」は，子どもの寝小

---

[75] ここで出版された『憑霊信仰論』は，講談社学術文庫から平成6（1994）年3月4日（金曜日）に出版された文庫版を指す。第1部で検討したように，大本の『憑霊信仰論』はハードカバーで昭和57（1982）年に上梓されており，この中に掲載された論文の初出は昭和47（1972）年まで遡ることが可能である。
[76] 記事の本文中では「山犬」と表記している。

便を直してくれる大豊町の姥神や病気を引き起こす東津野村の犬神など，県内各地に伝えられている神様を五話にわたって聞き語りで記す。

【資料16】平成11年4月15日（木曜日）付14面の記事
　　土佐の民話（三三〇号）　土佐民話の会の機関紙。坂本正夫「土佐の民話（66）」，（中略）北村三郎「犬神の話」，山本龍江「一口話」などを掲載している。

資料15，資料16も，雑誌『土佐の民話』に犬神にまつわる記事が収録されたことを紹介するだけの短い記述に留まっており，実生活における差別や社会問題としては議論されていない。

【資料18】平成16年10月29日（金曜日）2面の記事
　　多くの現代人が悩む神経症に効果を発揮し，今日では世界的に知られた神経症理論となっている森田療法。この日本独自の治療法をつくりあげたのが森田正馬である。（中略）
　　昭和五年には森田療法研究会を発足させ，機関紙「神経質」を発行。催眠や土佐の犬神の研究にも興味を示した。晩年には故郷の富家村に小学校講堂や運動場工事費を寄付した。

資料18も，先に触れた高知県出身の神経症研究者である森田正馬が，戦前に犬神へ興味を示したことを紹介する記事に過ぎない。
　なお，参考のために，22の資料を時系列順に並べると，以下のようになる。
【資料1】昭和25年10月5日（木曜日）付2面の記事（執筆者：幡多郡・男性）
【資料2】昭和26年2月14日（水曜日）付4面の記事
【資料3】昭和28年4月29日（水曜日）付4面の記事（執筆者：主婦，27歳女性）
【資料4】昭和28年7月27日（月曜日）付3面の記事
【資料5】昭和30年6月10日（金曜日）付4面の記事（回答者：紫藤貞一郎）

【資料6】昭和34年8月21日（金曜日）付5面の記事（執筆者：平尾道雄）
【資料7】昭和34年8月22日（土曜日）付5面の記事（執筆者：平尾道雄）
【資料8】昭和39年2月24日（月曜日）付4面の記事（質問者：高岡郡Ｈ生，回答者：西村久子）
【資料9】昭和39年3月2日（月曜日）付6面の記事（執筆者：高岡郡窪川町・農業・37歳男性）
【資料10】昭和42年10月25日（水曜日）付1面の記事（執筆者：森下）
【資料11】昭和49年12月24日（火曜日）付11面の記事（執筆者：高知市・会社員・48歳男性）
【資料12】平成6年2月14日（月曜日）付14面の記事（執筆者：坂東眞砂子）
【資料13】平成6年4月17日（日曜日）付23面の記事
【資料14】平成9年7月15日（火曜日）付4面の記事
【資料15】平成10年10月14日（水曜日）付13面の記事
【資料16】平成11年4月15日（木曜日）付14面の記事
【資料17】平成14年11月21日（木曜日）付28面の記事
【資料18】平成16年10月29日（金曜日）2面の記事
【資料19】平成20年1月31日（木曜日）付24面の記事（執筆者：浅田美由紀）
【資料20】平成20年2月10日（日曜日）付26面の記事（執筆者：井上太郎）
【資料21】平成20年2月24日（日曜日）付12面の記事（執筆者：田村文・高知新聞学芸部記者）
【資料22】平成22年6月18日（金曜日）付1面の記事

2　「犬神」に対する論点の推移

　以上の22資料から得られた情報を概観すると，昭和49（1974）年の資料11以降，紙面への犬神の登場は大きく減っていることが分かる。資料11も犬神に関して投稿者が聞き集めた話の紹介であり，実質的には資料10が発表された昭和40（1965）年前後から，実生活に関わる形での「犬神」の記事は

減少し始めたと考えるべきだろう。しかし，フィールドデータからも分かるように，高知県幡多地方における「犬神」観は今なお個人の内面に存在し続けており，新聞による啓蒙の呼びかけや投稿が減ったことと，「犬神」にまつわる言説の濃淡を同一項で結ぶことはできない。また，実際の生活に根差す悩みの投稿ではなくなったものの，資料12以降も文書史料や研究者，小説の紹介を通じて，犬神の詳細な情報発信は行われており，安易に犬神に関する情報発信の機会が減少したと結論付けることもできまい。

加えて，近年の高知県で犬神に関する情報が発信される際には，坂東眞砂子と小松和彦の活躍が重要な契機となってきたことも指摘できよう。坂東は，次節で挙げる『狗神』や『鬼神の狂乱』，あるいは『死国』[77]などの高知県を舞台とした伝奇小説を数多く発表してきた。小松は，犬神を含む妖怪伝承や高知県東部に位置する物部村の「いざなぎ流」研究で名高く，高知県に深く携わる研究者として県内に広く発信されてきた。つまり，両者の仕事が県内へ発信されるに応じて，犬神にまつわる情報も生活世界へ広く発信されてきたと表現できる。加えて，森田正馬の研究対象として「犬神」について振り返る資料18の記事を考え合わせると，平成26（2014）年に鬼籍に入った坂東も，彼女の作品が顧みられる度に，その題材となった「犬神」に対して注目を集め続けることは十分考えられる。これは存命中の小松にも援用できる想定である。ゆえに高知県では，メディアを通じ土佐に所縁のある人物の足跡が紹介されるに応じて，「犬神」にまつわる情報発信が今後も継続的に行われていくと予想されよう。

第2節　フィクションに登場した「犬神」
――高知県を舞台とした小説を事例として

前節で述べた通り，『高知新聞』の記事群を概観すると，近年は坂東眞砂子と小松和彦の活躍に付随する形で，高知県内へ犬神に関連する知識が発信されてきたと指摘できよう。特に坂東の仕事は，先行研究では注意を払われてこなかったフィクション作品である。本節では，社会との紐帯を必要としないフィ

---

77) 本書で取り扱う「犬神」とは関係しないため詳しくは言及しないが，四国遍路を題材とした伝奇小説である。

クション作品が人々にどのような影響を及ぼしてきたのかを，坂東の小説作品と，『毎日新聞高知地方版』の特徴的な記事を事例に検討する。

1 フィクション検討の意義と目的

　この問題意識のもとで，坂東眞砂子の犬神を題材とした小説『狗神』と『鬼神の狂乱』を資料とし，作品内での犬神にまつわる記述と，そうした記述の下敷きとなった史料などとの引用関係を考える。かつて柳田は，近世の文書史料でさえ憑きもの筋をおどろおどろしく誇張したゴシップとしての傾向が強いとの警鐘を鳴らし，学術研究とゴシップの間に明確な境界を設定している〔柳田1957：1-8〕。また，学術研究におけるフィクションの利用は慎重に行うべきであり，作品の内容をそのまま学術研究の一次資料とすることは難しいであろう。

　しかしながら，フィクションが現実の人々に影響を与える実例も後述の『毎日新聞高知地方版』の記事群に見出されるため，フィクションと資料の間に隠された相互作用を明らかにすることが求められている。幸いにも，憑きもの筋研究は今日までに膨大な資料の蓄積がなされており，それらを緻密に比較することで，上記の相互作用を明らかにする有意義な検討を行うことができるだろう。

2 『狗神』について

　坂東眞砂子の『狗神』は，高知県の山村・尾峰を舞台に，坊之宮美希と奴田原晃の奏でる禁じられた恋と，尾峰集落に次々と起こる不可解な現象を描いた伝奇小説である。この作品では，物語の展開に伴って坊之宮家が「狗神筋」であったことが明らかとなり，一連の怪奇現象と登場人物との隠された繋がりが物語の軸となる。作中で描写された「狗神」[78]と，憑きもの筋の犬神の間には強い引用関係が見出される。

　この作品における「狗神」の描写は，従来の犬神と共通する部分と，坂東の

---

78) 坂東は『狗神』，『鬼神の狂乱』で「狗神」の表記を用いているため，引用となる部分では作中の表記に従った。なお，モデルとなった近世文書「豊永郷奇怪略記」では「犬神」の表記も度々用いられている。

オリジナリティが発揮された部分に分類することが可能である。まず，従来の犬神と共通する部分として，①壺の中に住む虫のように小さい存在で他人の物を欲しがる〔坂東 1996：143〕，②主人が他人を憎む，羨むといった激しい感情の動きに反応して自動的に行動する〔坂東 1996：158-160〕，③狗神筋の者とは結婚をしない，④暗黙の裡に村八分に近い扱いをする〔坂東 1996：168, 203〕といった描写が挙げられる。これらの描写は，先行研究の示してきた犬神観と酷似している。

これらに対して，坂東のオリジナリティが発揮された部分は，狗神の起源論に集約される。作中では，中世の妖怪鵺（ぬえ）が源頼政に退治されて体を四分割され，かつての阿波（現徳島県）に流れ着いた体から，手足が鵺，体が黒い雲でできた獣が生まれたとしている。この獣が坊之宮の先祖であり，狗神はこの獣の体に蚤のように付属していた存在だという〔坂東 1996：264-265〕。

先行研究を参考に検討すると，この設定は実在した数種の起源伝承を融合させたものであることが分かる。先述した石塚によると，徳島県の民俗として，犬神の発祥を，かつて妖怪の体を武力や祈祷によって分割した結果だとする起源伝承が存在したという。また，源頼政が射落とした鵺が徳島に流れ着いたことを，犬神の発祥とする伝承も見られたという〔石塚 1959：56-57〕。これらを踏まえると，『狗神』における狗神筋は，「妖怪の体を分割した結果生まれた」とする起源伝承と，「妖怪鵺の体が流れ着き生まれた」とする起源伝承を，妖怪を共通項として融合させ，「妖怪鵺の体を分割したものが流れ着いた結果生まれた」としたものだと考えられる[79]。『狗神』というフィクションでは，かつての資料に現れた犬神を参考に狗神が生み出され，再び社会へ広く発信されている。

3 『鬼神の狂乱』について

続いて同じく坂東眞砂子の『鬼神の狂乱』の内容に目を向ける。この小説は，幕末の土佐国豊永郷岩原村（現高知県長岡郡大豊町）で発生した集団犬神憑き

---

79) なお，「妖怪鵺の体を分割したものが流れ着いた結果生まれた」のは，上述の通り坊之宮家の先祖であり，この妖怪に蚤のように付属してきた狗神の発祥については厳密には不明である。

事件[80]を題材としている。『鬼神の狂乱』は,資料4でも言及されている「豊永郷奇怪略記」と同じく,何者かに憑依された村人五人が「長丞によって狗神を憑けられた」と騒ぎ立て,次第に村中が「狗神憑き」に感染していくところから始まる。物語の序盤では,こうした異常事態は村人たちの言葉通り「狗神憑き」と考えられ,太夫による祈祷などの対策が次々に講じられていく。しかし,物語中盤で憑依主体は自らを「阿波の古狸」と自称し,最終的にその正体は,岩原村の先祖の霊(鬼神)であったと結ばれる。ゆえに,物語を忠実に追った場合,この小説に登場する「狗神」は実のところ犬神ではない。『鬼神の狂乱』のモデルとなった「豊永郷奇怪略記」でも,編纂者の野島馬三郎(通玄)は,憑依された村人たちは阿波の古狸を自称しているが,村境で憑依状態が途切れるなど狸の仕業と考えるには辻褄の合わない点があるとしており,原因の究明はなされていない〔野島 1854:293-305〕。

しかしながら,この小説は犬神と無関係ではない。作品中盤まで岩原村の事件は「狗神憑き」だと考えられていたため,憑かれた村人や狗神を祓おうとする周囲の者たちの口を通じて,当時の犬神にまつわる言説[81]が再現されている〔坂東 2008:47-48, 62, 93, 110-111, 135〕。また,話の本筋から離れた部分では,岩原村において五十余年もの間「狗神筋」とされてきた長丞の苦しみという形で,犬神とそれにまつわる差別への直接的な言及も行われている〔坂東 2008:64-68〕。

さらに,坂東は附記において,豊永郷で起こった集団犬神憑き事件に関する文書が「豊永郷奇怪略記」と「岩原遺聞録草稿」の二種類存在し,それらの示す年代や事件の経緯,憑依主体が異なることに注目したと記している〔坂東 2008:322-325〕。『鬼神の狂乱』においては,坂東は大筋で野島馬三郎(通玄)の「豊永郷奇怪略記」に則り,文書に記された事件の展開に沿う形に小説を書き上げている。加えて,近世文書を中心とした史料の利用に際して,坂東は高知県の歴史家たちの協力を得るとともに,平尾道雄らの著作を参考にしている

---

80) 「豊永郷奇怪略記」の翻刻は多数存在するが,主な違いは漢字の表記違いや補った句読点の有無である。本書では『土佐國群書類従』の翻刻を用いた。

81) なお,この言説は原典の「豊永郷奇怪略記」の記述に,執筆者の坂東の知識と参考にした資料への個人的な解釈を交えたものである。

という〔坂東 2008：3-7, 322-326〕。これらの点で、『鬼神の狂乱』は坂東個人の創造力だけで書かれたものではなく、学術研究の成果を活用したものでもあると指摘できよう。

「豊永郷奇怪略記」の内容と、『鬼神の狂乱』で描かれた事件を比較すると、事件の展開は両者の間でほぼ一致している。「豊永郷奇怪略記」における事件の経過は、村人の一人長丞に犬神を憑かれたと村人たちが騒ぎ立て、長丞方に祓いの祭りを要求することから始まる。その後村中に拡大し最終的には64人に至る狂乱者たちへの度重なる祈祷が行われる過程で、憑依された村人の口から憑依主体が阿波の古狸であることが告げられる。事態を重く見た土佐藩からの足軽隊の派遣により、岩原村での騒動は一旦の終着を迎えるが、その後14人に狂乱再発の兆しが見えたため、五台山で高善院律師と引き合わせた村人に再度祈祷を執行し、事態は収拾した。先述の通り、「豊永郷奇怪略記」では最終的に犬神は騒動の原因とされなかったが、当初はこの事件の「加害者」とみなされていた長丞に対して、村の組合への参加を認めるよう藩の役人側から要請が下るという、副次的な結果も生まれた模様である〔野島 1854：293-305〕。

一方、「豊永郷奇怪略記」で憑依主体が究明されなかった点に着目し、坂東は真の憑依主体を鬼神（先祖の霊）に定める。この改変によって、あくまで豊永郷での事件を集団憑依として扱った「豊永郷奇怪略記」と、藩政社会における民衆の自由へのうねりと結論付けた『鬼神の狂乱』は別種の作品に分岐し、その分岐点には坂東の独創性が発揮されている。

4　フィクションと生活世界の相互作用

さらに、『狗神』と『鬼神の狂乱』などの坂東の作品を、フィクションであるがゆえに生活世界へ影響を与えなかったと断じることは早計である。この実例として、『毎日新聞高知地方版』の記事を挙げる。

『毎日新聞』では、「支局長の手紙」と題されたコンテンツが長らく続けられてきた。各都道府県の支局長の手によって、彼ら・彼女らが任地で感じた特徴的な出来事が綴られるという地域密着型のコンテンツである。『毎日新聞高知地方版』においても「支局長の手紙」は連載されており、かつて支局長を務め

た伊賀憲司氏は，坂東の著作に刺激を受けて以下2点の興味深い記事を著している。

【資料A】平成11年1月11日（月曜日）付の記事（執筆者：伊賀憲司）
　　佐川町出身の小説家，坂東真砂子さんの小説「死国」が映画化されました。23日から全国の東宝系映画館で公開されます。
　　坂東さんは「山妣」で一昨年，直木賞を受賞しています。正月休みに坂東さんの「死国」と「狗神」を読みました。いずれも県内の山間部を舞台にした土俗的な伝奇小説です。怖い小説でした。フィクションですが，現実に起きたことと重ね合わせました。（中略）
　　県内でも，犬神のつきものがあると，信じられていました。犬やへびなどの動物神が人につき，動物神の家系では，動物神を祭りました。おろそかに扱うと，家の外に出かけ，災いをもたらすと考えられました。動物神の家系に対し，そうでない家系は恐怖心を抱くとともに，差別していました。結婚の際，障害になりました。他の県では，結婚に反対され，男女が心中することもありました。小説の狗神は架空の話ですが，現実に犬神信仰はありました。犬神信仰にやりきれなさを感じました。なぜ，このような迷信が信じられてきたのか。怒りを感じました。

　資料Aでは，坂東の伝奇小説『死国』が映画化された[82]ことを契機として，『死国』と『狗神』を読んだ伊賀氏が，両作品の粗筋をまとめ，自身の感想を述べている。『狗神』に関しては，作品そのものがフィクションであることは認めた上で，高知県にも確かに犬神による差別が存在し，そうした差別は許すべきではないとして記事を結んでいる。

【資料B】平成13年1月22日（月曜日）付の記事（執筆者：伊賀憲司）
　　東宝のホラー映画「狗神」（原田真人監督）が27日から全国約300館で上映されます。佐川町出身の直木賞作家，坂東真砂子さんの同名小説が原

---

[82] 平成11（1999）年1月23日（土曜日）公開。本記事は映画の劇場公開に先駆けた形になる。

作です。坂東さんのホラー小説を映画化したのは，一昨年の「死国(しこく)」以来です。(中略)

　犬神はつき物の一種で，差別を伴う迷信です。ついている人の意思を推しはかり，他人に危害を加えると，信じられていました。ついている家は犬神筋と呼ばれ，犬神筋の家人と結婚すると，犬神持ちになると信じられました。結婚差別を生みました。非犬神筋は犬神のたたりを恐れ，犬神筋はついているといわれるのを怖がりました。

　文化人類学者の吉田禎吾さんの著書「日本の憑(つ)きもの」(中公新書)によると，犬神の迷信が強かったのは，県内と大分県，山陰。農山村で上下関係が弱かった地区で広がっていたと，分析しています。犬神筋は，新しく裕福になった家系が多く，地区内のねたみが背景にあるとしています。

　吉田さんは「ついたといわれないために，意地が悪い，気性が激しい，人にくってかかるなどとみなされないように心がける。だから，つきもの信仰は人間関係の和を促進した」との側面も指摘しています。

　高知地方法務局は1969年に「婚姻に関する風習」の調査をしています。当時の新聞記事によると，既婚の700人のうち，3割弱の201人が犬神やヘビ神などについて，結婚の相手の調査をしたと回答しています。相手を調査した人のうち「相手の家族にこのような者がいれば，結婚を断る」とする人は113人で半数を超えていました。32年前の調査では，結婚で，犬神にこだわっている人が多く，差別が根強いことがうかがえます。苦しめられた人がかなりいたことが推測できます。

　私は2年前の一時期，山村へ行けば，犬神についてよく質問しました。「そういうことをいう人はほとんどいなくなった」と村人はいいます。全体的にはなくなってきたが，高齢者の中に部分的に意識に残っているとの印象を受けました。農山村を調査している人らも，過疎化で農山村が崩壊していくのに伴い，ほぼ消滅していると，みています。

　しかし，ねたみが背景にある類似の現象は存在しています。物部村の犬神について調査したことがある小松和彦・国際日本文化研究センター教授は著書「憑霊信仰論(ひょうれい)」(講談社学術文庫)で「人びとが他人を犠牲にしてでも自分自身の上昇を望み，その一方で他人の成功を苦々しく思い嫉妬(しっと)を覚

えるかぎり，広い意味での『憑きもの』はけっして人間社会から消滅することはないのでは」と書いています。私もそう思います。

　資料Aから2年後の平成13（2001）年の紙面に掲載された資料Bは，『狗神』が映画化された[83]ことを記念する記事の体裁を採っているが，主題は伊賀氏がこの2年間で育んだ「犬神」観に対する批判的解釈である。伊賀氏は資料Aを執筆した2年前から農村部の高齢者を中心とした聞き取りを行い，以前よりは少なくなったものの差別意識を伴う犬神にまつわる語りが確かに存在することを聞き得たという。また，吉田の『日本の憑きもの』，小松の『憑霊信仰論』を引用し，犬神に対する差別の不当性と，差別撤廃の難しさにも言及している。

　これら2資料は，あくまで伊賀氏個人の例ではあるとはいえ，フィクションと生活世界の関わりを端的に示している。これまで述べてきたように，坂東の作品『狗神』と『鬼神の狂乱』はフィクションではあるものの，その下敷きとして，各地の犬神に関する伝承や高知県で実際に起こった事件，すなわち生活世界のデータが用いられている。そして，フィクションの世界に飛び立った「犬神」は，実在の人物（伊賀氏）の関心を刺激し，生活世界における聞き取り調査を敢行させるまでに至った。高知県では，現実がフィクションに影響するだけに留まらず，従来想定されてこなかったフィクションが現実を刺激する真逆の力学も確かに機能していたのである。こうした点を踏まえると，生活世界とフィクションは，相互に影響を及ぼし合っていると理解できよう。

　本節での議論を総括すると，①坂東眞砂子個人の事例であるとはいえ，小説というフィクションの誕生にも，史料を中心とした現実の犬神に関する情報が多分に使用されている，②しかしながら，検証や論拠を必要としないフィクションにおける「犬神」は，作者の創造力だけを頼りにした変容を許される極めて可塑性の高いものとなり，社会や集団内で一定の情報の共有を強いられてきた実生活上の犬神とは異なるものであると考えなければならない，といった考察が導出される。さらに，③「犬神」は現実とフィクションの間で相互作

83）平成13（2001）年1月27日（土曜日）公開。

用を及ぼしており，少なくとも高知県というフィールドでは，今後折に触れてメディアに登場し新たな働きかけを行う可能性がある，とも指摘できよう。

第3節 小　括

　さらに，本章における知見を考え合わせると，高知県では，昭和40年代前後まで，新聞というメディアを通じて実生活と直結する形で犬神に関連する情報発信が続けられており，それ以降も坂東眞砂子や小松和彦，森田正馬ら高知県に深い繋がりを持つ人々の紹介を通じて，「犬神」にまつわる情報が生活世界へ投げかけられてきたと言えよう。とりわけ，後者の情報発信はフィクションに関係が深い例も多く，先行研究の分析枠組みでは看過されがちであった。しかし，『毎日新聞高知地方版』の伊賀氏の例に鑑みると，フィクションでありながらも実在の人物へ強く働きかける可能性も見出せるのである。

第6章
戦後高知県における民俗の取り扱い

　前章では「犬神」と直接的な関連を見出すことのできる文献資料から，戦後期以降に高知県の人々が抱く「犬神」観へ歴史的に働きかけてきた「強制力」を追ってきた。しかし，前章で行ったメディアと生活世界の引き起こす相互作用の分析は，あくまで「犬神」という言葉が直接的に使用されたものに限られていた。本章では，こうした「強制力」と並行して人々の「犬神」観に影響を及ぼしてきたであろう別種の「強制力」を明らかにする。前章との比較を容易にするため，本章でも引き続き『高知新聞』の記事群を用い，その歴史的動向の検討を試みる。

第1節　高知県における民俗への「強制力」

　「憑きもの筋」や「犬神」が包含する内容は多彩であり，関連性が明らかではない「強制力」を検討するには，主題の吟味が必要とされよう。全国的な傾向として，戦後社会における旧来の「民俗」は，生活の簡略化や文化水準の向上を目指す活動群[84]を通じて，一時期批判的に扱われた。ゆえに，「民俗」全体を議論する記事群を用いても，高知県というフィールドで引き起こされた事態の特徴を導出することは難しいだろう。そこで本章では，秘められた「強制力」導出の議論の軸に，「結婚」を据える。
　戦中までの高知県における結婚は，家や仲人による強固な制約に縛られてお

---

84)　これらの活動の詳細な分析は，続く第7章で行う。

り，犬神に関する問題だけではなく，「嫁かつぎ」や「足入れ婚」といった別種の社会問題を引き起こしてもいた。足入れ婚とは，正式に婚姻を取り結ぶ前に，嫁が婿方の実家に居住して家事や農作業を手伝い，婿方の家に認められて初めて婚姻を取り結ぶという習俗である。婿方からすれば結婚に先立って労働力を確保できるというメリットが得られたが，高知県の各地ではこれを逆手に取って，嫁の健康や性格に不満が生じた場合は婿方が一方的に婚姻を取り止める，そもそも最初から労働力の搾取を意図して嫁を酷使するなど，嫁となる女性の側に多大な負担を強いる例もあった。

さらに，高知県での結婚に関しては，戦後に男女の意思を基盤とする自由恋愛が広まり，それまで大部分を占めていた見合結婚から恋愛結婚へ，習俗の在り方が大きく変わったことも指摘できる。加えて，結婚の在り方を巡り，自由恋愛や恋愛結婚の進展を切望する若者たちと，若者たちの動向を危惧する親世代の間で，対話や反発，時には対立が生じたという。

そのため，新聞記事を通じて，高知県における結婚習俗の変遷や，戦後における結婚観の変化，世代間の結婚観の違いを明らかにすることで，結婚という習俗に投げ掛けられた「強制力」が明らかとなる。加えて，この「強制力」は結婚を仲立ちに「犬神」観にも働きかけるものであり，本章での議論を通じて，間接的に「犬神」観変容に働きかけた「強制力」が明らかになると期待される。

第2節　結婚観の変化と世代間の意識格差

本章で扱うのは，2017年3月末までに『高知新聞』へ掲載された19の結婚に関連する記事である。結婚に関する記事は枚挙に暇がないものの，本章では戦後の『高知新聞』における結婚適齢期の若者たちの恋愛・結婚観の変化，そしてこうした変化に対する年長者たちの反応がうかがえるものを資料とした。なお，資料には「見合結婚」と「見合い結婚」，「形式」と「型式」などの表記ゆれが散見されたが，それらの表記は該当資料における用法に従った。

【資料23】昭和23年11月17日（水曜日）付1面の記事
　　日本の民主主義のはきちがえがたびゝゝ問題となる▼その一つに若い男

女の恋愛ざた，結婚問題があることはいうまでもない▼いかにも男女共学，男女同権の時代にあつてはそれは当然にように考えられる，そこで一定の年齢に達すれば父母の承諾を得るまでもなく自由に結婚が出来ることになつている▼ところでこの頃アメリカ帰りのリーダーズ・ダイジエスト日本版編集長鈴木文史朗氏の話によると，パール・バック女史などはアメリカ流の自由結婚よりも日本の見合結婚がましだとし，日本□[85]人への忠告として，アメリカの真似さえすれば何でも民主主義だと考えているような人があれば大間違い，日本の婦人は自分のもつている特長を失わぬことが大切だと繰返していたそうだ（中略）いわゆる現代の若い女性たちは何もかも新しがり，父母のいうこと，長老の意見は一も二もなく古いものにしてしまい，結婚においては気まゝ勝手ないわゆる自由結婚に走らんとするのが滔々たる世相であるが，これを聞いたら耳が痛いであろう，せめて顔を赤らめるくらいのはにかみを持ちたいものだ

資料23は現在まで続くコラム「小社会」の一節であり，当時普及し始めた「自由結婚」が「民衆主義のはきちがえ」と批判されている。この記事では，特に女性が父母や祖父母の意見を古いものとして一向に聞き入れず，本人同士の意思のみで結婚しようとする現状を恥ずべきことであるとし，アメリカにおいても日本の見合結婚を評価する動きがあることを例に挙げ，若者らへ自制を求めている。

【資料24】昭和24年2月28日（月曜日）付2面の記事（相談者：幡多郡の不幸な男，回答者：桂井和雄）
　　私は二十四歳の男ですが昨年末同村の二十一歳になる女性に求婚し，話しがトンゝ拍子に進んでいましたところ，先方の父親が易者に嫁入り先の方位をみてもらつたら「本命」に当つているといわれたので気の毒だが破約してくれといつてきました「本命」に向かつて行つたら死ぬるということが今でも地方の一部（大部分かも知れません）の人たちにいわれ，信ぜ

85）漢字1文字が判読不能。

られています。私は「本命」とか合性とかいうのは迷信にすぎないと思いますが，どうでしょう，そしてこんな迷信を打ち破る方法はないものでしようか，私は女をあきらめられず苦しんでおり女も悩んでいるようです
【答】「本命」は自分の生れた年の干支の星でありますが，あなたもこれを迷信的といわれているとおり（中略）これによって人の性質やその一生の運命が先天的に定まつているなどというのは笑うべき俗信にすぎないわけです（中略）
結婚は両性の自由なる意思の下に選ばれた二つの人格が相結び合い，融和して完全な合成の人格を作るものであるから，そうした迷妄に動かされることなく，合理的に問題の頑迷さを□[86]き，若さに走ることなくしかも断固としてこうした迷信的習俗を突破すべきであります

資料24は読者からの人生相談である。幡多郡の男性が意中の相手の親から嫁入り先となる男性宅の方位が悪いことを理由に反対されており，方位による吉凶は迷信ではないかとの疑問を述べている。この相談に対し，回答にあたった桂井和雄は，方位による吉凶が迷信であることと，今日では本人同士の意思による結婚も可能となったことを挙げ，男性の結婚を後押ししている。

【資料25】昭和24年7月14日（木曜日）付2面の記事
現代の青年たちは何を考えているだろうか？□□委社会□□□[87]は全国にも例のない大規模な青年心理調査を二月から三月にかけて県下一千人の青年団員について行い，その□[88]高知女子大で岡本学長を中心に□□[89]教授など研究者の手によつて整理されていたがこのほど第一回報告分をまとめ十八日から開かれる青年団□□□□[90]会で報告されることになつた，この調査の主な結果はつぎのとおりで（中略）
◇恋愛か普通（見合）結婚か　四百六十一名中半数以上の二百七十二名が

---

86) 漢字1文字が判読不能。おそらく「解」の字であると思われる。
87) 漢字8文字のうち5文字が判読不能。
88) 1文字が判読不能。
89) 2文字が判読不能。おそらく漢字による名字。
90) 漢字4文字が判読不能。

恋愛を支持し，理由としては「愛し合つている」「理解出来る」をあげ，普通結婚支持者六十九名は理由として「離婚が少い」「恋愛は失敗しやすい」と答えている

　資料25は，県内1,000人の青年に対して行ったアンケートの結果を示した記事である。記事によると，普通結婚と恋愛結婚の二択では，回答者461名の半数以上が恋愛結婚を支持したという。双方の意見として，恋愛結婚の支持者は結婚の理由に「愛し合っていること」を挙げ，見合結婚の支持者は，「離婚が少ない」，「恋愛結婚は失敗が多い」といった理由から見合結婚を選んだという。記事中では見合結婚が「普通結婚」と記述されており，昭和24（1949）年当時は見合結婚が主流であったこともうかがえる。

【資料26】昭和26年7月17日（火曜日）付2面の記事（対談者：桂井和雄・橋詰延壽）
　　橋詰　そう。（中略）四国ではぼく一人でそのとき"女房かたぎ"を話したらうけたよ。
　　桂井　あれは略奪結婚のように誤解されるがそうでない。恋愛発見の機縁をなす習慣の一つ。
　　橋詰　全然自由結婚。ぼくの近くの村の話だが，××小町といわれる一人娘があって"夜遊び"である男と仲よしになる。男が叔父のところへ相談にいくが，どうも一人娘でむつかしそうだから，かたげ（担げ）ということになる。そこであらかじめ相談しておいて村芝居のとき連れ出した。車へ積んで連れてゆくが，娘が先になっていくんだ。それから男の隣の家へおいて，青年が娘の家へかくゝしかゞと報告にゆく。いわゆる"すけとどけ"だ。"つけとどけ"ともいう。
　　桂井　そのとき，酒一升ぐらい持っていく。
　　橋詰　青年は庭先へいって飛び逃げる。それから"面対"といって娘とあわすことになる。娘と母親が男の隣の家の一部屋に二人だけになって母親が，いるかいないか念をおすことになる。いるといえばそのまゝになるしきたりで，もちろん娘は「もう帰らん」という。そのうちに子供が生れ

たりして正式になるわけだ。決して原始的なものでなく自由結婚のあらわれだよ。"無理かたぎ"が略奪結婚だ。

資料26では，桂井和雄と橋詰延壽の二人の民俗学者が対談し，高知の民俗に対する私見を述べている。彼らは，略奪結婚とみなされることの多い民俗「嫁かたぎ」を近代化以前の庶民階級における自由恋愛の形であるとし，実際に結婚に至るまでの流れを紹介している。また，略奪結婚は「無理かたぎ」として別に存在するという。

【資料27】昭和27年5月16日（金曜日）付2面の記事（相談者：悩める女，回答者：宮城タマヨ）
わたしは昭和廿三年見合結婚をしました。（中略）夫の勤め先の女事務員のMさんは顔は特別きれいな人ではないのですけれど，とてもチャーミングな人で沢山男の友達ももっているお嬢さんですが妻子のある人が，落着きもあって，何か魅力があるのでしょう「どこそこへ連れて行ってほしい」などだんだん夫に接近。（中略）Mさんが妊娠したらしく夫は私とは離婚する気は毛頭ないけれど「私と離れたいのなら仕方がない」と申しています。（中略）私はどうしたらゝのでしょうか。解決の方法をお教え下さい。

　こういう問題はこの頃大変多いのですが，近頃の娘は生活力のある男に近づきたいという気持ちがある人が多いようです（中略）夫は愛していると妻にゝゝ，また相手の娘にも同様のことをいっているかも知れないが，奥さんは夫がそんなになっても，なお夫を尊敬し愛しているというなら先方に別れて貰うようにするがよいでしょう。（中略）
このごろ性道徳が乱れ結婚前にすべてを許し，子供ができたら中絶したらいいという風に簡単に考えている，それ故に恋愛結婚というといけない言葉になっているが結婚の理想は恋愛結婚で，最初はあくまで精神的なものであって欲しい。精神的なものが極致に達すれば勿論肉体的に入っていくのは当然で，そのためには親，兄弟や親戚の了解を得て皆が認める時期に

結婚式をあげる。霊の一致が肉の一致に進むときが式であると思う。男女の交際から結婚への道はこのようでなくてはいけない。

資料27は，見合結婚をした匿名の女性による，夫の浮気への対応を相談した記事である。回答にあたった宮城タマヨは，夫と相手の女性の非常識な振る舞いを批判し相談に答えた後に，結婚のあるべき形として恋愛結婚を挙げている。宮城の語る恋愛結婚では，男女が当人同士の愛情で結び付くだけではなく，その状態を親兄弟や親族に認められてから式に進むべきとされており，見合結婚と恋愛結婚の折衷案的な結婚観であると考えられる。この点は，他の記事の多くが見合結婚と恋愛結婚を対比的に捉えていることと対照的である。

【資料28】昭和28年3月28日（土曜日）付3面の記事
　夫婦の生活はまったく日本とちがう，洗濯なども別々にやるし食事もお互いに食糧を買って一しょに相談して作る，中共の人たちも現地の若い人たちも自由な恋愛に目ざめているが，年のいった日本の女性はやはりこんな風習には馴染めないようだ

資料28では，終戦後に中国から帰国した若者たちと日本人の年長者の間に生じた，結婚観やライフスタイルの違いを原因とする混乱が記述されている。帰国した若者たちの間に恋愛結婚や家事の分担が広まる一方，年長者の日本人女性たちはこうした現状を容易には受け入れられないでいるという。

【資料29】昭和28年7月13日（月曜日）付3面の記事
　一夜バイというと無茶のようだがそんなもんでもないようですね
　川村　決して無茶じゃない，私の知っている夜バイは，まず若い衆が娘さんの家へいって親にかけ合う，お前さんところの娘を見せておくれ，オーケーということになるとその晩，みんなでおしかける[91] 娘さんは正装で出て来て一夜をたのしく過す，もっともそれを繰りかえしているうちに特定

---

91) 原文ママ。句読点やスペースを挟まず次文が続いている。

のご両人が意気投合して，はじめて夜バイという段どりになる（笑）
―それじゃ，むしろ進歩的な男女交際の方法ですね，例のヨメカツギというのは…
川村　あれは両名が了解しているのに親がきかぬ場合の非常手段，一種のスポーツですね（笑）これも友人たちが相手の娘をつれ出して好いた者同志をかくしてしまうと直ぐ，代表が娘の家へ出かけてつけとどけ，ということをやる，お前さんとこの娘は何某が担（かつ）いだから承知せよ，と通告するわけです，そして双方の親たちを相手に交渉に入るという順序です，なかゝゝ公明正大ですよ（笑）
―それじゃ，ユーカイ罪は成立しませんね（笑）

　資料29は川村源七と記者との対談を文字起こしした記事であり，資料26と同じく「夜ばい」や「嫁かつぎ」を肯定的に捉え，こうした習俗を前時代的な悪習ではなく，自由恋愛の隠れた形であると述べている。資料26や当記事の記述から，高知県内の民俗学者たちが，戦後の恋愛や結婚について，かつての民俗事象を紐解きつつ「自由化」に賛成の立場を示したと指摘できよう。

【資料30】昭和29年9月26日（日曜日）付4面の記事
　高知市を中心とする事務員，店員，女子大生，洋裁学生など百余名から現在女性の結婚観を調べてみた。（中略）
【恋愛か見合か】女子大生は恋愛が六〇％，見合三〇％，他は恋愛三〇％，見合六〇％と面白い対照を示している。残りの一〇％が見合―恋愛，そして結婚への移行である。見合の者は恋愛結婚だと恋愛中にすでに愛の炎を燃やしつくして結婚にゴールインしたときは，すでに倦怠期になることを強調しているのは面白い見方である。恋愛組は人格を知る上から好都合，というのが圧倒的に多い。（中略）
　また【方位，合相】など近代女性にとってはどこ吹く風で，そのような迷信は信じないとする者が八〇％，少しはとり入れる者一五％，もしものとき困るから万全を期す，迷信と思ってもなんとなく従わざるを得ない，親が許さないから，など理由にとり入れる者が一五％，田舎の女性がほとん

どで，親や周囲の環境から従っている。(中略)
【自分と親の意見が対立した場合】あくまで自己の意志を通して結婚するという者が七〇％，次が親の意見に従うという者が八〇％[92]となっている。自己組は親が結婚するのではなく自分だからという者が多く，親に従う者は，かわいゝわが子のために親が無理をいうわけはないと親の目を高く評価している。

　資料30は高知市を中心とした事務員，店員，女子大生，洋裁学生など百余名の結婚観に関するアンケート結果をまとめたものであり，女性同士でも年齢や職業によって抱く結婚観に違いのあったことがうかがえる。本章に関係の深い記述としては，結婚型式は，女子大生が恋愛60パーセント，見合30パーセントの割合でそれぞれを支持する反面，その他の職業では見合60パーセント，恋愛30パーセントという真逆の回答結果を見せた点であろう。また，迷信に関して，全体の80パーセントが迷信を信じないとしながらも，田舎の女性を中心に15パーセントは親が迷信を理由に反対するなら受け入れざるを得ないとしている。さらに，親と自分の意見が対立した場合には，あくまで自分の意志を押し通す女性が70パーセントを占めるという。

【資料31】昭和32年4月12日（金曜日）付6面の記事
　（窪川）発足したばかりの部落青年団が"青年運動はまず部落の実態を知ることから"と全部落民を対象に出生，死亡，経済状態から結婚式のもよう，恋愛結婚したものが全体の何％いるかなど，広範囲な調査を行った。
　（中略）
　同部落は同町中心地より東方へ約一㌔へだたった県道をはさんで南北に山を背負った地域であるが，調査によると四十五戸，二百十六名（うち女白一名）のうち農業に従事するもの五十八名（五三・二％）という農業部落である。（中略）
　結婚は見合二十一戸，恋愛十五戸で恋愛が案外多い。結婚地区別ではやは

92）原文ママ。18パーセントの誤りか。

り部落内が断然多く四十七名（四七％），他は近在の他部落から嫁入りやムコ入りしているが，幡多郡佐賀町と婚姻を結んだものが十二名（一二％）もいる。結婚年齢は男子の場合二十二才から二十五才まで，女子は二十二才が一番多い数字を示している。結婚式は大部分各家庭を式場として行っているが「盛大」とするもの十七戸（四二・五％）「普通」が五戸（一二・五％）「小」が十二戸（三〇％）「式なし」が六戸（一五％）で盛大にやる傾向はいぜん強いようだ。

特定地域の明瞭なデータを示した記事としては，資料31が挙げられる。この記事では，窪川町西見付における青年団の部落調査を紹介しており，結婚に関しては，昭和32（1957）年当時にこの集落で暮らしていた全45戸中，見合結婚をした家が21戸，恋愛結婚をした家が15戸であったことが分かる[93]。また，この時点での恋愛結婚は集落の半数にも満たないが，当時としては想定外の多さと捉えられている。

【資料32】昭和33年2月24日（月曜日）付2面の記事（投稿者：高知市追手筋楠病院内・療養者・35歳男性）
　◇高知県の離婚率は日本一であるという。（中略）高知県人ほど結婚に対して，その当初の冷静な判断に欠けているともいえるようである。
　◇戦後のあやまった自由主義が，責任感の伴わない放縦と無規律な性の開放から，旧来の欠点を責めることに急なあまり，その美点，長所を忘却して脱線していることに気がつかなかった。その風俗の一つに「恋愛結婚」の流行がある。（中略）相互の信頼と尊敬と愛情に結ばれる結婚は，形式は見合いから出発しても，これこそ真実の「恋愛」ではなかろうか。各種の新聞，雑誌の生活相談欄に「私たちは恋愛結婚をしましたが，夫が（妻が）浮気を始めましたうんぬん…」が多いのはナンセンスである。単なる遊ぎ的な結びつきや，反抗的なひねくれ結婚を「恋愛」と感違い[94]して

---

93) なお，集落内の見合または恋愛で結婚している家庭が合計36戸であることに対して，アンケートで結婚式について回答した戸数は40戸であると逆算できる。おそらく，見合にも恋愛にも分類されない結婚している家庭が4戸存在したものと考えられる。

いるための一現象というほかはない。

　資料32は比較的若い男性読者による投書であり，恋愛結婚を「戦後のあやまった自由主義」が生んだ見合結婚への反動的な風俗と断じ，旧来の見合結婚の長所を見落としてきた結果，高知県の離婚率が日本一となる惨状に至ったとしている。投稿者は，見識ある年長者から紹介された信頼できる相手と結婚し，相互の信頼と愛情に結ばれる見合こそ結婚の推奨すべき形式であり，時代に即した見合結婚を考え直すことが必要だと訴えている。

【資料33】昭和34年1月26日（月曜日）付4面の記事（質問者：高知市長江での人生ガイド座談会から，回答者：笹原邦彦・高橋イチ）
【問】私はいわゆる結婚適齢期の男子です。父母たちも私の結婚のことを考えていますし，私もいろいろ考えてみるのですが，どんな結婚がいいのかわかりません。（中略）若い僕としては，恋愛結婚が理想のようにも思うのですが，昔からの見合い結婚で仲好く暮している人たちをみると，見合いもきらったものではないとも思うのです。先生たちのご意見をお聞かせ下さい。

　笹原　男女の合意によるという憲法の精神からいえば，お互いに十分な愛情と理解ができ，自分で責任を感じる結婚がよいのですが，見合結婚と恋愛結婚と，どちらが長続きするかみてみると，まだ日本では見合結婚がわりと長続きするのに反し，恋愛結婚には五年以内でこわれた例が多い。場合によりますから，どちらがよいとはいちがいにはいえません。
　高橋　お互いの家庭状況が似ていると，結婚しても無理がなく，うまくゆきますね。その点，見合いはあまり違った家との話をもってきませんし，第三者の冷静な目が入っていますから，失敗[94]が少ないのですね。しかし，見合いでも人間をみず，家と家とが釣り合っているだけで仲人が結婚させたのは不幸になっていますね。

94）　原文ママ。「勘違い」の意と思われる。

笹原　恋愛でも熱情的な恋愛はこわれやすいですね。
　高橋　あまり夢中になりすぎると理性を忘れてしまいますからね。人によっても違いますが，愛情でない熱情なら丸一年もすればさめるもので，エクボにみえていたアバタがアバタにみえるようになります。だからその時期もすぎた，好きなだけでなく，理性も働いた交際の上での結婚なら幸せになれますよ。

　資料33では，結婚の方法に見合い（この記事の前後から「見合」の表記は減っていく）と恋愛のどちらを採るかで悩む男性への，識者からのアドバイスが掲載されている。回答にあたった笹原・高橋の両名は，見合い，恋愛双方のメリットとデメリットを挙げ，最終的に結婚生活が長続きする方法を採って欲しいと結んでいる。彼らによると，見合い結婚は仲人や親など第三者の意思が介在するものの，信頼できる人物を長期間吟味して結婚するものであり，結婚後も各種のサポートを得られることから，現状ではより結婚が長続きする方法であると述べる。また，恋愛結婚は当人同士の気持ちを第一としている点では推奨できるとはいえ，交際期間が短い，熱情に流されてお互いの人物を見極めきれないといった弊害から離婚に至りやすいとしている。

【資料34】昭和34年3月30日（月曜日）付2面の記事（投稿者：香美郡野市町兎田・公民館職員・60歳男性）
　◇私の地区公民館で青年と母親の懇談会を開き「見合と恋愛結婚のいずれを望むか」という議題で意見を交わした。約二十人の青年のうちわずかに一人が見合結婚を希望しただけで，恋愛結婚へのあこがれが断然優勢であった。（中略）
　◇このごろ統計によると，見合よりも恋愛結婚に離婚が多く見られるその原因は当初に冷静な判断を誤り，結婚上の調査に不行届きのある点が挙げられる。それで恋愛から結婚に進む場合はすべての事情を親に話してもらいたい。秘密のうちに成し遂げる恋愛結婚には賛成し難い。恋愛結婚に破たんの多いのは浅薄な遊戯的恋愛の結果だとの批判もある。（中略）この際痛感したのは交際と恋愛を混同した考えが一部に見られたことで，純正

な友情から始まって友情に終るのが交際のコースであり，結婚という終局の責任を自覚しないで恋愛に入ることは厳に慎むべきであろうと考える。

　資料34も読者からの投書であり，恋愛結婚を批判的に捉えている。この記事では，恋愛結婚の多くが離婚に至る背景には，「当初に冷静な判断を誤」ることと，「結婚上の調査に不行届きのある」ことがあるとし，恋愛結婚をする場合でも，結婚前には親などに相談し上記二点の過ちを犯していないか精査すべきだとしている。また，野市町兎田では，結婚適齢期の男性約20人中19人までが恋愛結婚を支持しており，見合い結婚を望む彼らの母親世代との認識の違いに混乱していたことも読み取ることができる。

　記事34の筆者は，結婚を当事者だけの判断に任せてしまった場合，短期間で離婚に至るなどの不幸な結果に陥る可能性が高いことを挙げており，恋愛結婚を理由なく否定しているのではなく，彼なりに結婚を控えた若者たちの将来を心配している。こうした子どもを持つ親世代なりの配慮から見合い結婚を推奨する考え方は，他の記事で恋愛結婚に否定的な意見を述べる執筆者たちとも共通している。

【資料35】昭和41年7月11日（月曜日）付7面の記事（投稿者：土佐市新居・農業・62歳男性）
　　結婚式でも吉日を選ぶが，吉日とは『双方がつごうのよい日』という意味で，暦の上で大安とか先勝とかの日ではない。その他数えきれないほどの迷信や，お祭り騒ぎにはのぼせ上がり，正気のさたと思われない行動が，科学万能の宇宙時代ともいわれるこんにちにもまだ多数実存している。

　資料35も同じく読者投稿欄への投書であり，結婚式の吉日は「双方がつごうのよい日」であるとして，「迷信」に左右される生活の改善を提唱している。このように，戦後の高知県においては，結婚を見合い結婚から恋愛結婚へ移行させようとする動きと，結婚から迷信的な要素を排除しようとする動きが同時に進行していたと指摘できる。

【資料36】昭和42年11月17日（金曜日）付10面の記事
　これは，同婦人部がさる十月の『法の日週間』を機会に，県下の婦人人権擁護委員二十七人を動員して行なった『結婚の風習』についての実態調査ではっきりしたもの。それによると，結婚に当たっては①たとえ，当事者が成人同士であっても，親や親類の意見が尊重されている②家柄や血筋をはじめ，犬神つきではないかといったことが重視されている③足入れ婚（女性を単なる労働力と考えて一定期間働かせ，その女性の健康状態や性質などが家風に合えば嫁として迎え入れる）に似た"行きぞめ"の風習が農山漁村の一部に残っているという。

　資料36は高知県内の婦人人権擁護委員27名による結婚風習調査の結果をまとめた記事である。記事によると，高知県における結婚は，①当人同士より親や親族の意思が尊重される，②家柄や血筋，犬神つきでないかなどが重視される，③足入れ婚に似た「行きぞめ」と呼ばれる風習[95]が根強く残っている，といった特徴が挙げられるという。この記事では，女性の人権を踏みにじる行きぞめを厳しく批判している。加えて，昭和42（1967）年当時でも犬神にまつわる結婚の制約があり，それらを尊重してきたのは親や親族であったことが読み取れよう。

【資料37】昭和43年3月26日（火曜日）付5面の記事
　『すべての人間は，生まれながらにして平等である』―世界人権宣言が採択されてからちょうど二十年。高知人権擁護委員連合会（岡内□[96]一会長）は，ことしが国際人権年に当たるのを機会に，全会員を動員して大々的な人権思想の普及に努めるが，まず手始めとして，四月一日から全県下的にアンケート形式による『婚姻の風習』についての実態調査を行ない，まだまだ根強く残っている誤った結婚観念を打破する。

---

95)　「行きぞめ」は，農村漁村の嫁となる女性が，内祝言をした後に夫側の家に数カ月間訪れて働き，夫側の家の者に認められて初めて正式に結婚するという習俗であり，本章冒頭に挙げた「足入れ婚」と酷似した習俗（もしくは別称）と考えられる。
96)　漢字1文字が判読不能。

資料37は，高知人権擁護委員連合会が資料36に挙げた婦人人権擁護委員の報告を受け，県内の結婚習俗に関するアンケート調査を実施する意向であることを報告する記事である。

【資料38】昭和43年7月12日（金曜日）付11面の記事
　「せめて子供の認知だけはしてほしい。[97] ―農山漁村にいまなお残る昔ながらの因習"足入れ婚"の犠牲になり，不幸に泣いている一女性からこのほど高知家庭裁判所に婚姻予約不履行，認知請求の調停裁判の訴えが出された。また，これと前後して同家裁では逆に婿側から「結納金返還」の訴えを起こされた女性の調停も進められている。いずれも"足入れ婚"による人権問題であり，前例のない事件だけに裁判所でも慎重を期している。
（中略）
これについて県人権擁護委員連合会は，『"足入れ婚"でうまくいっている夫婦も多いようだが，いずれにしても女性の人権が無視されていることに変わりはない。こうした風習以外にも，土佐には結婚はしたが届けを出さないという悪い習慣がまだまだ多く残っている。女性の地位向上は，現実にはまだ先のことだ』といっている。

資料38は，「足入れ婚」を批判する記事である。足入れ婚の被害者となった女性が関わる裁判2例を挙げ，実際に結婚がうまくいっている場合も「女性の人権が無視されていることに変わりはない」とし，足入れ婚をなくすことが女性の地位向上のために不可欠だと結論付けている。

【資料39】昭和44年5月1日（木曜日）付12面の記事
　　この調査は，県人権擁護委員会の委員百十一人を動員して昨年十月から三カ月間にわたり，県下の各市町村から抽出した既婚者，未婚者，学生合わせて九百五十人を対象に行なったもの。調査結果だと，既婚の男女合わせて七百人のうち，百六人が"いきぞめ"経験者で，このうち『家風に合

---

[97] 原文ママ。括弧が閉じないまま文章が終わっている。

わない』『両親や周囲が反対する』などの理由で正式に結婚出来なかった者が十九人もいる。(中略)

"いきぞめ"の経験者を年齢別に見てみると，意外にも十八歳から二十五歳までの若い層に最も多くて全体の二〇・三％，次いで二十六歳から三十五歳までの一九・四％，五十一歳以上の一四・一％などとなっている。(中略)

一方，迷信については既婚男女合わせて七百人のうち，二百一人までが"犬神"とか"へび神"に関して相手方を調査している。このうち，『相手の家族にこのような者がいれば結婚を断わる』と答えた者が百十三人と，調査した半数以上の人が昔ながらの迷信をすっかり信用している。さらに戦後っ子である未婚の男女三百八十八人のうち，同じような調査をした人もなんと百二十三人。このうち，調査結果によっては結婚を断わると答えた者が八十六人もいる。

資料39は，資料37で挙げたアンケートの結果をまとめた興味深い記事であり，前章の資料Bで伊賀氏も言及している。アンケート回答者は県内男女の既婚者・未婚者・学生合わせて950人であり，内既婚者が700人を占める。アンケートでは，行きぞめ経験者が既婚者中106人おり，その内訳は意外にも18歳から25歳の若い世代が最も多かったとしている。また，既婚者中，犬神やへび神に関して201人が相手方を調査し，実際に相手の家族に該当する者がいた場合113人が結婚を断ると答えている。こうした憑きもの筋に関しては，未婚の男女388人[98]中，同じような調査をした者が123人，さらに調査結果によっては結婚を断るとした者が86人も数えられ，若い世代にあっても犬神にまつわる結婚忌避の意識は根強いことが分かる。また，犬神以外の迷信に関しても，若い世代を含めて結婚の障害としている割合は高いという。

【資料40】昭和48年1月22日（月曜日）付10面の記事
　　友達と会ってどんな話をする？―若者たちに聞いてみた。(中略)

---

[98] 原文ママ。188人の誤りか，もしくは引用中の「未婚の」部分が誤記であると考えられる。

適齢期前半のヤングたちは恋愛にとらわれることなく，さめた目で大らかな男女交際を楽しんでいるらしい。

そして一様に『結婚と恋愛は別』と言い切って，何人かの相手と交際を重ねる。適齢期も後半にさしかかると，その中から恋人を選び，『好きだから当然』とやがて結婚へ落ち着く。これが聞き得た恋愛から結婚への，おおよそのパターンのようだった。(中略)

『恋愛結婚をして温かい家庭を』こんを [99] 願いを持ちながらも，心ならずも見合いになるというケースも多いようだ。

もっとも，見合いに対する認識はずいぶん変わった。『お見合いは自分で相手を見つけることが出来ない人がするもの』という固定観念にはとらわれない。『友達に紹介してもらうのと一緒』サバサバしたものである。(中略)

ともあれ，今や戦後のベビーブーム組が適齢期にはいり，世は結婚ラッシュの様相だ。だがそれが，離婚増加に拍車をかけることになっては寂しいだろう。

資料40は，若者の結婚観に新たな変化が生まれたことをうかがうことのできる記事である。戦後から長らく，若者側が見合い結婚を拒否し恋愛結婚を目指す一方，年長者側が恋愛結婚の危うさを説き，見合い結婚の再評価を求める動きが大半であった。しかしこの記事では，高知県の結婚適齢期の若者たちは，日常の生活では出会いの機会が少なく，見合いを出会いの一つの契機として評価するようになったとしている。加えて，結婚相談所に登録し，結婚相手の収入，学歴，容姿を第一に考える傾向が強くなってきたことを報告し，これまでの恋愛結婚とも異なる安易な結婚が離婚率増を招くのではないかと危惧してもいる。

【資料41】昭和56年3月31日（火曜日）付20面の記事
　高知市教委は三十日，ことし一月十五日の成人式（県民体育館）に出席

---

99) 原文ママ。「こんな」の誤りか。

した新成人約三千人を対象に行った意識調査の結果をまとめた。それによると，"平均的二十歳像"は，男なら二十五―六歳，女は二十二―三歳ごろ恋愛での結婚を考え，子供は二人，積極的には両親同居は希望しない。異性に対しては，男は『やさしさ』，女は『頼りがい』を求め，とくに純潔については女性のうち『結婚まで守るべき』は五人に一人で意外にドライ――といった青年の姿が浮かんでくる。(中略)

この調査は市教委青年課が行政の基礎資料とするため昨年から行っているもの。アンケート形式で，生活状況や仕事についての考え，友人関係，将来の抱負など三十三項目を質問，出席者の七一㌫，二千百余人の協力が得られたという。(中略)

結婚希望年齢（未婚者のみ対象）は，男が平均二十五・九歳，女は二十三・五歳。八八㌫が『恋愛』を望み，お見合い派は一二㌫。

資料41は，高知市教育委員会青年課による，新成人3,000人へのアンケート結果（有効回答2,100余人）をまとめたものである。ここでは恋愛結婚を望む者が88パーセントを占め，見合い結婚を支持する12パーセントに大差を付けており，現在の若者の価値観へ近づいてきたことがうかがえる。

なお，前章と同様に，参考のため資料の一覧を示すと，以下の通りである。

【資料23】昭和23年11月17日（水曜日）付1面の記事
【資料24】昭和24年2月28日（月曜日）付2面の記事（相談者：幡多郡の不幸な男，回答者：桂井和雄）
【資料25】昭和24年7月14日（木曜日）付2面の記事
【資料26】昭和26年7月17日（火曜日）付2面の記事（対談者：桂井和雄・橋詰延壽）
【資料27】昭和27年5月16日（金曜日）付2面の記事（相談者：悩める女，回答者：宮城タマヨ）
【資料28】昭和28年3月28日（土曜日）付3面の記事
【資料29】昭和28年7月13日（月曜日）付3面の記事
【資料30】昭和29年9月26日（日曜日）付4面の記事
【資料31】昭和32年4月12日（金曜日）付6面の記事

【資料32】昭和33年2月24日（月曜日）付2面の記事（投稿者：高知市追手筋楠病院内・療養者・35歳男性）
【資料33】昭和34年1月26日（月曜日）付4面の記事（質問者：高知市長江での人生ガイド座談会から，回答者：笹原邦彦・高橋イチ）
【資料34】昭和34年3月30日（月曜日）付2面の記事（投稿者：香美郡野市町兎田・公民館職員・60歳男性）
【資料35】昭和41年7月11日（月曜日）付7面の記事（投稿者：土佐市新居・農業・62歳男性）
【資料36】昭和42年11月17日（金曜日）付10面の記事
【資料37】昭和43年3月26日（火曜日）付5面の記事
【資料38】昭和43年7月12日（金曜日）付11面の記事
【資料39】昭和44年5月1日（木曜日）付12面の記事
【資料40】昭和48年1月22日（月曜日）付10面の記事
【資料41】昭和56年3月31日（火曜日）付20面の記事

第3節　小　　括

　戦後の結婚に関する記事をまとめると，以下のような知見が導き出される。まず，結婚適齢期の若者と親や親族ら年長者の間では，若者側が戦後急速に恋愛結婚を志向する一方，年長者側は見合い結婚や足入れ婚（行きぞめ）といった戦中からの結婚体制を長らく維持しようと試みることもあり，時に大きな対立を生んできた。

　また，桂井和雄ら高知県内の民俗学者たちが，嫁かつぎや夜ばいを事例として，自由恋愛，恋愛結婚普及の流れを後押ししたことも注目すべきであろう。高知県在住の民俗学者である坂本正夫によると，高知県の結婚習俗を歴史的に俯瞰すると，家による制約を受けた結婚は近代以降に現れた比較的新しい形式であり，それ以前の村では，村内や近隣の村を通婚圏として，夜ばいや嫁かつぎの形を借りて事実上の自由恋愛が行われていた[100]　という〔坂本1998〕。嫁かつぎに関して，田村恒夫は嫁かつぎが結婚に関する親の制約が強い農村部を中心に戦後まで残っていたと報告しており〔田村2013〕，インフォーマントQ

氏の語りに従えば，今日でも幡多地方の人々に記憶されている民俗事象であると言えよう。

これらを照らし合わせると，戦中までの高知県における結婚は，迷信による制限や親世代の介入といった制約は多いものの，祭りなどを機会とする男女の出会いの場があり，時には嫁かつぎという非常手段に訴えることも可能であったと考えられる。しかし戦後になると，かつての通婚圏を越え，当人同士の感情のみに依拠する「恋愛結婚」が出現する。こうした恋愛結婚は，お互いが素性をよく知った者同士である狭い通婚圏での結婚とは異なるため，年長者が相手の綿密な調査を必要とした心情も理解できる。資料39では，昭和44 (1969)年当時の「戦後っ子」も犬神筋などの迷信を数多く知っているという調査結果を挙げているが，この知識は村落社会で脈々と受け継がれてきただけでなく，戦後の高知県における世代間での結婚観の対立や，先述した民俗学による憑きもの筋問題への批判活動，昭和30年代半ばから再興した同和運動の高まりを通じて，逆説的に若い世代へ知らしめられた「犬神」に関する知識であった可能性も想定できよう。

資料40以降では，見合い結婚を希望する若者の割合が恋愛結婚のものを大きく下回っている。この変化は，結婚で形成する家族の単位の変化と軌を一にしていると考えるべきであろう。資料40の若者たちが目指す結婚は，夫婦を単位として経済的自立を目指すものである。こうした結婚が成立する場合，仮に親や親族が犬神などの迷信を盾に結婚を認めなくとも，夫婦が独力で家庭を営み時には転居することで地域の制約から逃れ得るため，男女の最終的な決断へ介入することが難しくなるだろう。当然ながら，全ての結婚が親の承諾を抜きにして強行されるわけではないものの，最終手段として独力で結婚を敢行することも十分可能となった点は，言及しておくに値する。

本章での議論をまとめると，戦後から高知県の「結婚観」に対して働きかけた「強制力」は，かつて家や仲人，地域社会に根差す強い紐帯に応じて承認されてきた結婚が，夫婦となる男女当人同士の自由意志だけに基づいて行われる

---

100) これを踏まえ坂本は，日本の歴史において見合い結婚が推奨された時期は家父長制が社会に浸透していたごく短い期間に過ぎず，全体としては自由恋愛が推奨された期間の方が遥かに長期であったと結論付ける。

ものへと変容することを強く志向していたと指摘できる。さらに，高知県内の民俗学者たちは，こうした結婚の自由化への潮流を，近代以前の結婚習俗を引き合いに出して後押ししたと見られよう。こうした動きは昭和40年代前半まで推し進められるが，この時期は日本全土が高度経済成長に沸いた時期でもあり，家庭の経済基盤が核家族だけで成り立つように変化したことも自由恋愛の浸透に力を貸したに違いない。

　同時に，村落社会に依拠した生活様式の固定化が弱められたことは，他者を「犬神」として差別する言説の弱体化にも繋がるであろう。かつて社会で共有された犬神言説は，そうした誹謗中傷を投げ掛けられようとも，社会生活から離れる，あるいは転居によって別のコミュニティに移ることが容易ではなかったがゆえに，長年の間成立してきた。換言すれば，結婚が当人同士のものとなり，経済基盤も周囲から独立することが可能となった昭和40年代以降からは，「犬神」にまつわる言説は社会での拘束力を失い，急激に後景化したと考えられるのである。

第7章
生活改善諸活動と戦後高知県の「生活改善」

　前章の内容を受け，本章では，戦後高知県で盛り上がった生活改善諸活動，特に生活改善普及事業と新生活運動の二者がいかなる経緯を辿ったかを歴史的に描く。加えて，これらの運動がそれまでの社会に存在していた慣習や風俗，伝承――いわゆる「民俗」――にいかなる影響を与えようとしたのかを明らかにする。

　第2部で議論した通り，戦後から現在までの約70年間における高知県西部幡多地方での「犬神」観の変容の特徴として，「犬神」の知識がもはや社会で共有される言説ではなくなり，インフォーマント個人の認識に依拠した大幅な改変を許されるものとなったにもかかわらず，本来犬神とは無関係であったはずの差別問題と接近させて語られるという共通点を見出すことができる。また，前章の議論から，戦後の高知県では，見合い結婚から恋愛結婚へ移行する結婚観の変容が若者たちを中心に盛り上がり，当時高知県で活躍していた民俗学者たちは，嫁かつぎの風習を持ち出すなどして恋愛結婚普及の後押しをしたことも明らかになった。さらに，第1部での先行研究の吟味と第5章での議論を考え合わせると，戦後から昭和30年代半ばまで民俗学者たちの手で推し進められた憑きもの筋研究と社会問題への批判活動においても，石塚尊俊や速水保孝らの行った高い公共性に支えられた研究群は，憑きもの筋への差別の不当性を証明しようとする，生活世界への還元を強く意識するものでもあったと表現できる。

　こうした学術研究の動きに対して，高知県の人々は大筋で学術研究の成果を受け入れてきたが，資料9が示すように，時には地域住民の側から，科学と

は異なる論理としての犬神を理解していないとする批判も提出されている。これを踏まえると，学術研究の成果は，人々の主体的な選択のフィルターを通じて生活世界へ還元されてきたと考えられよう。ゆえに，戦後の高知県で「犬神」を含む民俗全体に及ぼされた「強制力」は，様々なベクトルの合力と捉えるべきであり，旧来の民俗や「犬神」の言説は，民主化を志向する大きな潮流の下で社会からなくすべきとされ，今日までに大きく弱体化されたとまとめられる。

　もっとも，以上の知見を得るに至った前章までの議論の対象は，「犬神」観そのものや，「犬神」観との直接的な関係を容易に想定できる「結婚」に限定されている。そのため，戦後社会が経験し，「犬神」や民俗が変容させられる基盤となった可能性の高い「民主化」[101]への大きなうねりとの関連の検討が，さらなる課題として残されたままである。本章ではこの問題意識に立脚し，戦後社会が「犬神」観変容に影響を及ぼした基盤として，高知県内の各市町村で青年団や婦人会を主体として推し進められた生活改善諸活動に注目する。特に本書では，県内で生活改善諸活動が語られる際に多用される「生活改善」の語に着目することで包括的な議論を行う。その後，これまで聞き取り調査を実施してきた旧大方町（現黒潮町西部）域に限定した考察へ移り，広く県内に巻き起こった生活改善諸活動の趨勢とフィールド特有の要因双方の検討を行う。

　本格的な議論に先駆けて，生活改善諸活動に関する先行研究の到達点を洗い出す。本章で扱う生活改善諸活動は，戦前の生活改善関係活動への反省と改良を施したものである。田中宣一によると，戦前の生活改善関係活動は，各家や地域の保健衛生面への改善や，無駄の排除，良風善行の奨励に代表される文化的水準の向上を目指したものであったが，政府からの押し付け指導的色彩が強く，計画倒れに終わるものも多かったという〔田中 2011a：24〕。

　富田祥之亮は，戦前の生活改善関係活動の失敗への反省を踏まえた戦後の活動の顕著な試みとして，片山哲内閣によって閣議決定された，昭和22（1947）

---

101) ここでの「民主化」は，政治学や歴史学で用いられる厳密な意味での民主主義ではなく，戦後の高知県で特徴的な意味を込めて用いられた単語を指す。そのおおまかな意味は，「戦中までの習慣・風習の多くを前近代的であるとして否定し，近代的合理性に基づいた生活を根付かせようとする活動」であったと表現できる。

年6月22日（日曜日）の「新日本建設国民運動要領」に注目する。本要領では，①勤労意欲の高揚，②友愛協力の発揮，③自立精神の養成，④社会正義の実現，⑤合理的・民主的な生活慣習の確立，⑥芸術・宗教及びスポーツの重視，⑦平和運動の推進の七目標の実行が提唱され，当事者の自発的な活動を促す傾向が生まれたと指摘されている〔富田 2011：60-61〕。片山内閣は翌昭和23（1948）年に倒れるものの，この七目標はその後の内閣や地方自治体のみならず，マスコミを通してこの目標を知った農村漁村の女性たちにまで広く受け入れられ，昭和30（1955）年の新生活運動協会設立に先駆けて，その振興を期待されていたという。また，昭和26（1951）年からすでに生活改善普及員が各市町村に派遣され，かまどの改良を主軸にした住民参加型村落開発プランを練り上げており，生活改善関係活動が実質的には敗戦後すぐにその土台を成立させていたと述べる〔富田 2011：41-52〕。

　また，田中は戦後の生活改善諸活動の二大潮流を生活改善普及事業と新生活運動であると指摘し，両者はその究極の目的を同じくしつつも，前者は衣食住の改善や農村女性の重労働からの解放に代表される物質面での改善，後者は公共道徳心の高揚や冠婚葬祭の簡素化，虚礼の廃止，迷信の追放，家族計画など意識面での改善を強く訴えた活動であったとしている〔田中 2011a：24-25〕。特にこの意識面の改善に関しては，田中以外にも，宇ノ木建太が昭和30（1955）年8月22日（月曜日）に開催された「第一回新生活運動についての会議」における鳩山一郎首相[102]の挨拶を引用し，この運動が「あくまでも国民自らがその盛り上がる意思と創意により，実践を通じて日常生活をより合理的，文化的，道義的に高め，もって個人の福祉を増進するとともに，協同連帯の精神を基調として，健全にして住みよい社会をつくらんとする新日本建設の積極的な運動」を目指していた点で，上からの物質的改善の押し付けとしての側面が強かった戦前の生活改善関係活動とは異なることを明らかにしている〔宇ノ木 2012：180〕。

　これら二つの運動の具体的な終結時期を定めることは困難だが，少なくとも制度上では，昭和57（1982）年に，それまでの新生活運動協会が，新たに

102）　当時は第二次鳩山内閣を組閣していた。

「コミュニティづくり」を目標に掲げ,「あしたの日本を創る協会」へ名称変更したことを一つの画期とみなすことができる。これに関連して,大門正克は,この名称変更に先駆けた 1970 年代初頭にはすでに,国民の生活が私生活主義に向かうことで,新生活運動が掲げる「生活」概念から連帯やコミュニティ形成への意識が抜け落ち,運動は実質的な終焉を迎えていたと指摘している〔大門 2012：125-127〕。

　ここで「憑きもの筋」や「犬神」との関連を考えると,「新日本建設国民運動要領」の④及び⑤,あるいは新生活運動における迷信打破の試みは,第 6 章に挙げた通り,戦後の高知県において実際に着手されていたと考えられる。また,田中によると,間接的な批判のみならず,新生活運動の機関紙『新生活通信』[103] では,狐憑きや狐持ちへのおぞましい心意が「迷信」として強く批判されているという〔田中 2011b：85-87〕。憑きもの筋研究では,突発的に野山の狐が取り憑く狐憑きを「憑きもの」,特定の家筋が動物霊を使役していると周囲からされてしまう狐持ちを「憑きもの筋」として明確に区別するものの,そうした明確な切り分けが浸透していったのは,速水保孝の『憑きもの持ち迷信』や石塚尊俊の『日本の憑きもの』が出版された昭和 30 年代後半以降であり〔速水 1957；石塚 1959〕,『新生活通信』の記述は,その前段階となる,柳田国男の研究や,大正期の喜田貞吉による憑きもの研究の提唱,戦前から終戦直後にかけての堀一郎らによる憑きもの筋の萌芽的研究を踏まえたものであったと考えられよう。いずれの動きにしても,戦後日本で巻き起こった生活改善諸活動が,「憑きもの筋」に伴う差別的な言説に対して,否定的アプローチを行ったことは疑うべくもない。

第 1 節　フィールドでの語彙「生活改善」について

　これまで見てきた田中や宇ノ木,大門の議論を総合すると,戦後の生活改善諸活動は日本全国を対象とした試みであり,高知県にも,政府や地方自治体の主導のもと,新生活運動など様々な生活水準向上のための試みがもたらされた

---

[103]　特にここでは,創刊号（昭和 31 年 1 月号）以来二年分合計 24 号を指す。

と推測できる。加えて，その理念や展開は憑きもの筋にも少なからぬ影響を及ぼしたと考えられよう。

しかし，筆者が高知県で「犬神」に限定せず行ってきた聞き取り・文献調査を振り返ると，高知県の戦後史を描いた文献[104]やフィールドで得られるインフォーマントの語りでは，生活改善諸活動を生活改善普及事業と新生活運動の二つに弁別するのではなく，両者の活動をまとめた「生活改善」なる語彙を用いてこれらの活動の歴史を表現してきたと考えられる。この語彙は厳密な制度史や政治史の観点からすれば誤りであるのかもしれないが，フィールドにおいて様々な意味が封入（あるいは捨象）された言葉が一種の民俗語彙として用いられる事例は，決して珍しいことではない。むしろ土地や地域に根差した語彙，いわゆる日常民俗語彙が果たす当該社会における特徴的な意義や機能を探ることができる点に文化人類学的アプローチの長所がある。この「生活改善」という語彙が持つ高知県独自の意味やその変容についても，歴史人類学的手法の援用から描き出すことが有効であろう。

ゆえに本章では，「生活改善」という語彙に着目し，第一に，戦後からの約70年間における「生活改善」の意義とその変容を追い，先行研究の言う生活改善諸活動がいかなる変遷を辿ったのかを包括的に捉える。続いて，筆者が調査地としてきた旧大方町の町史を文献資料として，当時の青年団と婦人会の遂行していた特徴的な活動の痕跡を示す。こうした議論は，高知県の人々の「犬神」観変容へ働きかけた「強制力」と，戦後社会の民主化への潮流との関連を明らかにするであろう。

第2節　地方新聞から読み解く戦後高知県における「生活改善」の進展

本節では，引き続き『高知新聞』に着目し，紙面に登場した「生活改善」に関する記事を分析の対象とする。前述の通り，高知県内では，戦後の生活改善普及事業や新生活運動に関する事柄は，「生活改善」や「生活改善運動」という表現に集約される場合が多いと感じられた。分析の手法としては，「生活改

104）　後に取り上げる二つの『大方町史』など。

善普及事業」や「新生活運動」という学術的な正確性に立脚した語彙，あるいは「節約」，「女性」，「食生活」など生活改善諸活動の要領やこれらの活動の問題意識と直結する語彙に限定して議論を進めるものも考えられる。

しかし，用いる語彙を限定してしまうことで，分析の整合性を高める利点だけでなく，周辺領域となる民俗や「犬神」との関係を見落としてしまう危険性が生じる可能性もある。加えて，第5章と第6章で行った，特定の活動に注目してその変遷を追おうとする試みを本章に援用することも，犬神や民俗（特に結婚）という鍵言葉を明示し得たこれらの章とは異なり，高知県における生活改善普及事業と新生活運動の進展を有機的に組み立てた全体像が描けていない現状では難しい。これらの問題点を考慮し，本章の議論では「生活改善」を鍵言葉に据え，あえてデータの間口を広げることで，戦後の高知県を席巻した生活改善諸活動を包括的に扱うこととする。

1 『高知新聞』に登場する「生活改善」

分析に先駆け，本章の議論にあえて文献資料を用いた意義に言及する。文献資料を一次資料とすることの大きな長所として，存命中の高齢者をインフォーマントとした聞き取り調査だけでは不十分であると考えられる，「生活改善」に関連する活動に従事した人々が「当時抱いていた」意識や目的をある程度明らかにする点が挙げられる。例えば，筆者に自身の「犬神」観を語ったインフォーマントたちへ「生活改善」について聞き取りを実施して得られるのは，「現在のインフォーマントたちが過去の活動をどう考えるか」というデータであり，意識的にせよ無意識的にせよ，俯瞰的な視点から提供されたものとなる可能性がある。しかし，戦後に青年団や婦人会のメンバーとして主体的に「生活改善」に従事した時点では，その後の活動の展開も分からぬまま，日々湧き上がる喜びや苦悩あるいは挫折などの様々な感情を綯い交ぜにしつつ活動に従事したはずである。本書では，そういった今日では直接聞き取ることの難しい情報を示唆する媒体として文献資料を評価し，重要な一次資料に選定した。

先述の通り新聞は，かつての生活世界へ強い影響力を発揮した重要なメディアであるとともに，投書欄などを通じて一般社会の様々な立場の人々にも社会問題への発言を許す数少ない場であったと評価できる。後ほど公民館報や市町

表7-1 戦後の『高知新聞』における

年代	1940年代		1950年代		1960年代		1970年代	
西暦			1950	15	1960	37	1970	11
			1951	41	1961	26	1971	11
			1952	80	1962	16	1972	9
			1953	86	1963	12	1973	9
			1954	50	1964	12	1974	13
	1945	0	1955	84	1965	15	1975	12
	1946	2	1956	67	1966	13	1976	9
	1947	3	1957	65	1967	11	1977	6
	1948	4	1958	73	1968	13	1978	20
	1949	24	1959	63	1969	16	1979	12
年代別計	33		624		171		112	
合計								2217

（出所）筆者作成。

村史を扱い，地域に密着した分析にも着手するが，まずは戦後の高知県における「生活改善」を巡る活動の隆盛を大枠で捉えるため，新聞記事を資料に用いる。もっとも，新聞記事は国民や地域住民の言説を汲み上げ敷衍するだけの媒体ではなく，新聞記事がある種の言説を敷衍することで，読者に特定の意識や言説を抱かせる側面もある。その危険性を考え，本書では各記事中の執筆者や新聞社による解釈的な部分には極力触れず，フィールドで起こった出来事の記述を引用しつつ分析を行う。なお，各時期毎の記事数や内容の移行は，単純な二分法ではなくグラデーションの濃淡の移り変わりに近いと考えられるが，本章では議論の錯綜を避けるため，便宜的に10年毎の区分に従い分析を行う。

表7-1は，戦争の終結した昭和20（1945）年8月15日（水曜日）以降の『高知新聞』の記事から，「生活改善」の語が登場する記事を抜粋し，各年での総数をまとめたものである。この条件に合致する記事は今なお継続的に『高知新聞』へ掲載されているが，本書では，旧高知県立図書館で集約的な文献調査を行った平成27（2015）年4月25日（土曜日）までの記事を資料とする。

便宜的に行った10年毎の区分に従うと，この表から読み取ることのできる高知県内の「生活改善」にまつわる活動は，戦後から1950年代にかけて大きく盛り上がるも1960年代から1970年代にかけて下火になり，1980年代から1990年代の間で何らかの要因を得て活動が再燃し，その後減少しつつも現在まで継続している，といった変遷を示している。しかし本章では，記事数の

「生活改善」に関する記事数

1980年代		1990年代		2000年代		2010年代	
1980	11	1990	29	2000	28	2010	20
1981	18	1991	35	2001	24	2011	22
1982	73	1992	57	2002	27	2012	12
1983	42	1993	88	2003	16	2013	21
1984	63	1994	83	2004	25	2014	20
1985	35	1995	70	2005	29	2015	6
1986	33	1996	70	2006	24		
1987	27	1997	41	2007	28		
1988	36	1998	33	2008	20		
1989	61	1999	36	2009	14		
399		542		235		101	

多寡や増減だけに注目するのではなく，その記事の内容にまで目を向けることで，高知県の「生活改善」が辿った経過を検証する。以下の（1）から（7）までの分析は，10年を期間として各年代の記事群を捉えた際に，「生活改善」の鍵言葉から県内の生活改善諸活動にいかなる特徴や隆盛，変容がうかがえるのかをまとめたものである。

（1） 終戦（1945年8月15日）から1940年代末まで

終戦後の『高知新聞』に「生活改善」に関する記事が初めて登場するのは，年が明けて昭和21（1946）年から[105]である。中でも，高知県民の実際の生活に言及した記事の嚆矢として，8月21日（水曜日）の記事[106]に注目すべきである。この記事は，東又村[107]が「食生活改善指導村」に選ばれたことを報道するものであり，高知県の「生活改善」は第一の目的に食生活の改善を据えていたことが分かる。東又村の「生活改善」に関する記事には続報[108]があり，昭

---

105) 昭和21年3月19日付2面の記事が戦後の『高知新聞』に「生活の改善」の語を初めて登場させたものではあるが，後述8月21日の記事の方がよりこの運動の目的を明確にしていたため，本章では扱わなかった。
106) 昭和21年8月21日付2面。
107) 東又村は高知県のかつての行政区分である高岡郡西端に存在した村を指し，現在の四万十町と黒潮町の境界付近沿岸部に当たる。
108) 昭和22年3月4日付2面。

和 22（1947）年に入っても，祝宴を持ち寄りで行い節約を旨とするなど生活改善を引き続き推進しており，その活動が「各方面から大いに期待されて」いたと記録されている。

「節約」は 1940 年代の「生活改善」のキーワードであり，東又村に限らず県内の市町村で「宴会」[109]や神祭での「祝宴」[110]，「結婚簡素化」[111]が叫ばれている。また，この節約を主導したのは，県庁の職員組合や，各市町村の青年団，そして新たに立ち上げられた農村の婦人部あるいは婦人会であった。

高知県の「生活改善」における「女性」の扱いは，戦後社会における彼女たちの自立を促す方向に強く働きかけていた。戦時中までの農村婦人の生活は，衣食住における「無駄」[112]と封建的な「迷信」[113]を強く背負っており，可及的速やかにこの前時代的状況から脱却すべきであるとされている。そのため，女性たちの自発的な「目ざめ」が必要であるとする潮流が生まれ，当時その振興を期待されていた新生活運動を直接的な背景として，結婚式での食事や結婚着を市町村の女性たちで自作する，各市町村の「婦人部」の取り組みへ繋がっていく[114]。この流れの中で，高知県の女性たちは戦後の「生活改善」の初期から，生活改善普及事業が目指した衣食住の改善のうち，「衣」と「食」の改善を一手に担う重要なアクターとなった。

1940 年代の高知県内における「生活改善」をまとめると，大枠としては，衣食住の改善と迷信の打破を目指す活動——生活改善諸活動——が，他の日本

---

109) 昭和 23 年 6 月 13 日付 1 面など多数。本書でその全てを列挙することは難しいため，今後は特徴的な記事を挙げることとする。
110) 昭和 24 年 9 月 6 日付 2 面など。特に鯨飲大食を伴う豪奢な酒宴が批判されているが，こうした派手な祝宴はかつての幡多地方などに広く伝わる習俗でもあった。
111) 昭和 24 年 10 月 9 日付 3 面など。その意味するところは，祝宴を伴う豪奢な結婚式の簡素化である。同時に，第 6 章で議論した通り，当時はまだ戦時中から続く見合結婚が支配的であるなど，結婚制度自体が簡素化されたわけではない。
112) 昭和 23 年 9 月 19 日付 3 面，昭和 24 年 2 月 24 日付 1 面など。これらの記事では，農村における女性の井戸端会議をも「無駄」と断じ，日常生活全般において効率的に立ち働くよう推奨している。
113) 昭和 24 年 7 月 31 日付 4 面など。特に「迷信」を参考に住居を設計することを強く批判しており，科学的な根拠の認められる一部の例を除いては，「徹底的に排撃する」べきとされている。
114) 昭和 24 年 10 月 9 日付 3 面，昭和 24 年 11 月 19 日付 2 面など。なお，婦人部が本格的に機能し始めるのは，続く 1950 年代と見られる。

各地と同じく大いに盛り上がったと表現できる。この活動を通じて，県庁の職員組合や，それまで各コミュニティで主体的に立ち働いてきた男性で構成された青年団だけではなく，新たに地位向上を求められた「女性」たちが，「衣」と「食」の改善を引き受け主体的に自分たちの社会的地位を確立させていく能動的参加者となった。

さらに，衣食住の改善や農村女性の重労働からの解放に代表される物質面での改善を目指した生活改善普及事業と，公共道徳心の高揚や冠婚葬祭の簡素化，虚礼の廃止，迷信の追放，家族計画など意識面での改善を強く訴えた新生活運動は，フィールドで用いられる語彙のレベルでは融合させて扱われている。この点から，住民の意識においてそれらの弁別が明確になされていたとは考え難いと指摘できよう。

(2) 1950年代

1950年代は，「生活改善」に関する記事が急増する時期であった。記事の内容に目を向けると，1940年代に続き，女性が衣食の向上[115]や結婚式など各種年中行事の簡素化[116]を主導している。結婚着を市町村の女性たちで自作する試みは1940年代から行われていたが，1950年代には，青年団からそもそも結婚式の服装を平常着で行おうとする案が出されており[117]，市町村やコミュニティによっては男女協働の兆しも見え始めている。

食に関しては，蕩尽と鯨飲を伴う各種の祝宴が高知県の悪しき文化であるとして度々批判され[118]，祝宴の縮小や廃止がしきりに議論された。この状況を下敷きにして，各市町村で婦人部が結成され，安価で栄養に優れた料理を追求す

---

[115] 昭和25年1月14日付1面，昭和25年1月30日付2面など多数。これらの記事によると，伝統的なカマドから近代的な設備を整えた台所への移行に代表される物質的改善が図られるとともに，女性が男性から独立した「生活能力を身につけ」るという，価値観の根本的な改善も試みられていた。

[116] 昭和25年5月26日付2面，昭和25年12月14日付1面など多数。具体的には，盆踊りに供する提灯を死者一人あたり五つ前後から一つだけに限定する，宴会で出す酒を二人あたり銚子一本程度にするなどの試みがなされた。

[117] 昭和26年4月24日付4面。当時の高岡郡日下村沖名青年団の発案であり，この試みで年間約200万円（2017年の価値で約1,400万円）の節約が可能になると概算されている。

[118] 昭和25年12月14日付1面など。

る料理講習が女性たちに施されることとなった[119]。

また，1950年代は「住」の改善[120]に着手された時期であるとも考えられる。生活改善普及事業の目的の一つに農漁村の「衣食住の改善」があり，1940年代の「生活改善」においては，「衣」と「食」の改善が女性たちを中心に推進されてきた。一方，「住」の改善は，衣食の改善を担った女性たちではなく，農協や県など地域のコミュニティを越えた団体や権力に主導されている。この状況は，戦後の経済的回復に伴い，大規模な労働力・資金の投下を必要とする住の改善がようやく可能になったことを背景にしているとも考えられるが，現状では資料の不足が否めない。ここでは，1950年代において衣食住全ての改善が本格的にスタートしたことを指摘するに留める。

また，昭和28（1953）年初頭頃から頻繁に記事にされたテーマとして，「公民館結婚」がある。公民館結婚は，結婚着の節約（衣），祝宴の節約（食）に続く，会場の節約（住）とも表現すべき新たな形式の結婚式であり，節約を目指す新生活運動の主軸とされた「公民館」を大いに利用したものである[121]。

以上のように節約を至上とする「生活改善運動」の進展に伴って，各種行事への締め付けが強まり，特に祝宴に関しては一切の飲酒や行事の開催そのものを禁止するなどの厳しい措置が取られた。結婚式に関しても，昭和33（1958）年には高知市中央公民館での公民館結婚が1,000組目を数える[122]など，1950年代は「生活改善運動」を県内全体が情熱的に支持していた時期だと表現できよう。婦人部に代表される女性中心のコミュニティの形成や，女性と男性の協働の動きは，この1950年代で終わるのではなく，後の時代にも維持されてい

---

119) 昭和26年3月13日付4面，昭和26年7月11日付4面など多数。料理の献立には「牛の肝臓のテキ」や「チキンライス」などが挙げられており，これらは安価で美味かつ栄養的な料理を目指したものだという。また，長岡郡介良村介良野集落の「婦人部」は「男女同権，同資格」の目的から，男性と共同で農事研究会へ参加したという。

120) 昭和25年1月18日付1面，昭和25年2月17日付2面など多数。これらの記事からは，屋根や風呂場もなく客観的に不便な住居の改善と，先にも挙げた迷信に基づいた住居設計の排除という，二つの大きな流れを読み取ることができる。

121) 昭和28年1月30日付3面など多数。一例を挙げると，高知市中央公民館における「公民館式簡素結婚」に要する諸経費は，合わせて3,000円（2017年の価値で約18,000円）前後であったという。

122) 昭和33年10月26日付5面。なお，1,000組目の結婚式が執り行われたのは前日の10月25日である。

く。また，大多数の声でかき消されがちではあるが，祝宴を楽しみにする人々も確かに存在しており，この時期の急進的な「生活改善」に不満を抱き，時には異を唱える場合があった[123]ことも見落としてはならないだろう。

(3) 1960年代

1960年代は，新聞記事の数が急減した時期である。記事の絶対数だけで比較すると，1950年代の3分の1未満にまで落ち込んでいる。ここでは，記事数の多寡を議論する前に，記事の内容へ目を向ける。

この年代でも，1950年代から引き続き「生活改善」の動きが県内を広く席巻しているが，その対象はこれまでよりも狭い範囲に向けられている。具体的には，「衣食住」全般の改善を目指していた「生活改善」の焦点が，「食」に一本化されつつあると表現できる。こうした「食の生活改善」あるいは「食生活改善」とも表現すべき活動を中心的に担ったのもまた，女性たちである[124]。食生活改善でも，各市町村の女性が個人で何かを成し遂げるのではなく，集落単位で協働して「生活改善」を成し遂げようとする試みが行われている点では，1950年代以前の生活改善諸活動，特に新生活運動の問題意識を色濃く引き継いでいると言えよう。また，基本的には市町村単位での「生活改善」を目指しながらも，目的に応じて県内外の市町村と協力体制を築いており，活動が盤石なものとなっている[125]。

これらを考慮すると，記事数の減少がそのまま生活世界における活動の減少には繋がらない可能性を検証する必要性が指摘できよう。1960年代の「生活改善」は，報道する新聞記事の数自体は減少しているものの，記事の内容が伝える「生活改善」のための諸活動は，県外にまで範囲を広げた大規模なものへ

---

123) 昭和29年9月28日付3面。青年団や婦人会など若い世代が「生活改善」に伴う無駄の排除や祝宴の簡素化を推し進める一方，神祭の簡素化で収入が減った神職や「祭りこそ地方民のレクリエーション」とする古老から不満の声が漏れた。

124) 昭和35年2月7日付8面，昭和35年4月24日付8面など多数。例えば高岡郡中土佐町久礼大野の「すみれ会」は，女性8名が「捨て石のつもりで試みた」共同炊事が成功し，集落を挙げた「生活改善グループ」形成に貢献したという。

125) 昭和36年10月13日付8面，昭和40年1月21日付4面など。高知県知事を交えた各市町村代表による県全域規模での会談や，千葉県銚子市への代表グループ派遣などが実施された。

と発展している。つまり，対象の実情と見かけ上の記事数の関係には奇妙な対照関係が見出されるのである。

　この対照性に少しばかり考察を加えるため，新聞のメディアとしての特性を踏まえる。基本的に新聞記事が伝えようとするものは，各種続報も含めた対象の「新たな情報」である。「生活改善」に関しても，1960年代以前から各市町村で衣食住の改善が始まっていたと考えられる。しかし，新聞という媒体上で，県内の各市町村で引き続き「生活改善」の試みが行われているという，新たな情報の含まれない発信を持続的に行う場合は稀であろう。紙面に記事が登場する理由は各市町村での「生活改善」に何らかの変化が見られたからであり，そのことが1960年代における記事数の大幅な減少に影響している。つまり，記事の絶対数は大きく減少したものの，1960年代の高知県内における「生活改善」への試みは，順調な進展を見せ，継続的に推し進められていたと結論付けられるのである。

(4)　1970年代

　1970年代に入ると，記事の絶対数はさらに減少するものの，登場する記事の内容はこれまでのものとは違った趣を見せる。その一例が，1960年代後半から記事に登場していた[126]「生活改善センター」の爆発的な増加である。生活改善センターとは，貧しい農漁村の人々に最低限の文化的生活を保障するため，農林水産省の補助によって1970年代から1980年代にかけて日本各地に設置された施設である。高知県においては，1970年代に入ってから，生活改善センターの設置が本格的に計画され[127]，1970年代末までその動きは続く[128]。

---

[126]　昭和44年7月31日付12面など。

[127]　昭和45年7月3日付10面，昭和46年1月20日付8面など。生活改善センターの例を挙げると，長岡郡大豊村天坪地区戸手野集落のものは「鉄筋二階建て（延べ二百八平方メートル）」で，一階に調理室や小会議室，二階には研修室と和室を設けるという。同様に，幡多郡十和村戸川集落の生活改善センターは，「木造平屋建て百十六平方メートル」で，調理実習室，図書室，会議室，和室などがあるという。両者とも，各種の集会や研修に利用し，「生活改善」を推し進める拠点とされた。

[128]　昭和54年6月20日付13面など。紙面に挙げられた長岡郡大豊町立川集落にも生活改善センターが建設されたが，調理室や会議室，研究室を備えるという基本的な設計は変わっていない。

これまで「生活改善」にまつわる試みで主役を担ってきた女性たちも引き続き新聞記事に登場するが，彼女たちの活動は「食生活の改善」に一本化された[129]ことを読み取ることもできる。上述の生活改善センターも，食水準の向上を目指し，調理場を主体に組み立てられた施設である場合が多く，生活改善普及事業や新生活運動を下敷きとして，「衣食住の改善」，「無駄の排除」，「迷信打破」，「女性や青少年の地位向上」を目的に推進されてきた高知県の「生活改善」は，1970年代には「女性主導の食生活の改善」へ移行していったと考えるべきであろう。ただし，これは言葉の意味の変容であり，終戦後から続く「生活改善」のうねりは，次第に細くなりその主戦場を変えながらも，連綿と受け継がれている。その証左として，無駄の排除を目指す動きは1970年代にも続いており，冠婚葬祭での簡素化を推進する人々と，ハレの日における楽しみまで奪おうとすることに反対する人々の間で議論が続けられていた[130]。

(5) 1980年代

1980年代には『高知新聞』の「生活改善」に関する記事が急増する。加えて，その内容に焦点を合わせてみると，この10年間で「生活改善」に対する県民の取り組みは大きく変わったことが分かる。1980年代に入ってからは，農村女性を中心とした食生活の改善が続けられるものの，市町村における特産品や郷土料理を価値付ける新たな動きが活発になる[131]。言葉の変化には『高知新聞』も早くから言及しており，昭和55（1980）年10月3日（金曜日）の記事において，「食生活改善運動」という言葉が，戦後しばらく経って始まった当時は「ばっかり・どっさり」といった無駄の多い土佐料理を追放し合理化を

---

129) 昭和45年5月19日付9面，昭和47年6月24日付11面など多数。この時期には季節を問わない健康的な食生活の実現のため，発酵食品や冷凍食品などの「保存食づくり」に着手した模様である。
130) 昭和51年9月9日付13面など。窪川町で行われた住民アンケート結果を例にすると，生活全般の簡素化が推し進められる潮流の中で，一部の住民が「ハレの日」の楽しみまで奪われてしまうことに不満を抱いていたことが読み取られる。
131) 昭和55年3月3日付12面など。先に挙げた長岡郡大豊町立川集落では，昭和54（1979）年6月に完成していた生活改善センターで，「あり合わせの物で何かやってみよう」という話がまとまり，各家庭から持ち寄った民具，古文書，置物，盆栽，生花など約100点を展示する「なんでも展示会」が開催された。

図るものであったことに対して、今日では「過食」によって栄養バランスを損ないがちな食生活の改善を指す言葉に変わったと指摘している[132]。

この記事へさらに付け加えるならば、新たに価値付けられた各地の特産品や郷土料理が、「商品」として外部に売られるようになった[133]点も重要な変化とみなせるだろう。これまでの高知県における「食生活の改善」は、豪奢で無駄の多い土佐料理を合理的で無駄を省いたものへと変えようとする取り組みであり、いわばマイナスをゼロへ戻そうとする活動であった。しかし、1980年代からの「食生活の改善」は、これまで価値を見出されてこなかった地場産品や郷土料理に価値を付与する（もしくは、現状を越えてさらなる価値付けを行う）という、ゼロをプラスにしようとする試みである。これに加え、劣悪な状況の改善を目指し、生産と消費に関して各コミュニティ内で完結していた食生活の改善[134]が、価値あるものを発信する動きに転換したことによって、生産した「商品」を外部の人々に消費させる開かれた経済活動へ繋がっていく。このことが、1980年代の「生活改善」における最大の変化であろう。

また、新たな問題として「子どもの食事」が頻繁に登場するようになる。日本全体の経済水準の向上と、塩分や砂糖などの添加物を多く含むジャンクフードの普及を背景にして、高知県でも子どもの偏食が問題になったという[135]。1980年代の「食生活改善」では、これまで各市町村の婦人部だけで行っていた料理大会に子どもや父親を参加させて薄味の料理を教えようとする[136]など、

---

132) 昭和55年10月3日付1面。「小社会」では、この言葉の変化の背景に、「窮乏型の食生活改善から、選択重視の改善が目的になってきた」ことがあるとした上で、食料事情が変わってもなお、親から子へ受け継がれる「家庭料理」こそ家族の健康と心の安らぎを提供するものであるとしている。

133) 昭和56年2月20日付12面、昭和56年5月24日付14面など多数。室戸市や日高村の「生活改善グループ連絡協議会」のメンバーが中心となって、地元の特産品の即売会を開くなど、地場産品を集落外へ売り込むとともに、集落外の情報を即売会や研修での交流を通じて積極的に吸収していた。

134) 市町村の垣根を越えて食生活の改善方法を話し合う試みはすでに行われていたが、その後の改善結果の社会還元は各市町村で閉じており、1980年代の変容とは異なる。

135) 昭和59年6月7日付18面、昭和59年6月8日付2面など。献立がインスタント食品中心に偏ってしまう、家族一緒に食事ができない、朝食を食べない、子どもの好き嫌いが激しいなど、現在の食生活にも通じる諸問題がこの時期に表面化したと見られる。

136) 昭和60年8月9日付20面、昭和61年9月28日付17面など。なお、昭和61 (1986) 年の高岡郡葉山村の例によると、男性（父親）の料理教室への参加はまだ少なかったようである。

コミュニティ全体の食生活の水準向上とはやや趣の異なる，個人や家庭における問題の改善に着手する。

さらに，1980年代は，新生活運動を直接の下敷きとする「生活改善」が「記憶」となり始めた時期でもある。昭和57（1982）年4月6日（火曜日）から12月28日（火曜日）までの毎週火曜日に全39回連載された記事群は，県内の生活改善普及員が自分の従事した新生活運動を振り返るものであり，この時点で実生活の問題と直結していた当初の「生活改善」は過去のものになっていたと捉えられる[137]。当然これは先に挙げた新生活運動協会の名称変更と軌を一にしており，高知県内でも1980年代には戦後以来の新生活運動は下火になっていたことがうかがえる。

(6) 1990年代

1990年代には記事数がさらに増加するが，その内容もこれまでとは少し異なっている。大枠で捉えると，新生活運動と直接的な関連を見出すことのできる「生活改善」にまつわる記事はもはや見られなくなり，1980年代から続く食の改善と商品化に関連する記事が大部分を占める。中でも大きな変化として，皿鉢料理[138]などの贅沢で「ばっかり・どっさり」とした料理に対する拒絶や排除の意識は大幅に薄れた[139]と考えられる。また，ビアガーデンのメニューに酒の肴として各市町村のふるさと産品を用いるなど，伝統と新たな生活習慣の持続可能な関係構築を模索していることも分かる[140]。

---

[137] 昭和57年4月6日付12面から昭和57年12月28日付12面まで，全39回。昭和54（1979）年に生活改良普及員となり，昭和56（1981）年4月から幡多郡十和村で働く女性の「生活改善」に関する体験談を振り返る内容である。なお，この女性は旧春野町（現在は高知市の一部）出身であり，幡多郡の出身者ではない。

[138] 「さわちりょうり」。大きな鉢型の皿に様々な料理を盛る高知県の郷土料理。皿鉢に用いる料理に厳しい制約はなく，伊勢海老や昆布巻きなどの伝統的な料理だけではなく，唐揚げやエビチリなど和洋中問わず比較的新しいメニューも混在する場合が多い。主に冠婚葬祭の場で，大人数によって消費される。

[139] 平成2年2月4日付18面など。平成2（1990）年に高知市で開催された「南国土佐皿鉢まつり」では，生活改善グループも豪奢な皿鉢を出品している。

[140] 平成2年5月12日付21面。この記事では，県内各市町村の生活改善グループなどが作った「一・五次産品」を高知市内のビアガーデンのメニューに加え，県内外の人々にアピールすることを試みたという。メニューには，高知県の近海で水揚げされる「沖ニロギ」のサラダなどがある。

食生活の改善も，すでに存在する郷土料理の価値付けと並行して，地域由来の「新たな食材や郷土料理」の創作が本格化[141]し，県中央の高知市や東端の室戸市を会場として頻繁に展示や発表会が開催されている[142]。1990年代の食生活の改善に対する意識の特徴は，伝統料理を作る際にもオリジナルの材料や製法に拘らず，日本各地で意識されていたヘルシー志向に合致するよう最適解を探し，時には改変をも許した点にある。

また，これまでは大部分が女性を対象に行われてきた，「生活改善」の流れを汲む料理教室も，男性を対象に加え始める[143]。これは，「生活改善」に関する活動が，各市町村の生活水準向上という喫緊の問題を離れ，生涯学習に近しいものへ変化したことを示唆しているのではなかろうか。

(7) 2000年代から現在まで

2000年代から今日までの動きを端的に表現すると，これまで追ってきた「生活改善」の動き，特に1980年代以降の動きが，二十一世紀に入ってからの流行や世相と結び付きながら受け継がれてきたと言える。地場産品や郷土料理を県内外に広く発信しつつ，子どもの偏食や体力低下を防ごうとする試みが，女性を中心に行われてきた。同時に，地産地消[144]やメタボ[145]といったその時々に流行した言葉と結び付き，高知県の「生活改善」は，食の改善の形で今

---

141) 平成7年5月1日付18面に登場する十和村の「くびっ茸」，平成8年6月20日付24面などに登場する大方町の「くじらっきょ」が代表的事例である。

142) 平成4年2月27日付25面，平成5年1月13日付20面など多数。特に室戸市は，安芸郡や東洋町，土佐山田町などを含めた県東部で食生活改善に関する試みを開催する際には，活動拠点とされていたことがうかがえる。

143) 平成9年2月20日付25面など。昭和61 (1986) 年の高岡郡葉山村の例は，夫婦共同で子どもの健康増進を目指した料理教室であったが，平成9 (1997) 年の高知市の例は，参加した男性本人の健康的な食生活構築を目的とする「ヘルシークッキング」であり，食生活改善のターゲットも変化している。

144) 平成19年3月12日付20面。外部に特産品として売り出すだけではなく，地域や集落内部での消費に再度目を向ける傾向が見出される。もっとも，かつての「生活改善」が地場産品で何とか最低限の文化的生活を営もうとする活動であったことに対して，この記事における「地産地消」は付加価値を有する地場産品を地元でも消費するための試みであり，かつての「生活改善」へ遡行したわけではない。

145) 平成20年9月30日付26面。この記事では，南国市岡豊町で，食生活改善推進員がメタボリック症候群を予防するため，低塩・低カロリーの食事と適度な運動の継続的な実施を呼びかけたとされている。

日まで続けられている。

　このことから，2000年代の「生活改善」はこれまでの動きを受け継いだものであると表現できよう。そして今後も，時代の色を反映しながらこの活動は続いていくと推測される。

2　小　　括

　以上の歴史的経緯を踏まえ，終戦からの約70年間における高知県内の「生活改善」の動向を歴史的に描出する。

　終戦から1950年代にかけて，生活改善普及事業と新生活運動を下敷きとする「生活改善」は，高知県内の農漁村で広く受け入れられ，節約を旨として，県内の祭礼や冠婚葬祭，年中行事，風俗を厳しく締め付ける活動となった。この活動で重要な役割を担ったのは農漁村の女性たちであり，衣食の改善を通して実利的な技術・知識を得るとともに，社会的な地位や教養を身に付けるに至った。また，こうした強硬な節約至上主義は，各地の住民たちの一部に不満を抱かせてもいた。

　このような動きは1980年代頃まで続き，その後の県内における「生活改善」は，郷土食・地場産品の価値付けへ移行していく。そして，この移行は単純な対象の変化に留まらない。これまでの「生活改善」が村落生活の衣食住を人間としてあるべき水準に引き上げようとする，いわばマイナスからゼロへ到達させようとする活動であったことに対して，1980年代以降の「生活改善」は，郷土食・地場産品といったすでにゼロ以上の価値を認められたものをよりプラスにしようとする活動へ移行しており，目的意識そのものが変化していると指摘できる。この移行に伴って，豪奢な料理への嫌悪感も薄れ，近代的な生活と伝統料理の間で均衡のとれた関係性が構築される。戦前までの高知県の「生活」が冠婚葬祭での蕩尽などの極端な消費を伴うものであったことに鑑みると，戦後から1980年代頃までの「生活改善」は，徹底的な節約を推奨し，それまでとは対極の「生活」を県民に課したとも表現できよう。そして，最初は大きく揺らいでいた天秤が時の経過とともに釣り合いの位置に収まるように，1980年代頃からの「生活改善」が目指す生活は，無駄を排除しつつも冠婚葬祭などにおける祝宴程度は許容する，安定的なモデルを想定する段階に至った

と指摘できる。

　本節での議論は，地方新聞における記事数の増減や多寡に過度に注目することなく，その内容分析から歴史的経過を追う試みである。この試みを通して，高知県の「生活改善」に関する取り組みは，表面的には記事数の増減が見られるものの，実質的には戦後から今日まで安定的に受け継がれてきたことを明らかにできた。

第3節　大方町の青年団と婦人会の活動――「差別」への取り組みから

　以上，高知県全体の「生活改善」に関する活動の全体像を踏まえ，本書の主題である「犬神」観の変容との関係を，筆者がフィールドワークを行ってきた旧大方町域の事例から探る。本節における議論は，「高知県」よりさらに地域を限定した「大方町」での「生活改善」の動向を追うことで，戦後の民主化への潮流が各地域でいかなる特徴的な動向を示していたのかを導出するであろう。

1　戦後の高知県における「差別」への取り組みについて

　今日の高知県幡多地方における「犬神」観は，犬神ではない人々の間でその情報の絶対量や内容に様々な偏差を見せつつも，多くのインフォーマントたちに部落問題と関連させて語られるという不可解な共通点を見せていた。この共通点に対して，第4章では，部落差別と犬神筋への差別という本来異なる差別[146]を，「差別であること」を共通項として接近させて意識させる動きがあったのではないかと指摘した。また，大方町を含む幡多地方一帯は，戦後の新聞記事の言葉を借りれば「前近代的」な民俗が数多く残された地域であり，民主化を求めた人々によって因習打破が叫ばれ，多くの民俗に圧力が加えられた地域でもある。第6章の議論を振り返ると，幡多地方は「嫁かつぎ」が多く実行された地域でもあり，この民俗を桂井和雄ら多くの民俗学者たちが好意的に紹介し，戦後急速に普及した若者たちの恋愛結婚を後押しするユニークな活動がなされてもいた。

---

146)　桂井和雄による『土佐の民俗と人権問題』によると，戦後の時点では「部落差別」と「犬神統への差別」が明確に区別されていたことが分かる〔桂井 1953〕。

文献資料にも目を向けると，第4章で議論したように，公民館報・広報を通じて部落差別への批判が度々展開されてもきた。さらに，第4部で詳しく紹介するが，同じ公民館報を通して度々「犬神」への差別が批判的に紹介され，一条公やツルメソなどのローカルな要因と絡めた起源論が展開されてもきた。また，昭和38（1963）年版と平成6（1994）年版の二種類が存在する『大方町史』にも「犬神」にまつわる記事が存在し，昭和38年版の時点では大方町における恥ずべき迷信として槍玉に挙げられ早急な解決を求められた犬神が，平成6年版では石塚や速水，吉田らの研究の紹介を通じて，「憑きもの筋」という全国的な問題の一事例に落とし込まれるという注目すべき動きも見られた。

以上のように，大方町は「犬神」や因習の打破に対して，その活動の意図や方向性にバリエーションは見られるものの，積極的に取り組んできた地域であるとまとめられる。

2　大方町の青年団と婦人会

ここで，前節における議論を振り返る。高知県の「生活改善」で主役を担ってきたのは女性たちであったが，同時に，終戦直後から各地の青年団も重要な役割を果たしてきた。戦後からの動きを歴史的に眺めると，高知県内の「生活改善」の進展は，終戦時にはすでに社会的地位と役割を築いていた男性たちによるコミュニティ運営に，新たに教養や地位（そして後年には自立的経済力）を備えた女性たちが参画してきたとものと目される。中でも，戦後結成された青年団と婦人会の協働や対立は，各地の「生活改善」の進展を解き明かす重要な鍵になると期待される。

大方町においては，青年団と婦人会がほぼ同時期に結成され，地域の民主化を推し進める主体として著しい活動を見せた〔大方町史改定編纂委員会編 1994：605-614〕。両団体は昭和50年頃まで精力的に活動したが，中でも昭和20年代の重要な働きとして，両団体の新生活運動に伴う「迷信打破」への取り組みに注目する〔大方町史改定編纂委員会編 1994：605-606, 611-612〕。新生活運動に対しては，昭和28（1953）年の活動において，青年団が婦人会との協働を呼びかけたものの，婦人会との連携がうまく図れず，失敗に終わったという。婦人会がその後順調に経済力を身に付け昭和40年代まで新生活運動

に従事していることを考えると，大方町における新生活運動の推進主体は婦人会側であったと考えられる。しかし，青年団も迷信打破に取り組んでおり，同じく昭和28年，同和教育へ着手している。特に，田野浦青年団は，昭和28年に地元の問題である犬神統への差別を取り上げ，迷信打破のための部落総会を開いて大衆討議を敢行している〔大方町史改定編纂委員会編 1994：605〕。この点から，大方町における青年団の活動は，婦人会との協働には失敗したものの，「生活改善」の一環として，同和問題の解消と犬神統にまつわる迷信打破の二つの問題を一括りにした上で，両社会問題の解決に向かって主体的に活動するという，大変興味深いアプローチを行っていた[147]と考えられよう。

以上，文献資料による数少ない証左ではあるものの，戦後の大方町における迷信打破への取り組みの一端が明らかになった。大方町では，戦後の民主化を目指して青年団と婦人会が相次いで結成されるものの，両者の協働は失敗に終わり，新生活運動——前節で扱った「生活改善」——に対する試みは女性の側が主導した。しかし，青年団も独自に同和教育や犬神統に関する大衆討議を行い，精力的な活動を行ってきた。特に犬神統問題に対する田野浦青年団の取り組みは，第4章で仮説を立てた，差別を共通項として異なる社会問題を同じ括りの中で取り扱う試みが，大方町において実際に行われたことを示す重要な資料である。田野浦青年団の試みが広く幡多地方全体に波及したとは結論付けられないものの，少なくとも大方町の一部の地域において，実際に「犬神」と同和問題を同一に扱う活動が実行されてきたことは，本節における大きな知見である。

もっとも，差別問題への試みが行われたことと，その試みが生活世界にいかなる影響を及ぼしたかについては，また別の次元の問題であり，こうした試みが存在することを以て今日の「犬神」観の変容を十全に説明できるわけではない。この課題については，続く第4部で議論を行う。また，『大方町史』の記述は，戦後の大方町において，「迷信打破」を掲げ差別を批判する活動に多く

---

[147] 田野浦青年団が犬神統への差別と部落差別を同一視していたかについては，本資料だけを論拠に断言することはできない。しかし，筆者がフィールドとする旧大方町域の青年団が，戦後期に二つの社会問題を「生活改善」に由来する活動の中で一括して批判したと考えることは可能であり，本書の主題に関わる重要な資料であると位置付けられよう。

の若い男女が従事してきたことを示している。彼ら・彼女らがこうした活動へ主体的に携わることで，戦後に青年期を過ごした若者たちの間に，「犬神」や部落差別などの差別的な言説を否定する精神的土壌が形成された可能性も想定できよう。

第4節　戦後の高知県における「生活改善」と「犬神」観への影響

　以上，第3節までの議論をまとめ，本章の結びとする。第6章では，戦後の高知県において迷信打破を叫ぶ動きが高まり，特に結婚に関しては，見合い結婚から恋愛結婚への結婚観の移行が見られたとした。この移行に対し，高知県の民俗学者たちは，近代以前の習俗「嫁かつぎ」を用いて恋愛結婚を後押しした。さらに，時代が下って高度経済成長期に入ると，核家族による自立した経済や自由な転入・転出が浸透し，これまで村内中心の比較的狭い通婚圏の中で差別に晒されてきた女性たちの解放を招き，「犬神」に関する言説が弱められたとの考察を提出した。

　この考察には女性たちの自発的な働きに対する検証が不足していると反省されるものの，本章における議論によって，かつて女性たちを苦しめた「犬神」やその他の因習を排除しようとする運動においては，男性だけではなく女性も重要な地位を占めてきたことが明らかになった。さらに，1980年代以降，女性たちはより自立の趣を強めており，戦前のように抑圧された地位へ押し戻されることはもはや有り得ないだろう。この想定に立脚すると，今後の日本社会において，集落内で知識を共有するかつての犬神言説が再燃する可能性は低い。今後の「犬神」観は，個人に沈滞した知識としての側面を強めると予想される。このため，今後犬神や狐持ちといった知識が社会に何らかの力を及ぼし再燃するには，外的なメディアを用いる必要があり，すでに指摘した「文学作品に登場する犬神」などの，直接的なコミュニケーションを介さず生産される，突発的な知識としての憑きもの筋に着目する必要性が見出される。

　本章では，戦後の高知県における生活改善諸活動を，あえてフィールドで多用される語彙「生活改善」に着目して歴史的に追うことで，その全体像を描くことを目指した。「新生活運動」などの正確な語彙による歴史学・政治学的ア

プローチも行い，今後その客観性を高める必要があるとはいえ，本章における議論によって，初めて戦後高知県の生活改善諸活動を包括的に扱うことに成功し得たと考えられる。本章の議論を通じて，敗戦から今日までの間に引き起こされた「犬神」観の変容に関して，高知県の「生活改善」が担ったと見られる役割が明らかになった。この知見によって，これまで直接的な関連項目の検討から平面的に描写してきた「犬神」観変容の「歴史」を，立体的に議論し得る段階に達したと言えよう。

第3部全体のまとめ

　第3部の議論をまとめると，戦後からの約70年間で高知県内の人々が抱く「犬神」観に働いた「強制力」は，以下の通りとなる。

　まず，戦後から昭和30年代にかけて，民俗学者たちの主導で「憑きもの筋研究」が活発に行われ，それらの進展に伴って憑きもの筋の不当性が明示される。これは地方新聞などのメディアを通じて生活世界へ積極的に還元されるが，生活者の学術研究に対する反応は様々であり，端的に表現すれば，受容・拒絶・依拠の三形態が見られる。これらの形態を詳述すると，受容とは学術研究の成果をそのまま受け入れるもの，拒絶とは学術研究に対して真っ向から異を唱え自らの「犬神」観を固守するもの，依拠とは学術研究を参考にそこへ自身の解釈を織り込むものである。依拠については，学術研究の成果を踏まえつつも自身の解釈を優先する場合（反発）や，意図的に学術研究の成果を再解釈する場合（改変）が含まれると言えよう。これら三者は互いに背反しつつも，鼎立している。それぞれの形態は異なるものに違いないのだが，どの形態に属するにせよ，学術研究を完全に無視した上で表明される「犬神」観は少ない。

　この点に注目すると，学術研究は，それを受け入れるにせよ受け入れないにせよ，生活世界の人々から「言及すべきもの」として扱われてきたと言えよう。『高知新聞』と『毎日新聞高知地方版』を例に考えると，近年はフィクションや研究者の紹介が増え実生活上の問題とは離れつつあるものの，県内で「犬神」に関する情報発信は継続的に行われており，そうした情報発信が新たに人々の関心を刺激する例もあった。ゆえに，今後も続けられるであろう「言及すべき」学術研究の情報発信そのものが，高知県内で人々の「犬神」観へ働きかけ続けると予想される。

　こうした学術研究の動きと並行して，ほぼ同時期に生活改善諸活動が高知県にも導入され，「生活改善」として多くの若者を巻き込んだ合理化・迷信打破の潮流が生まれる。この流れの中で，見合結婚から恋愛結婚への結婚観の変化も生じることとなり，結婚が家同士から当人同士の問題に近付いていく。また，

大方町の一部の地域では，同和問題と犬神統への差別を一括して批判しており，両者が生活者の意識の上で混ぜ合わされる契機となり得た。

　これら多くの主体による活動群を分析すると，厳密にはそれらの目指す方向は異なっていたと考えられよう。まず，民俗学者たちによる「憑きもの筋研究」は，日本国内の憑きもの筋を包括的に批判するものである。一方，地方新聞の犬神に関する記事群は，対象を日本各地の憑きもの筋に広げるのではなく，明確に「高知県内の犬神」を批判する目的を持って執筆されている。加えて，戦後県内で高まった生活の近代化の機運は，旧来の民俗全体に対する批判であり，憑きもの筋や犬神に焦点を絞ったものではない。結婚観の変化についても，家筋や出身地にまつわる差別の解消を一つの目標としている点で犬神の問題と繋がっているものの，最大の目的は男女の自由恋愛に基づいた結婚を後押しすることであった。

　つまり，戦後の「犬神」観に働いた「強制力」とは，「憑きもの筋に関する問題の解消」，「高知県の犬神に対する差別の批判」，「全国的な近代化・生活の簡素化の推進」，「自由意志に基づく結婚の浸透」など，多くの方向性を秘めたベクトルの複合体であると捉えるべきである。こうした多くの「強制力」から長年批判されることで，高知県内の「犬神」観は，第2部に挙げた特異な変容を遂げるに至ったと結論付けられる。

第 4 部

▼

学術研究と生活世界の生み出す相互作用

第 8 章
学術研究と生活世界の生み出す相互作用

　第 3 部までの議論では，戦後高知県の「犬神」観に働きかけてきた様々な「強制力」を明らかにしたが，生活世界の人々がそれらをどのように受け取ったかの検証が不足していたと言えよう。そこで本章では，戦後日本における「憑きもの筋研究」を，その「公共性」や「戦略」に注目して再考察するとともに，高知県幡多地方の郷土史家や地域住民ら生活者の「戦略」と声，そしてそれらが今日まで引き起こしてきた相互作用を明らかにする。

　第 1 部での議論を振り返ると，先行研究において，「憑きもの筋」は「憑きもの」の一種であるとされてきた。「憑きもの筋」の最大の特徴は，一般の家筋の者が周囲の者から一方的に「されてしまう」点にあり，憑きもの筋とされた人々は，憑きもの筋が伝播することを理由に，結婚差別や人付き合いの忌避などの重大な社会問題に晒されてきた。このため，憑きもの筋を対象とした学術研究は，その成果が即座に生活世界へ還元されることが求められるという，人文科学としては稀有な特徴を有していたと指摘できる。

　憑きもの筋に対しては，近世から明治，大正，昭和，平成にかけて，精神医学や歴史学，民俗学，文化人類学が研究を続けてきた。特に，憑きもの筋にまつわる差別問題が再燃した戦後期以降の重要な研究として，石塚尊俊，速水保孝，吉田禎吾，小松和彦ら 4 人の仕事がある。さらに，第 3 部の議論を振り返ると，戦後の民俗学や文化人類学による憑きもの筋研究は，生活世界の人々から注目されてきたとも指摘できよう。『高知新聞』と『毎日新聞高知地方版』の記事や，後述の『大方町史』における犬神に関する記述を考え合わせると，石塚ら 4 人の仕事は生活世界の人々から積極的に引用されていると考えられ

る。人々が用いる引用の形態は受容・拒絶・依拠と様々であり，人々は4人の研究を無条件に受容するのではなく，重要な資料として「言及して」いる。

しかし，両者の関係とそこに発生した相互作用は，憑きもの筋が喫緊の社会問題であった戦後当時における検証は困難であった。憑きもの筋言説が減少しつつあり，過去から現在へ憑きもの筋の「歴史」が描き得る段階に至った今日において，初めてこの問題の分析が可能となったとも表現できよう。本章での議論は「憑きもの筋研究」の社会還元の成果――公共性――を検証する意義を有し，学術研究，生活世界の双方から長らく希求されてきた試みであると期待される。

本章では学術研究と生活世界の生み出す相互作用や，新たな「犬神」観，新たな「憑きもの筋」観が発生する例を示し，マス・メディアよる情報伝達の進んだ現代社会と，今後の憑きもの筋研究の関係性を明らかにする。これまでの議論を通じて，今日の高知県における「犬神」観が特徴的な変容を遂げていること，その要因として新聞記事や公民館報，広報を媒介とする，学術研究から生活世界への成果還元が挙げられることを示した。しかし，現状の知見では高知県における「犬神」観の特殊性を指摘するに留まっている。そこで本章では，これまでの知見を踏まえつつ，戦後の民俗学者や生活者が用いた「公共性」への「戦略」を分析する。この試みは，現代社会において今まさに起こりつつあるものをも含めた，生活世界と学術研究の両者の言説の間に発生する相互作用を探り出すであろう。

第*1*節　生活者の声――「本」から知った犬神について

第2部で取り上げた黒潮町沿岸部のε集落において，周囲の人々と比べるときわめて詳細に「犬神」を知るQ氏という女性がいる。本章ではまず，彼女の語りを再度検証する。

【事例17】Q氏（昭和3年生，調査当時84歳，女性）の話
　　（犬神筋とは）「この家は犬神筋だ，あの家は犬神筋だ」という使い方をする言葉である。

（犬神筋の発祥は）ある一軒の農家が稲を作っていると，必ず猪に食われ頭を悩ませていた。通りがかった人の勧めでお坊さんに見てもらうと，お坊さんは犬の絵を描き，それを田んぼに置いておくように言われたが，同時にお坊さんから，その絵を絶対に家に持ち帰るなと忠告された。言われた通りに犬の絵を田んぼに置いておくと，稲は猪に襲われず無事だった。その家の人は来年もその犬の絵を使いたいと思ったが，田んぼに置いておくと朽ちてしまうのが明らかなので，お坊さんの忠告を無視して家に持ち帰った。そこから犬神が家の人の子孫にまでに広まったのだという。（私はこの起源伝承を）本で読んだ。

　（犬神筋は）幡多郡には現在でも沢山いる。口に出してはいけない言葉である。婚姻は（犬神筋の家，犬神筋でない家）同士でする。私の家は犬神持ちではない。（犬神筋の男の家へ，犬神筋でない女が）嫁ぐ場合は，「（嫁を）担いできた」と言われた。犬神がついてきたわけではない。今でも犬神筋の家系はあるが，若い人は知らない。知っているのは大正生まれくらいまでだと思う。（犬神のことを）今更調べなくてもいいのではないか。それに，（犬神筋と犬神筋でないなどと）どうしてそんなことを分けたのだろう。

　昔はナカウド（仲人）さんが足繁く通って男女を結婚させ，離婚したくても泣いてでも我慢したが，今はある程度簡単に離婚できる。（さらに）本人同士が仲良くならないと結婚しないので，犬神筋による制約が弱まるのではないか。

　犬神筋が結婚しにくかったのは事実だが，それは昭和3（1928）年生まれの私の（結婚する）頃でも稀だった。現在結婚には，嫁の気立てや男の甲斐性が重要。犬神の家へ嫁に行くと，その一族も犬神になると思うが，詳しくは知らない。60代の娘や30代の孫は，犬神のことなど夢にも知らない。「あんた（筆者）はえらい古臭いことを調べるなあ」と内心驚いた。（犬神は）とうの昔に廃ったこと。犬神のことはε集落に来てから聞いたが，ある程度年を取ってからでないと聞かない話でもある。

　Q氏の語りは，他のインフォーマントたちとは対照的に，彼女が犬神に関して体系立った詳細な知識を有していることを示している。このQ氏の語り

から，現代社会における「犬神」観の生成過程について，二つの知見を導き出す。

第一に，彼女は犬神について，少なくとも起源論に関する知識を「本」から得ている。すでに指摘したように，近年憑きもの筋に関する言説は後景化しつつある。幡多地方で今なお「犬神」についての知識を有する人々も，かつての犬神言説が備えていた，動物霊による因果関係の説明や不可視の犬神の存在を周囲に顕示するトランス状態への言及をやめ，同和問題などの本来無関係であったはずの社会問題と接近させるよう，自身の抱く「犬神」観を「変容」させている。第3部では，高知県内で，集団あるいは個人間のコミュニケーションに制約されない外部要因から，「犬神」にまつわる知識が伝達されてきた可能性を指摘した。これに対して，Q氏の語る犬神の起源伝承は，雑誌『郷土研究』1巻2号で紹介された起源論と酷似している〔愛媛県小松町青年会1913：48-49〕。この起源論は倉光や石塚らから度々詳細に引用されており，生活世界の人々がアクセスしやすい資料であったとも捉えられよう。

吉田禎吾や綾部恒雄ら九州大学の研究チームも，高知県西部の集落で類似の起源伝承を聞き取っており，Q氏の語る起源伝承は幡多地方に広く浸透したものであったと推測できる〔吉田・綾部編 1967；吉田 1972〕。残念ながらQ氏はこの起源伝承の出典を記憶していなかったため，彼女に影響を与えた本（もしくは新聞記事などの文献資料）を特定することはできなかった。しかし，Q氏の語りは，文献資料を通して「犬神」の知識が生活者に伝えられた場合に生じる現象を示す稀有な事例と言えよう。

第二に，Q氏の語りは単純な本の提供する知識の引用ではなく，本から得た知識に自分自身の解釈や経験を交えたものであり，第3部で挙げた「依拠」の形態に当たると指摘できる。資料8と資料9として挙げた『高知新聞』の記事群は，アカデミックな成果がそのまま生活世界に還元されるとは限らず，時に村落社会の生活者からの強い抵抗――「拒絶」――に遭う可能性を示した。Q氏の語りも学術研究を単線的に受容していると言えないことは明らかであり，彼女は資料9の男性のように正面から学術研究の言説に抗うのではなく，学術研究の言説に自分自身の解釈やε集落での経験を編み込んだ，Q氏独自の語りを生成している。

これら二つの知見を踏まえると,「憑きもの筋研究」そのものの意義を問い直す必要性が立ち上がってくる。戦後の憑きもの筋研究は,各種憑きもの筋の起源を明らかにしようとする民俗学の遡源的研究や,憑きもの筋言説が社会の中で担う役割や機能を考察する文化人類学的研究が大部分を占めるが,それらはあくまでも学術研究が形成する言説と生活世界で息衝く言説の領域を区別してきた。加えて,これらの研究群は,憑きもの筋言説に伴う喫緊の社会問題の解消を志向する高い公共性を有し,早い時期から成果の社会還元を視野に入れる必要性に迫られていた。これは人文科学には珍しい特徴である。

　ゆえに,戦後の憑きもの筋研究の「戦略」を再検討することで,憑きもの筋研究の言説そのものが一種の「強制力」と化し,生活世界に受容,拒絶もしくは依拠されていく過程を描出できる。この試みは,高知県内の「犬神」言説が巻き込まれつつある特徴的な状況を示すだけではなく,近世以来続く憑きもの筋研究の「歴史」を描くための橋頭堡でもある。

第2節　学術研究の戦略と生活者・メディア上の情報との間に生じる相互作用

　前節の問題意識のもと,本節では生活世界の人々からも度々引用された,戦後の民俗学と文化人類学における憑きもの筋研究が採用した「戦略」を再考する。これらの「戦略」への着目は,時に客観性を欠くと批判されてきた民俗学の研究手法に秘められた先進性を明らかにするとともに,文化人類学の共時的研究の再評価を可能とする。

1　民俗学の「戦略」と先進性

　石塚の『日本の憑きもの』を振り返ると,その冒頭に,憑きもの筋の言説が結婚の障害となって心中を図った男女の悲劇を紹介し,この問題の解消のため研究を早急に推し進めるべきであると強く述べている〔石塚 1959：9-20〕。そして,憑きもの筋の問題の諸相や起源を明らかにするためには,憑きもの筋とされる人々が集落内で占めるパーセンテージに基づいた,明白で検証可能な数量データに依拠すべきであるとしている。昭和30年代の民俗学において,石

塚の研究姿勢は客観的な自然科学の手法を可能なかぎり援用しようとしたものにも考えられるが，石塚自身がこの手法を以下のように評している。

> 憑きもの研究をしているというと，きまって聴かれることは，それは本当にあり得ることかどうか，ということである。つまりその濫觴や変遷ではなく，もっぱらその自然科学的妥当性の有無ということが問題にされる。それはわれわれのあいだではすでに卒業してしまったことだといっても，それでは許されない。そのため，時には村役場の宿直室に入り込んで，戸籍簿や受付帖をみせてもらいながら統計をとるというような仕事もせねばならなかったし，時にはいわゆる憑かれた経験者を追いかけまわしてカルテをとるなどという，まるで精神科の医師のような作業もせねばならなかった。そうする一方では，文庫にとじ籠り，文献から抜き書きをつくるという，これとても民俗学の立場からするならば本道だとはいわれない作業に時間を費したむきも少ないことではなかった〔石塚 1959：293-294〕。

この箇所から，石塚は『日本の憑きもの』での研究手法を，統計学，精神医学，歴史学の手法を援用した学際的研究手法と捉えていたことが分かる。中でも，統計学や精神医学が依拠する自然科学の領域から憑きもの筋の妥当性の有無を議論することは，民俗学の領域ではすでに「卒業」していたという。石塚の意図としては，民俗学における憑きもの筋研究の主眼は，民間信仰や俗信の日本における歴史的・文化的文脈を明らかにすることにあり，信仰の対象や憑依現象そのものの実在の有無は問わない，といったものであったと解釈できる。学術研究では，研究者の問題意識に応じて同一の分析対象に様々な研究手法が用いられることも多い。ゆえに，憑きもの筋が「本当にあり得ることかどうか」を他の研究領域から問われたとしても，民俗学の領域では「卒業」した主題であるとして，そうした問いを退けることも可能であったと考えられよう。この点を考慮すると，石塚が憑きもの筋研究に自然科学の手法を援用しなければならなかった背景には，その研究手法を，各地の生活者たちから明に暗に希求されていたことがあったと推測できる。それではなぜ，石塚の憑きもの筋研究は，人文科学の手法ではなく，主題や問題意識が異なることの明白な「自然

科学」の手法を人々から希求され，あえてその求めを受け入れなければならなかったのだろうか。

　この疑問を考えるヒントは，石塚が意図したと考えられる「戦略的」な自然科学の利用にある。第 1 部の近藤論文に際して言及した通り，文化人類学の領域では，1980 年代頃から，ブルーノ・ラトゥールらが客観性と主観性の間を繋ぐ論考を次々と発表し，それらはアクターネットワーク理論（ANT）として世界各国の文化人類学の議論に大きな衝撃を与えた。特にラトゥールの指摘は，客観性のみに依拠し主観を排除すると考えられてきた「科学」が，無限の世界から分析対象の要素だけを切り抜く主観的で戦略的な営為であることを指摘する。近藤は ANT に従来憑きものとされてきた事例を強く引き付けて議論を進めたが，本章ではあくまで ANT と石塚の憑きもの筋研究を弁別した議論を試みる。

　石塚の憑きもの筋研究が，アカデミックな知見の提出だけではなく，研究対象に据えた憑きもの筋とされた人々の名誉の回復，人権の尊重をも意図していたことは明白である。これは民俗学の「経世済民」や「実学」としての問題意識に立脚したものと捉えられるが，おそらく石塚本人にも自覚できない形で，今日の文化人類学者を悩ませる学問的陥穽を乗り越えつつあったとも考えられる。文化人類学では，ジェイムズ・クリフォードらによる『文化を書く』の与えた衝撃以来，民族誌における「客観性」への疑義が提出され，グランドセオリーに対する信頼は大きく失墜した〔クリフォード・マーカス編 1996〕。『文化を書く』は学問における客観的で厳密な定義付けの難しさを挙げるが，ANT は完全なる客観性に立脚した（と思い込んでいる）研究手法へのアンチテーゼとして，自然科学の「主観性」を指摘する。

　また，第 1 部で言及した柳田国男と南方熊楠の論争を振り返ると，南方の批判は，後に民俗学者たちを懊悩させる客観性の担保に対する一つの解決策を示すという，未来性を有していたと表現できよう。しかし近年，客観性を担保してきたはずの文化人類学が「客観性」そのものへ懐疑の眼差しを向けねばならない閉塞状況に陥ったことに鑑みると，南方の批判に沿った実証的研究手法だけでは，いずれ民俗学も同じ知の陥穽に囚われていたと推測できよう。一方，時に文化人類学やアカデミック民俗学から厳しく批判されてきた，柳田民俗学

の実践性や地域住民の主体性に基づく研究手法が，生活世界への成果還元も考慮する「憑きもの筋研究」では巧みに機能してきたと見える。これらを考え合わせると，柳田の目指した地域の声を汲み上げる「民俗学」の手法にも，一種の先進性や未来性が秘められており，我々は近年ようやくその秘められた意義を分析し得る枠組みを手に入れたと受け止めるべきであろう。

　学術研究の言説が調査対象となった社会に与える影響については，デボラ・バタグリアと國弘暁子の議論が参考になる。バタグリアは，民族誌が「書かれる」ことで，当該社会における文化的文脈を離れた，学術研究の文脈に即した名付け（naming）が生じると指摘し，地域住民の主体性が「開かれた主体」とも呼ぶべき周囲との尽きることのない交換によって形作られるものである以上，学術研究の言説が地域住民の主体性に看過すべからざる影響を及ぼす可能性があると説く〔Battaglia 1999：114-150〕。國弘はバタグリアの指摘をインドの「ヒジュラ」に援用し，仮にヒジュラという民俗語彙を研究しようにも，ジェンダーという一側面だけに着目した議論では，インド社会におけるジェンダーと宗教の狭間でヒジュラが切り結ぶ巧みな両義性を見落としかねない──「名付けの暴力」──と説く〔國弘 2005：36-38〕。バタグリアと國弘の議論は，「憑きもの筋研究」の展望を考える上でも有用であろう。両者が指摘するように，日本各地の犬神や狐持ちに関する語りや言説を，安易に「憑きもの筋」の言説へ抽象化してしまうことは，生活者たちの生き生きとした声を学術研究の枠組みに押し込める暴力的な行いであり，柳田ら多くの研究者たちが目指してきた，「憑きもの筋研究」の公共性や実践性を，十全に達成し得るとは想定できない。

　また，鈴木正崇は，クリフォード・ギアーツの議論を下敷きに，「地域研究」の重要な意義として，「地域を」考えるだけに留まらず「地域で」考えることを挙げており，日本人が海外のフィールドで立ち働くことで，現地の人々と自分の間に往復運動が生まれ，双方をより高次の異文化理解に導くとしている〔鈴木 2015：111-112〕。鈴木の指摘と憑きもの筋研究に携わった民俗学者たちを比較すると，彼らは各地の人々との交流を通し，自身にも変化を生じさせたと考えられないだろうか。実際に石塚は，各地の郷土史家の協力が，憑きもの筋研究への貢献のみならず，心の拠り所として自分を支えてくれたと述懐して

いる〔石塚 1959：294-295〕。

　「憑きもの筋研究」が地域の社会問題解決に尽力するとともに，研究者自身の心の拠り所として働くのならば，これは地域と研究者の間に往復運動を生じさせていると言えよう。さらに，「憑きもの筋研究」はこの往復運動を通じて地域の人々に還元される高い公共性を有するものである。つまり，石塚自身が懐疑的でありながらも民俗学に援用した「自然科学的」研究手法は，研究成果が社会に還元される際の生活者に対する「説得力」——ラトゥールらによって対象化されるまで強く信じられていた，絶対的な客観性——の点で他の手法よりも優れていたために，公共性の観点から「主観的」かつ「戦略的」に利用されたと考えられよう。勿論，速水が社会経済史の観点から自説に説得力を持たせようとしたように，研究者によって用いた手法は様々である。しかし，研究成果の社会還元をも視野に入れた「憑きもの筋研究者」たちの活動は，生活者への成果還元の効率をも考慮し，時には「戦略的」に推し進められてきたと考えることはできよう。

　文化人類学における ANT は「客観性」への過度な信頼を乗り越えた新たな研究手法として受け入れられつつあるが，石塚の憑きもの筋研究は，いわば「主観的」に憑きもの筋にまつわる社会問題の解消を目指した。それゆえに，戦後当時は「客観的」であると学術研究・一般民衆双方に強く信じられていた自然科学の手法を援用したと考えられる。視点を変えると，我々文化人類学者は，『文化を書く』や ANT の援用を通して，初めて民俗学における憑きもの筋研究の秘めていた先進性——「戦略」や「公共性」への視座——を理解する枠組みを得たのである。

　しかし同時に，当時の民俗学者たちは，ただ主観性や当事者性を強調するのではなく，客観性とのバランスにも重きを置いていた。例示すると，柳田国男は，憑きもの筋とされた人々からの資料収集に成功した速水保孝の『憑きもの持ち迷信』に序文を寄せ，その資料的価値を認めながらも，センセーショナルな事例を集めすぎたきらいがあるとの批判的示唆を残している〔柳田 1957：1-8〕。また，後年石塚も，民俗学はあくまでも「科学」であって「文学」ではないとし，研究に際して冷静な視点を失ってはならないと述べている〔石塚 2002：15-20〕。

2 共時的研究の資料化と話法における変容

　文化人類学の憑きもの筋研究は吉田禎吾らの社会人類学に立脚した共時的研究を草分けとするが，この研究は石塚からフィールドとインフォーマントを受け継ぐ形で開始された〔石塚 1990：498-499〕。同時に，吉田ら憑きもの筋研究に早くから着手した文化人類学者も，理論的進展に加えて，差別問題である「犬神」への迷信を打破するという，近世以来継承されてきた実践的目的には強く賛同していた〔吉田・綾部編 1967：6〕。この問題意識の下敷きとして，歴史学者の喜田貞吉が大正期に指摘した，根拠を示さない一方的な弾圧は迷信打破の目標に対して効力を持ち得ないという指摘があったと推測できる〔喜田 1922：15-17〕。吉田らは憑きもの筋の打破に最も効力を発揮する「客観的」，「科学的」分析は，「社会人類学的視座」であると予測し研究を推し進めた。その後文化人類学の憑きもの筋研究は，社会機能や海外の邪術・妖術との比較研究の趣を強めていくが，根本的な出発点は民俗学と同じく，社会問題に学問の立場から貢献せんとする高い公共性と戦略的思考であった。

　また，犬神など憑きもの筋の言説そのものが減少傾向にある近年においては，憑きもの筋の「変容」を考える際に，文化人類学の先行研究群が新たな意義を帯びる。ここまでの議論で，戦後からの約70年間で高知県幡多地方の「犬神」観が特徴的な変容を遂げたことを示したが，裏を返せば，今後「変容する以前の犬神観」を現地調査から再検証することはきわめて難しいと言えよう。特に，戦後の民俗学が主導した憑きもの筋研究は，石塚が言うように，その分布や歴史的起源の解明を重視しており，憑きもの筋の言説が当該社会で果たす機能や役割——共時的意義——に対する厚い記述を残していない。そのため，吉田ら社会人類学者の行った初期の憑きもの筋研究（共時的研究）は，日本各地の過去の憑きもの筋の諸相を現在に伝える重要な文献資料として再評価できる。

　例えば，吉田らによると，1960年代の時点ですでに，高知県西部のある集落の住民は「20年か30年ほど前にはあったが，今は犬神が憑依することはなくなった」と語ったという〔吉田・綾部編 1967：74-75〕。しかし，桂井の報告〔桂井 1953：20-25〕と照らし合わせると，1960年代に憑依を伴う犬神言説が消失し，20年以上過去の民俗事象になっていたとは考え難い。偶然吉田らの調査した集落で憑依現象が途絶えていたことも考えられるが，あえて踏み

込んで考えるならば，インフォーマントたちの語り出しに注目すべきであろう。筆者の得たフィールドデータによると，幡多地方の人々が今なお強いタブー性を伴う「犬神」について話す際には，事例2や事例3，事例8，事例12のように，「もう昔のこと」，「この集落のことではない」と前置きした上で語り出す場合の多いことが分かる。遠い過去や別集落のこととして語られているものの，インフォーマントたちの語る「犬神」が現在の集落と密接に関係している可能性は高い。ゆえに，幡多地方の人々の用いるこうした語り出しは，口にし難いことを話し始める際の一種の話法であると理解すべきではないだろうか[148]。

さらに，この話法を下敷きにすると，「犬神」について調査者（筆者）と話者が聞き取りを通じて言説空間を形成する際，そこでは「語る主体」である話者と「聴く主体」である調査者の間で，独自の情報伝達がなされていると考えられる。この情報伝達においては，あくまで昔のこと，別の集落のことという話法に則り，曖昧もしくは一部の情報が伏せられた知識の伝達が行われる。これは，同一の集団成員間で特定の家筋の者を明確に攻撃・排斥してきた従来の犬神にまつわる知識の共有とは異なる，特徴的な知識伝達である。今後より多くの事例と照らし合わせて検討すべき命題ではあるが，犬神，ひいては各種憑きもの筋について，現地住民の間で共有される言説と，部外者である調査者が「聴くこと」で生成される「犬神」の語りを比較すると，現地住民と強固なラポールを形成した上でも，両者の内容に差異が生まれる可能性が指摘できる。

加えて，『高知新聞』の記事によると，いざなぎ流研究で名高い小松和彦や高知県出身の森田正馬の仕事が紹介される際に，彼らの研究対象として犬神が広く紹介されてきた。予め犬神を知っている人々に影響し得るかは一考の余地を残すものの，小松と森田の事例は，「憑きもの筋研究の深化」そのものが，社会に憑きもの筋を拡散あるいは敷衍する可能性を示している。

---

[148] Q氏のように，本から「犬神」に関する情報を得たインフォーマントも存在する可能性を考慮すると，メディアを通じて知り得た「実際に体験していない昔のこと」の情報を調査者に語っているのか，メディア上の情報に刺激されて「自分自身の体験した昔のこと」や，「（過去の出来事を装った）自分自身が現在体験していること」を調査者に語っているのか，両者の判別は難しい。この問題は，今後の研究でより多くの事例から検討することとして，本書における議論を先に進める。

3　小　　括

　ここまでの議論をまとめると，戦後の民俗学による憑きもの筋研究は，客観性と主観性の均衡を保ちつつ，研究成果を効率良く社会へ還元すると目された手法を「戦略的」に用いていたと解釈できる。こうした戦略は現在文化人類学を席巻する ANT や公共人類学とも近しい先進性を秘めており，新たな研究枠組みの登場によって，民俗学の憑きもの筋研究に秘められた未来性が初めて理解し得るようになったと言えよう。

　民俗学に続く形で，文化人類学からも共時的視座に立脚した研究が提出されるが，それらは民俗学の憑きもの筋研究の欠を補うものである。遡源的研究の民俗学と共時的研究の文化人類学両者の協働によって，憑きもの筋研究は時間の経糸と緯糸を獲得し，立体化したと評すべきであろう。近年の研究では，民俗学や文化人類学の片方に依拠し，異なる領域の研究を批判するだけに終わるものも散見される。しかし，民俗学の遡源的研究と文化人類学の共時的研究双方の視点が憑きもの筋研究には必要であり，今後は両研究領域の長所と短所を見極め，適切なバランスを保ちつつ両者の成果を援用しながら研究を進める姿勢が求められよう。

　さらに，文化人類学の憑きもの筋研究そのものが，過去の憑きもの筋言説の諸相を現在へ鮮明に伝える重要な文献資料として再評価できるとともに，調査や研究の進展がその都度生活者との間に特有の相互作用を発生させるとも考えられる。あえて踏み込んで表現するならば，憑きもの筋研究の進展そのものが，新たな憑きもの筋言説を「生み出す」可能性も指摘できるのである。

第3節　地域の取り組み──大方町の事例から

　これまで挙げてきた民俗学・文化人類学の「憑きもの筋研究」は，憑きもの筋には全国的に共通する原理や特徴が存在するとの前提──演繹的視座──に立ったもの[149]であった。しかし，生活世界における憑きもの筋言説の批判においては，学術研究とは異なる手法が用いられていたことを示唆する文献資料

---

[149]　なお，速水は狐持ちと犬神を例として，憑きものにも地域差や個別性があるのではないかとの指摘を行っている〔速水 1976：95-101〕。

を見出すことができる。

　本節では，第4章でも触れた旧大方町の公民館報及び町史を資料として，憑きもの筋の問題へ地域がいかにして取り組んだかを明らかにする。前節の議論では憑きもの筋を包括的に扱う研究群を分析したが，大方町の犬神という個別事例にも着目し，現地で実際に犬神の引き起こす問題に取り組んだ人々の手法を明らかにする。

　先述したように，石塚は，市町村史は共同体内部の人々が執筆し共同体の内部で読まれることで，市町村の現状や暮らし，今後の展望を住民自身に考えさせることを目指す傾向があると指摘する〔石塚 2002：25-28〕。この指摘は公民館報にも援用できよう。同時に，筆者の調査では，犬神に言及した大方町独自の文献資料として，公民館報と町史以外のものを見出すことはできなかった。これらを踏まえると，公民館報と町史は，大方町の生活者たちがいかに犬神の問題へ取り組んだかを解き明かすための，最適な文献資料である。

1　公民館報における犬神

　第2部でも取り上げた通り，戦後の大方町では，様々な社会問題への対応や住民の声を掬い上げる媒体として公民館報を発行していた。まずは，この公民館報を分析対象とする。

(1)　「迷信打破（その二）　犬神統について」(匿名原稿)

　大方町公民館報に初めて犬神の登場した記事は，昭和28（1953）年7月12日（日曜日）に発行された第2号[150]である。匿名原稿ではあるものの，大方町公民館報における記名記事の大部分がこの町で生活する人々の手によるものであることを考慮すると，この記事の執筆者も大方町の生活者である可能性が高い[151]。

　この記事では，大方町に存在する犬神への差別が批判的に記述されている。本記事に先立つ第1号の公民館報に掲載された「迷信打破（その一）」は，部

---

[150]　各記事を本文中に引用することも考えられたが，記事には個人のプライバシーや人権に関わる記述も散見されるため，あえて掲載を見送った。

[151]　これは後述する昭和33（1958）年の記事も同様である。

落差別に対する批判であった。犬神統批判は部落差別批判に続くものであり，少なくとも記事の執筆者にとって，両者は別種の差別と考えられていたことが分かる。執筆者は，犬神統にまつわる結婚差別を「明かるべき民主々義の今の世の中を暗くする」迷信であり，「数百年も前の野蛮な時代の馬鹿げた考え方」として痛烈に批判している。

　また，犬神統の起源は，一条公と共に京都からやって来た「犬神人（ツルメソ）」の呼び名が「いぬじにん」となり，これがさらに「犬神（いぬがみ）」に転じて，犬神の系類の者を別な人間として差別したことにあると説く。大方町の犬神統とは，幡多土着の者とツルメソの者の混血であり，そうした人々を幡多土着の人々が差別しているのだという。さらに，幡多土着の人々も，大元を辿れば以前から幡多に定住していたコロボックルという種族と，南洋や中国からやって来た人々，あるいは島流しにされた人々との混血であり，混血を理由に犬神統の人々を差別することはできないと結論付けられている。

　倉光や速水も着目する犬神人とは，神人に次ぐ地位の下級神官を指し，中世から近世にかけて各地の大社に存在したとされている。犬神人は，常には境内の掃除を司り，不浄の物を取り捨てる役目を持った賤民でもあった。中でも祇園大社に属した犬神人は，祇園社領の警護に当たるとともに弓の弦の販売を行ったため，「つるめそ」とも呼ばれたという〔豊田 1972a；1972b〕。

　犬神の起源伝承として，一条公の下向に随伴した犬神人という，幡多地方特有の要因が取り上げられている点は注目に値する。第1部で議論した通り，犬神の起源伝承には，誰でも実行し得る簡素な呪法を用いるものも多い。特別な霊能や立場，場所を必要としないからこそ，これらの起源伝承が一般家庭の人々をある日突然犬神に仕立て上げるために機能したのである。一方，この公民館報で語られた犬神の起源伝承は，他地域に援用（もしくは他地域から借用）することの難しいローカルな要素に強く依拠したものであり，幡多地方においてのみ人々への説得力を有すると考えられる。

　犬神人については，喜田貞吉や脇田晴子，三枝暁子らが議論を行っており，まとめの段階で少し触れる。また，本記事の記述から，歴史学的な犬神の起源そのものよりも，各地の生活者の発言に歴史的事柄がいかに用いられてきたかに着目すべきであることが見えてきた。この考え方に立脚すると，本記事にお

いては，犬神人という西日本に広く遊行した人々を軸としながらも，一条教房の都落ちと結び付いた幡多地方独自の「犬神」起源伝承が，大方町における「犬神」問題批判の論拠として用いられていたと指摘できる。

(2) 「迷信の姿を捕えて」（匿名原稿）

大方町公民館報では，昭和33 (1958) 年7月3日 (木曜日) 発行の第35号に再び犬神が登場する。この記事の執筆者は，犬神に対する差別の原因は混血を「血統上の欠陥」として忌避することにあると述べる。同時に，独自の血統を持つ日本の先住民族として，コロボックル・エブス・エブスイット・ツングース・オロッコ・エスキモー・土蜘蛛などがいたことを挙げる。

この記事にもツルメソが登場するものの，職業によって「ツルメソ」と称した異民族とされており，犬神人とは表記されていない。また，第2号の記事と異なる点として，ツルメソと純日本人の混血は，かつて数多く行われた異民族との混血の一事例ではあるものの，犬神の起源とは考えられていない。

本記事における犬神は，源氏系の家の人々を指す。幡多郡では，移住してきた源氏系の家の人々に対して，先住の藤原氏系や平氏系の家の人々が差別意識を抱いており，この差別意識が犬神の凄惨な起源伝承を隠れ蓑に受け継がれていると結論付けられている。

この記事でも，幡多郡の地域史を踏まえた，犬神に対する独自の解釈が述べられている。厳密に読み解くと，この記事における「犬神」の起源は実質的に不明である。当時の犬神に対する差別は源氏系の混血をなした人々に対する差別であり，「犬神の凄惨な起源伝承」の発祥は記事中で明らかにされていない。一方，この記事でも，幡多地方に数多くやって来た源氏系の人々という，地域の歴史を踏まえた独自の解釈が表現されている点は共通している。この後，公民館報には差別や人権を題材とする記事として，同和問題への言及や幡多郡周辺での同和運動の紹介が急増し，犬神を取り上げた記事は姿を消す。

(3) 比較と考察

以上の二記事から，民俗学や文化人類学など学術研究の言説と，犬神にまつわる社会問題が再燃していた生活世界の言説を比較すると，両者が憑きもの筋

に伴う問題への批判に用いてきた手法は対照的であると指摘できる。憑きもの筋研究者たちは，狐持ちや犬神筋は「憑きもの筋」という分類で括ることが可能な全国的な問題であると考えたからこそ，「日本全体」を対象とした演繹的研究と包括的な批判活動を試みた。しかし，大方町という生活世界で用いられた犬神批判の手法は，「大方町」や「幡多郡」というきわめて狭い範囲の歴史・文化を取り込んだものであり，「自分たちの住む地域の問題」であるからこそ，恥ずべき迷信であると強く批判されてきた。二つの記事をあえて踏み込んで解釈するならば，両記事の執筆者は，学術研究のように全国的な問題へ落とし込むよりも，ローカルな要素と結び付けた批判の方が犬神の問題を早期に解決する上で有効であると想定しつつ，地域の文化に立脚した個別の批判を「戦略的」に用いたのではなかろうか[152]。

2 『大方町史』における犬神

続いて，『大方町史』に焦点を当てる。戦後の『大方町史』は昭和38（1963）年版と，平成6（1994）年版の二種類が存在し，両者とも大方町に根強く残る犬神への差別を批判的に紹介している。

(1) 昭和38年版『大方町史』の記述

昭和38年版の町史でも，犬神人が犬神の起源とされている。犬神人は下層民衆と接触することが多い宗教職能者であり，かつては民衆から，得体の知れない祈祷様式を用いて霊界に心気を通ずることができる人々と信じられたという。これを踏まえ，民衆が犬神人への信仰を通じて感じ取った一種の「犬」と神の語が連結して，「犬神」という語彙が生まれたと結論付けられている〔大方町史編修委員会編 1963：489-492〕。記事における一種の「犬」が何を指すのかは不明瞭だが，第1部で行った折口や谷川，松永の議論を参考にすると，動物のイヌだけではなく，災いをもたらす存在，神使，小さい存在などの意味が仮託されていた可能性もある。

---

[152] 高知県の「犬神」については桂井和雄も数多くの事例と論考を提出したが，最終的に全国的な枠組みでの議論に移行したため，本章ではより幡多地方のローカルな要素に言及した四記事を資料とした。

町史の執筆者は下村吉寿氏[153],佐野友次郎氏[154],田辺菊治氏[155],永野正季氏[156],山中牛代氏[157],永野熊男氏[158]の編修委員6名である。昭和38年版町史の関係者は多くが鬼籍に入っており,残念ながら直接聞き取り調査を行うことは叶わなかった。町史の「はしがき」によると,編修委員は大方町の教育委員会と連携しながら現地で幾十回にもわたる会合を重ねて町史を完成させたとあり,編修委員が少なくとも町史執筆の期間中は大方町に拠点を置く「生活者」であったと推測できよう。

町史には各編の執筆者が記載されていないため,本項に取り上げた「犬神」にまつわる箇所の執筆者を考えねばならない。この問題に大きな示唆を与える資料として,『高知新聞』平成3 (1991) 年11月26日(火曜日)付20面の記事が挙げられる。旧大方町への下村吉寿氏の貢献を偲ぶこの記事では,下村氏の伝記とともに,同氏のまたいとこである小橋従道氏が町史執筆当時の様子を回顧している。記事によると,下村氏は編修委員長として全体の統括を執り行うとともに,町史の大部分を執筆したという。ここに挙げた犬神に関する記述も下村氏の得意とする歴史や文化に属するものであり,同氏の執筆箇所である可能性は高い。仮に別の執筆者によるものであったとしても,幾度もの編修会議を経た記述である以上は,少なくとも下村氏ら6名の生活者の同意を得たものであると考えられよう。

(2) 平成6年版『大方町史』の記述

平成6年版の町史でも犬神人は取り上げられているが,ここでは近松良之

---

153) 1884-1972。幡多郡白田川村蜷川出身。蜷川は昭和31 (1956) 年にそれまでの大方町と合併した村であり,本書における「旧大方町」の一部に当たる。漢詩や短歌に造詣が深く,旧大方町の教育や文化活動に現地で長らく貢献した。
154) 1881-1958。旧大方町田ノ口に居を構え,県議,旧幡多郡教育会長,初代大方町長などを歴任した。
155) 1888-1972。旧大方町長を務めた人物。自宅は町内の口湊川にあった。
156) 1907-1990。幡多選挙区から県議に当選した。旧大方町出身,同町入野に自宅を構えた。
157) 生没年未詳。昭和23 (1948) 年から27 (1952) 年までの4年間,幡多郡白田川村の村長を務めた。
158) 生没年未詳。佐野氏の死去に伴い,昭和33 (1958) 年より編修委員となった〔大方町史編修委員会編 1963:はしがき(ページ番号なし)〕。「はしがき」には,委員の出身地区に即して各自に資料を集めさせたとあり,他の編修委員と同じく大方町出身者であると考えられる。

の『日本文化のなりたち』を引きながら，「犬神人（いぬじにん）」と「弦召そ（つるめそ）」は分けて考えられている。町史では，犬神人と弦召そは，ともに藤原基経の行った神替りによって履き捨てられた「張外の民」と考えられているが，弦召そが京都に定住する一方，犬神人は「道の人」となって畿内やその近国を流浪したとされる。そして，犬神人は京都周辺では素性が広く知られていたため犬神伝説の起源とはならなかったが，犬神人が「道の人」となって放浪した四国や山陽では，現地の人々が犬神人をよく知らないがゆえに犬神という語の起源になり得たと結論付ける〔大方町史改定編纂委員会編 1994：1333-1345〕。

この記事でも，犬神は犬神人が変化した語彙とされているものの，素性が知られていないはずの犬神（もしくは犬神人）が，なぜ差別的に扱われるに至ったのかの説明が曖昧である。記事の執筆者は矢野好文氏[159]であり〔大方町中改定編纂委員会編 1994：はしがき（ページ番号なし）〕，前掲の『高知新聞』の記事によると，下村吉寿氏と学問上の付き合いがあったことから，新たな町史の編纂へ関わることになったという。

(3) 比較と考察

二つの町史は，犬神という語彙の起源に犬神人を挙げている。しかし同時に，両者はそれらの説明する起源論の細部だけではなく，犬神を記述する論理展開そのものにも大きな相違がある。

昭和38年版の町史では，桂井和雄による大方町の犬神に関する報告を引用しつつ，「大方町から」なくすべき迷信として犬神の言説を直接的に批判している。一方，平成6年版の町史では，犬神は過去の大方町に存在した迷信であり，そうした迷信はかつて「全国的に」存在したことを度々強調している。石塚，速水，吉田らの研究[160]を概観して，日本各地の憑きもの筋を紹介することにも注力しており，犬神が消滅したと述べながらも，地域の迷信を全国的な迷信の文脈へ落とし込もうとしているとも捉えられよう。

---

[159] 生没年未詳。大方町馬荷に居を構え，同和対策室長，国保係長などを務めるとともに，同人誌『土佐方言』に「大方町馬荷方言」を寄稿する〔矢野 1965〕など，民俗学の素養を持つ。

[160] なお，これらは明確に参考文献として挙げられている〔大方町史改定編纂委員会編 1994：1455〕。

3　小　　括

　ここまで大方町の公民館報，町史から四つの犬神にまつわる文献資料を取り上げたが，それらの中で「戦略的」に用いられる手法は，民俗学が公共性の観点から用いた手法とは異なっていたと考えられる。実際に憑きもの筋にまつわる強い社会的緊張を抱えていた大方町では，二つの公民館報と昭和38年版の町史において，当該地の犬神言説を，「憑きもの筋」という大きな括りで批判する演繹的手法からではなく，現地の民俗語彙「犬神筋」や「犬神統」に注目し，幡多地方だけで説得力を持つローカルな要素と絡めてその起源の不当性を明らかにしようとしている。端的に表現すれば，大方町の生活者たちはあくまで犬神に対して個別の批判活動を行っていたと見られよう。

　一方，平成6年版の町史では，犬神を全国的な問題に落とし込もうとする意図が見受けられるが，ここで論拠として利用されたのは石塚，速水，吉田の研究であった。町史における学術研究の引用では，批判的読解（クリティカルリーディング）がなされるというよりも，それら全ての到達点を一括することで，「戦後社会に憑きもの筋がいかに多く存在したのか」を示す論拠として利用されている。つまり，民俗学や文化人類学の憑きもの筋をテーマとする学術研究は，迅速に社会へ還元されることを目指す高い公共性を帯びた研究であったものの，生活世界における批判活動でそれらが利用される際には，フィールドでそれらを広める人物——特に生活者——の解釈のフィルターを通して地域に還元されてきた可能性が高い。これはある意味一般的な事柄ではあるものの，『高知新聞』の記事では，学術研究の成果をそのまま受容する例や，学術研究の言説に正面から異を唱える例も存在するため，改めて確認しておく意義はあろう。

　また，四つの文献資料に形を変えて登場した「犬神人」にも焦点を当てるべきであろう。先述の通り犬神人は中世の大社に属した下級の神人[161]を指し，端的に表現すれば賤民であった。魔を祓う弓の弦の売買や葬儀を一手に引き受け，中世京都におけるケガレにまつわる生業を担うことで，蔑視されると同時

---

[161]　犬神人が各地の大社に属したのか，祇園大社だけに属していたのかについては諸説あり，喜田貞吉〔1923a；1923b；1923c〕や脇田晴子〔1999〕，三枝暁子〔2002〕らが研究を行ってきたが，いまだ論争の決着には至っていない。

に畏れを抱かれる存在でもあった。四つの文献資料における犬神人解釈は様々だが，ケガレ観と強く結び付けられた蔑視と特別な霊能への畏れの両方を民衆から向けられた点はほぼ共通している。

犬神の起源を犬神人に求める研究としては，竹内不死鳥の仕事が挙げられる。竹内は，雑誌『郷土趣味』に「天狗の話」と「日本の鬼」という二つの繋がりが深い論考を提出し，以下のように議論する〔竹内 1918；1919a；1919b；1919c；1919d；1919e〕。竹内は，日本において火伏せと結び付けられて信仰される天狗は元々異民族であるとし，毎年正月二日の夕方に愛宕寺で犬神人が行った酒宴が「天狗の酒盛」と称されたことから，天狗と犬神人を同一視できると説く。さらに，長州では犬神人と犬神が同一視されており，そこには穢多への蔑視と同種の意識が見られるとする。さらに，信太妻から安倍晴明が生まれたという異類婚姻譚を異民族との婚姻であるとし，安倍晴明が使役したとされる識人と呼ばれた鬼が牛馬の死体を食べたという伝説から，識人を穢多の発祥であるとする。これらを考え合わせ，鬼（識人），穢多，犬神，犬神人，天狗への信仰と蔑視は全て異民族への畏れを意味し，漢文明圏からの異民族の渡来が日本の信仰に大きく影響したと結論付ける。

竹内の議論は興味深く，愛宕寺が弘法大師との繋がりも由緒に含めていることを考え合わせると，愛媛県小松町青年団の伝えた犬神の起源論との繋がりまでもが見出せよう。しかし，竹内の議論は，愛宕寺に伝わる京都の伝説と，日本に広く伝わる安倍晴明の伝説，長州における現地住民の言説を無条件に比較しており，言葉の上での意味が似た例を並置したに過ぎず，それらの引用関係に注意が払われていないとも指摘できる。また，長州に犬神と犬神人を同一視する言説が大正期から存在したとしても，同様の言説が高知県にも存在したのであれば，被差別部落の問題と同一視されていたはずであろう。実際に，戦後の高知県の人権問題を広く調査した桂井が，被差別部落が芸能民の帯びる死穢への畏れを基盤に成立したことと対比して，犬神統は集落内で周囲の者から差別されるとしており，犬神統を差別する根拠とされた霊能への言及も近世以降の後付であるとしている〔桂井 1953：12-25〕。

竹内と同時期に発表された，大正期の長州以外における犬神の事例に鑑みると，阿波では「犬神持」と番非人が類似点は多いものの別種とされ，大阪では

「犬神持」が穢多と明確に弁別されているという〔中島 1914：308-309〕。ゆえに，日本各地の犬神と，犬神人や非人，穢多との関係性を一括して論じることは難しい。本項では，竹内の議論から，長州では犬神と犬神人を同一視し，そこに穢多が帯びたケガレへの言及があったことを確認するに留めることとする。

　実質的な「憑きもの筋研究」に早くから取り組んだ倉光清六は，犬神の呼称でありながらその正体とされる動物霊の姿がイヌとかけ離れていることに着目し，そもそもイヌとは無関係な犬神の語彙が先に存在し，イヌを祀する犬神の起源伝承は後から付与された可能性があるとする〔倉光 1922：98-104〕。そして本来の犬神とは，京都から遊行した賤民の犬神人に使役された餓鬼魂を指し，時代が下るに従ってその語が一般の家筋へのケガレ観を伴った誹謗中傷に転じたとする。倉光は，これ以上の議論を進めるには資料が不足しているとして，名称上の類似を指摘するに留めている。倉光の提出した結論は，昭和38年版の町史や，もともと犬神は専門の祈祷人を指したとする『高知新聞』の資料3とも共通している――もしくは，これらの記述の大元となった――と言えよう。

　速水は，倉光の議論を下敷きに，犬神持ちは経済的格差の説明に帰すことのできる狐持ちとは異なり，祟り神的性格や前時代的な疎外の理論が強く，犬神人の持つケガレへの蔑視の念が絡み付いている可能性を指摘している〔速水 1976：100〕。また，第二期入村者による富の独占を唱えた石塚も，犬神が語られる高知県幡多地方においては，憑きもの筋の家の側に経済的優越が見られない事例があることを報告している〔石塚 1959：164-167〕。

　これらを考え合わせると，高知県幡多地方における犬神への差別意識は，多くの憑きもの筋研究が提示してきた経済的格差への嫉妬だけで説明できるものではなく，日本文化におけるケガレ観に起因したものである可能性も想定できよう。さらに，この仮説が正しいとするならば，本書で議論してきた今日の「犬神」観は近年変容したものではなく，言説が再燃し研究が盛り上がった戦後期にこそ「変容」しており，近年先祖返りのごとく本来の形に戻ったのかもしれない。あるいは，近世以来，高知県幡多地方の犬神観は不変であったにもかかわらず，憑きもの筋研究のフレームが演繹的であったがゆえに，高知県における犬神観の特徴――ケガレ観――を見落としたまま，今日まで研究が続けられてきた可能性もある。

もっとも，これらはあくまで極端な可能性を挙げただけであり，これまで追ってきた聞き取りデータや文献資料は，戦後以降に高知県の人々が抱く「犬神」観に「強制力」が働きかけ，今日の「変容」に至ったことを示している。むしろここで注意しておかねばならないことは，『郷土研究』1巻2号に掲載された起源論（もしくはこれに類似したもの）が何らかのルートを通じてQ氏に読まれていたように，竹内や倉光の議論が各地の郷土史家や一般の人々に読み込まれ，人々の「犬神」観に働きかけた可能性が指摘できることであろう。例えば，先に取り上げた第35号の公民館報は，差別される先住民の一例にツルメソを挙げているが，これは竹内の議論と近しいものである。記事の執筆者が竹内の著作をそのまま下敷きにしたとは断定できないものの，竹内ら先行する研究者たちの仕事が蓄積されるとともに，そうした研究者の考えが郷土史家や地域の人々へ浸透し，いつしかそれが生活世界から生じたように考えられてもおかしくはない。犬神と犬神人，犬神観とケガレ観の関係性は，高知県の事例だけから検討することは難しいため，現段階では可能性の指摘に留めることとする。

　以上のように，大方町の限られた事例ではあるが，犬神にまつわる問題の解消を目的とする「生活世界の手法」は，憑きもの筋を一括して取り扱う演繹的手法ではなく，当該地に存在する対象――犬神――そのものと向き合い，ローカルな要素の連環を批判する，強く個別性に立脚した手法であったと考えられよう。こうした手法が演繹的な手法との比較検討の後に意図的に選択されたのか，大方町で偶発的に用いられたに過ぎないのかについては，より多くの文献資料や聞き取り調査から慎重に検討しなければならない。しかし，時には演繹的な憑きもの筋研究を引用していることも考慮すると，学術研究の手法は大方町の生活者たちにも知られていたと考えるべきであり，それでもなお，彼らが地域独自の要素に立脚した犬神批判を展開したことは注目すべきである。また，戦後の憑きもの筋研究が生活世界へ還元される際には，その発信者となる各地の民俗学者や郷土史家――生活者――によって，犬神に関する問題を解決するため時に「戦略的」に言及される，一種の「資料」として扱われた傾向が見られるとも指摘できる。

第4節　新たに発生する「犬神」観

　また，あくまで可能性の指摘ではあるが，近年は前節までに挙げた「犬神」観とは別種の「犬神」観を発生させ得る状況にあるとも言えよう。ここまで議論してきた「犬神」観は，高知県で各々の生活世界に生きる人々が予め何らかの犬神観を抱いていることを前提としている。その犬神観が学術研究・「生活改善」・メディア上の情報といった「強制力」からの働きかけを受け，地域住民の主体的な受容・拒絶・依拠を通じて変容あるいは固持されてきたものが「犬神」観である。

　しかし，第2部で検討した通り，比較的若い世代の人々は，そもそも「犬神」観を抱いていない。高知県における「犬神」観の特徴として，今日も続くタブー性と強い差別意識が挙げられるが，こうした喫緊の社会問題と絡み合っているからこそ，高知県における特徴的な変容が生じたと見られよう。裏を返せば，そもそも社会的緊張を伴う「犬神」観を知らない人々であれば，これまで挙げてきた「強制力」に働きかけられたとしても，本書で紹介したインフォーマントのような反応を示さない可能性がある。本章で再考したQ氏についても，詳細な犬神の起源論を本で知ったとはいえ，犬神にまつわる話題としての重さはε集落での生活を通して体験したとも語っている。一方，文献資料やメディア上に記録された犬神に関する情報は，歴史的な変容を免れるだけでなく，社会の紐帯からの制約を離れて常にアクセスできるものとなる。生活世界で「犬神」に関する言説が弱まっていくこととは対照的に，半永久的に知識が保存されるとも言えよう。本書に挙げた中では，坂東の作品に記録された犬神の情報に触れることで実生活上の社会問題にも目も向けた，『毎日新聞高知地方版』の伊賀氏の事例が当たる。

　あくまで未来への展望ではあるものの，今後「犬神」観の後景化が進行し，犬神について何も知らない人々が増えるに従って，彼ら・彼女らがメディアを通じてかつての犬神を知ったとしても，単なる過去の知識として記憶するに留まり，日常生活と結び付いた実効力を失うのではなかろうか。高知県内で単純な知識としての「犬神」を受容した人々の意識化に「犬神」観が芽生えるとす

れば，それはこれまでに挙げたインフォーマントや文献資料の執筆者たちの抱く「犬神」観とは別種の，新たな「犬神」観になると予測できよう。

第5節 「犬神」観変容の過程と今後の展望

本節では，ここまでの議論を総括し本章のまとめを行う。犬神の言説が引き起こす社会的緊張に対して，学術研究の用いた手法と生活世界における手法を対比的に考察することで，それらが歴史的に「強制力」としての相互作用を生じさせてきただけではなく，今後の学術研究・生活世界の双方に影響していくことを明らかにする。

1　学術研究と地域の描く螺旋運動

本章では，戦後の憑きもの筋研究を一種の「資料」として再考することで，それらの挑戦した試みが，恐らく研究に携わった本人たちにも自覚できない形で，きわめて特徴的な段階に至っていたことを示した。また，憑きもの筋研究群は演繹的手法に即したものであったと表現できるが，その手法は憑きもの筋に付随する社会問題を早期に解決しようとする，近年の公共性に近い目的意識に立脚して「戦略的」に用いられたものであったと言えよう。

一方，旧大方町の人々の用いた，犬神が引き起こす問題に対する「生活世界の手法」は，アカデミズムとは異なっていた。この動きは一見学術研究に逆行するものとも考えられるが，フィールドにおいて最も有効な手法を「戦略的」に用いたと捉えるべきであり，かつて民俗学が目指した経世済民や実学としての問題意識が別の形で顕在化した事例であると捉えられよう。

ここで第3部の議論と併せて両者の相互作用を考えると，具体的な地域社会にとって，学術研究の成果は「言及すべきもの」として扱われていると表現できる。高知県の「犬神」の場合，公民館報や町史，地方新聞などの地域に密着した文献資料を用いて，各地の生活者が「犬神」に対する自らの解釈や意見を述べる際には，戦後の憑きもの筋研究群は何らかの形で引用される関係にある。引用の手法は，学術研究の援用や紹介に徹するもの（受容），学術研究に真っ向から対立するもの（拒絶），さらには，学術研究に自身の解釈を添える

もの（依拠）と様々だが，生活者から何らかの反応が返されている。ゆえに，これまで高知県幡多地方においては，（発信者が学術研究の成果を全く知らない場合を除いて）多くの人々が意識的・無意識的に戦後の憑きもの筋研究への「言及」を行ってきたと考えられる。

このことから，幡多地方の犬神に関する学術研究と生活者双方の言説は，糾える縄のごとく交互に絡み合っており，両者が融合し，時に反発する相互運動を約70年間経験し，今日の「犬神」観の変容に働きかけてきたと指摘できる。先行研究群は，犬神などの憑きもの筋が，口承を媒介に世代を越え再生産されるという見解を提出してきたが，本章で明らかにした「犬神」観の変容過程は，学術研究と生活世界の「知」が相互作用を通じて本来の想定を越えた地点へ，二重の螺旋運動を描きながら到達するものと言えよう。

言説が螺旋構造のもと，新たな地点へ至る可能性については，ミシェル・フーコーがすでに言及している。フーコーは『知の考古学』の結びで構造主義を痛烈に批判した。しかしその批判は，当時の構造主義の枠組みでは「知」が一定の言説の中で静的な円周運動を繰り返すに留まっていることへ向けたものであって，構造主義の根本的な否定とは考え難い。むしろ，今後の構造主義の進展には，「知」が円周運動を繰り返すうちに当初とは異なる地点へ到達することをも射程に収める必要があるとする，構造主義を深化させるための提言と受け取るべきである〔フーコー 2012：371-396〕。

フーコーは，「余白」や「矛盾」として言説の揺らぎが発生する場合を想定したが，それは自動車のハンドルの遊びのように，一定の範囲内での揺れを指す〔フーコー 2012：181-188，282-295〕。言説の形成や変容，強制力の議論において，特定の言説が無制限・無規則な変容を許されると想定すれば，いかなる言説もいわば詭弁で自由に解釈することが可能となり，曖昧な議論に陥る可能性がある。この点で，フーコーの議論は，客観性と検証性を兼ね備えている。また，柳田の「口承文芸史考」でも，口承は話す側と聴く側の相互作用の中で継承されるとしており，それが語られる場においては，細部の変化は概ね容認されるものの，物語の核となる部分の改変は否定され，修正されるとしている〔柳田 1947：13-16〕。

これらを「犬神」の言説に援用して考えると，戦後までの犬神は，集団内で

その情報が共有されることにより，細部は変容しつつも，「特定の家筋の者が犬神と呼ばれる動物霊を使役して，周囲に災いをもたらしている」という核の部分は継承されてきたと言えよう。しかし，戦後の憑きもの筋研究の高まりそのものが生活世界への「強制力」の一つとなることで，従来生まれ得なかった「変容」を生み出したのではなかろうか。特に同和問題との接近は，大方町田野浦の青年団運動を通じて両者が明確に結び付けられ批判された事例のように，学術研究と批判活動の進展が人々に別種の差別を同一視させる後押しとなった可能性は十分考えられる。

また，地域の側からの学術研究に対する意見提出はいかに評価すべきか。学問とフィールドの往復運動については，飯倉義之が有用な指摘を行っている〔飯倉 2010：293-312〕。飯倉は，フィールドワークを行う際に，豊富な知識を有する「郷土史家」が自身の解釈を交えて語ることで聴き手との間に会話の流れのズレが起こり，聞き取り調査が難しくなるとしている。同時に，文献資料を知らない無垢な住民に限定して聞き取りを実施することは，調査者を主体，話し手を客体の段階に置き去る手法であると批判し，調査者と話し手双方が解釈の主体となり得る双方向的研究手法を志向すべきであると説く。飯倉はあくまで「郷土史家」と「郷土史家でない人々」を切り分けて議論しているが，先述のＱ氏のような郷土史家ではない人々も，民俗を語る際に自分の解釈を交えることが十分考えられる。飯倉の議論で注目すべきは，学問と生活者との相互作用を，聞き取り調査の事例を通して明確に再評価したことである。

また，鶴見太郎によると，柳田は昭和12（1937）年の時点で，民俗学の支柱となるべきものは，「普遍性，実証性，現代性」の三点であると考えていたと指摘し，鶴見はこの現代性を「実践性」と言い換える。さらに鶴見は，これからの民俗学者はその学術的独創性とともに，いかに調査対象地の人々と交流したのかという「関わり方の独創性」も考慮すべきであるとしている〔鶴見 2004：128-141〕。

すでに述べた通り，柳田は速水の仕事を高く評価しつつも，その研究が奇抜でゴシップ的な事例を集めすぎたきらいがあるとの，批判的示唆を残してもいる。憑きもの筋を研究テーマとした民俗学者たちが，多かれ少なかれ憑きもの筋が引き起こす社会的緊張への熱く滾る「当事者性」を押し出す中で，柳田が

あえて当事者性を封じた理由は，あまりに客観性から離れた憑きもの筋研究は「読者に間違つた印象を与へ」かねないと危惧していたからであろう〔柳田1957：1〕。当時民俗学を牽引した柳田が，主観と客観の均衡を保つ主体として立ち働いたと見られることも，憑きもの筋研究の歴史における看過すべからざる事実であり，この問題意識は石塚にも継承されている。民俗学による憑きもの筋研究の初期段階から，学術研究と地域の間の相互作用は暗黙の裡に想定されており，その視座は今日の学術研究が課題とする地域との関わり方の一環としての価値を内含する，極めて先進的な段階に至っていたとまとめられよう。

2　「憑きもの筋」をめぐる連鎖反応

先述した飯倉と鶴見の議論は，「特定の土地を対象とする研究者（特に民俗学者）」と「特定の土地に住む人々」の間の相互作用，いわば一対一の関係に対する議論であった。一方本章で扱った「憑きもの筋研究」と「高知県大方町」の相互作用は，演繹対個別，換言すれば，多数対一の関係である。この関係において，憑きもの筋研究が日本全体を対象とした議論を行う一方，生活者たちはまずその議論を地域の「犬神」への議論だと解釈し，さらに学術研究の内容そのものを個々人で解釈して受容・拒絶・依拠を唱える，二重の解釈のフィルターを通してきたと指摘できる。本項では，この濾過された学術研究の言説と生活世界の言説との相互作用が，今日の幡多地方における「犬神」観の変容に及ぼした影響を考察する。

戦後に民俗学と文化人類学の主導した「憑きもの筋研究」は，演繹的手法から犬神・狐持ち・トウビョウ・外道・ゴンボダネなど多様な「憑きもの筋」に働きかける，数多くのベクトルを束ねた「強制力」であったと表現できる。一方，生活者たちの受容・拒絶・依拠の対象は，自らが住まう地域の言説——幡多地方の場合は犬神——であり，その他の憑きもの筋に関する議論は，基本的に捨象されることとなる。しかし，直接的な解釈の往復運動の対象からは除外されつつも，犬神や狐持ち，蛇神などが一纏めに「憑きもの筋」と呼ばれることで，生活者の意識下に新たな像が結ばれると考えられよう。例示すると，平成6年版の『大方町史』では，矢野氏が憑きもの筋研究を戦略的に記述していく過程で，犬神に「全国的に見ても珍しくない憑きもの筋の一種」としての，

新たな価値を付与した。さらに，この町史が地域内外の人々に読まれ，受容・拒絶・依拠される過程で，犬神に対する新たな解釈が生まれ，次々に広がっていったと想定できる。

　口承の伝播と変容については，『オルレアンのうわさ』におけるエドガール・モランの議論が参考になる。モランによると，うわさが伝播していく過程で，次第に内容の一部が肥大化し，話のバランスを保つために別の部分がさらなる肥大化を起こすことを繰り返して，うわさは際限なく巨大化していくという〔モラン 1973〕。モランの議論を逆に考えると，本書におけるインフォーマントたちのように，うわさが伝播せず個人に沈滞する知識となった場合は，うわさが次第に縮小し，最終的に特徴的な部分だけが濃い記憶として残ると想定される。これはインフォーマントたちの「犬神」に関する知識に，結婚や差別への言及が数多く残されている点と一致する。しかし同時に，個人に沈滞する今日の「犬神」知識は，本来無関係であったはずの同和問題と接近させて語られるなど，うわさの膨張や収縮に関する議論では扱いきれない要素をも示しており，そうした変容を引き起こした「強制力」は直接的なコミュニケーションに依拠しない外的要因に求められよう。本章での議論を踏まえると，幡多地方における「強制力」とは，憑きもの筋研究そのものや，これを下敷きとした地域住民による度重なる犬神言説への批判であり，こうした外的要因との連鎖反応を通じて，本来無関係であったはずの同和問題と「犬神」が接近させられたのである。以上を踏まえると，今日の「犬神」観の変容を解き明かすためには，従来の民俗学や文化人類学の手法による分析に加えて，学術研究が社会に還元される際に生活世界との間で生成した相互作用をも考慮すべきであり，本章の議論はそうした新たな一歩を確かに踏み出したものであると言えよう。

3　今後の「憑きもの筋研究」への展望

　以上，戦後の民俗学・文化人類学の「憑きもの筋研究」が内包していた高い公共性と社会問題解決のために採用した戦略，その戦略へ時に対抗する生活者の視点と戦略，両戦略の相互作用について考察を施した。本章で得た知見に基づくと，これまで演繹的手法で行われてきた学術研究に対して，生活者の声はあくまで個別性に立脚した手法に則って届けられており，両者の醸し出す相互

作用は地域によって異なっていると推測できる。過度な「憑きもの筋」のラベリング——形而上学的に憑きもの筋を定義し，各地の事例から乖離する研究手法——は，生活世界の民俗事象を学術研究の枠組みに押し込め，地域に即した特徴的な事情を見落とす危険性があろう。また，生活世界との間に相互作用が生じる以上，時には研究を通じて用いられたラベリングそのものが，現地の人々に新たな「犬神」観や「狐持ち」観を芽生えさせる可能性も挙げられる。

　これらの推測を下敷きにすると，今後の憑きもの筋研究は，学術研究そのものが各地域への「強制力」として働き得ることを理解し，まずは各地域のローカルな事情に即したケース・スタディとして立ち上げられるべきであると言えよう。もっとも，過度な事例研究への傾倒はより広い視野への展望を失う危険性も孕んでおり，それは近年文化人類学者を苦悩させる学術的な閉塞状況に他ならない。ゆえに，今後の憑きもの筋研究においては，各フィールドの事例・住民・生活へ真摯に向き合ってその独自性を明らかにするとともに，各地を対象とした篤実な事例研究を束ねることで，今日の憑きもの筋言説が有する日本的普遍性を導出しなければならない。「憑きもの筋」は，地域「を」考える題材であるとともに，地域「で」考える重要な主題なのである。

　本章では，戦後高知県の幡多地方において，人々の「犬神」観に対して働いた様々な「強制力」を考察し，地域研究と日本文化研究の両者に，今後の憑きもの筋研究が貢献し得ることを示そうとした。現在，犬神にまつわる言説は確かに減少しつつあるが，今なお一部の人々の間では強いタブー性とともに意識されており，過去の社会問題として片付けることは難しい。かつて石塚は，憑きもの筋を学術研究の対象とすることで，この社会問題を根深くさせてしまうのではないかと危惧しつつも，誠実な学術研究とその成果の教育を通じた社会還元がこのような将来の危機に対応する最良の方策だと信じ，研究に取り組んだ〔石塚 1959：296-297〕。柳田が速水に送った批判も，凄惨で特異な事例への集中は，人々の興味関心を引きこそすれ，公共的進展を持ち得ないとの予想に基づいたものである。今後の憑きもの筋研究も，最新の事例や理論にさらなる知を堆積させるだけではなく，その公共的影響をも考慮して継続されていくべきであろう。

　しかし，ここで指摘しておかねばならない問題が残されている。これまで議

論してきた通り，現在でも高知県における「犬神」は口にすることさえ憚られる重い言葉であるため，様々な「強制力」からの働きかけに対する人々の反応（あるいは無反応）を無条件に一次データとして扱えるとは限らない。人々の側に各種の「強制力」に対する受容・拒絶・依拠の意思があったとしても，「犬神」に関する言説そのものに関わることを拒否し，己の意思を内に秘めた可能性も想定できるためである。実際のところ，こうした人々の内的な意思の有無を証明することは難しいため，筆者が取り組んできた他の調査を事例として，生活世界の言説とマス・メディアを通じて発信される「強制力」との間に生じる相互作用を議論し，「犬神」に関する議論を補足する。

補論
「強卵式」からみる生活世界とメディア上の情報間の相互作用

　本書で扱ってきた高知県の「犬神」観は，変容を遂げた今なお強いタブー性を伴っている。この制約によって，高知県における生活者の抱く「犬神」観が各種の「強制力」から働きかけを受けた場合でも，人々の受容・拒絶・依拠といった反応は意図的に秘匿される可能性も指摘できよう。ゆえに，生活世界・学術研究・メディア上の情報の三者の言説間に起こる相互作用を通じて「犬神」観が変容する過程，あるいは言説空間そのものが拡大する過程は，「犬神」に関する資料を直接的に扱う議論だけでは十全に明らかにし得ないであろう。そこで補論として，現代社会における「祭り」の創造と形成の際に生じる特徴的な現象を，祭りへの参与観察と文献やインターネット上の資料から得られたデータを基に考察する。この作業は，誰にも憚ることなく口にし得る民俗において，こうした相互作用や言説空間の拡大がいかなる過程で展開するのかを示し，第8章の議論を補足するであろう。

　日本の「祭り」に関しては，すでに柳田国男が議論を行っており，全員が参加者となる「祭り」と，参加者以外の観衆が存在する「祭礼」が明確に区別された〔柳田 1942：176-192〕。柳田の議論は，生活世界の住民の利用し得る情報伝達の手段——特に受容と発信——が口承や文献，新聞，ラジオなどに限られていた時代においては十分な妥当性を有する。しかし，テレビやインターネットなど，より視覚的で即応性の高いマス・メディアが登場した現代社会へこの議論を援用し得るのかについては，一考の余地がある。とりわけインターネットは，テレビなどインターネット登場以前のメディアと比べ，個々人の解釈や思想を容易に受容・発信し得る重要な媒体である。ゆえに，近年「創造」

され「形成」されつつある「祭り」を考察することは，対象事例のケース・スタディに留まらず，今日の日本文化を取り巻く重要な位相を明らかにすると期待できよう。

　これらを踏まえ，本章では栃木県栃木市都賀町家中地区で開催されてきた「強卵式（ごうらんしき）」を事例に，その創造の背景と，「伝統文化」として地域の内外に受容されていく過程に焦点を当てる。議論の錯綜を避けるため，強卵式成立の背景となった日光修験や強飯式との関連の考察は別の機会に譲るものとして，本章では，強卵式に「参加」する人々の思惑と，強卵式を運営する地域住民とメディア上で再表象される「奇祭」イメージとの相互作用をテーマに据える。この議論は，今日の高知県で独自の「犬神」観を抱く人々と，メディア上で再表象される「犬神」イメージの間に引き起こされる相互作用を考える上で，有益な知見を提示するだろう。

第 1 節　強卵式と「参加者」たち

　まず，「強卵式」の成り立ちと，この祭りを営む鷲宮（わしのみや）神社について確認する。さらに，強卵式に携わる「参加者」たちの思惑を指摘し，単純な新規祭礼の枠組みでは扱いきれない強卵式の特徴に言及する。

1　強卵式とは

　「強卵式」とは，栃木県栃木市都賀町家中地区の鷲宮神社において，毎年11月23日に開催される例大祭の一環として執り行われる儀礼である。鷲宮神社は家中地区の総鎮守として置かれた神社であり，天日鷲命（あめのひわしのみこと）（別名：天日鷲翔矢命（あめのひわしかけるやのみこと））と大巳貴命（おおなむちのみこと）（別名：大国主命（おおくにぬしのみこと））を祭神とする。地域の住民たちからは，天日鷲命が奏でた弦楽器に鷲が止まった説話にちなみ，「お酉様」として受け入れられてきた。鷲宮神社の例大祭は午前8時の集合から午後3時40分頃の撤収までおよそ1日がかりで行われるが，強卵式は午後1時30分から午後3時30分頃までの約2時間に執り行われる。強卵式の式次第を補足すると，①拝殿に登った宮司・天狗・赤の面・青の面・巫女・頂戴人らが参拝と祓いを済ませ，②頂戴人が天狗から日本酒の痛飲を強いられる「御神酒の儀」，

写真補 -1　御神酒の儀（左）と強卵の儀（右）

（出所）　2015 年 11 月 23 日：筆者撮影。

③天狗から卵を口にするよう迫られるが，頂戴人が断固としてそれを拒否する「強卵の儀」，④神楽保存会の 2 人の巫女による「浦安の舞」と続く。その後，⑤頂戴人らが卵を祭神に献饌し，⑥再び殿上の全員が参拝することで拝殿における儀礼は終了となる。この後，頂戴人らが神楽殿に移動し，⑦参加者に強卵の儀で用いた卵を投げ与える「福撒き」を完了させるまでが，強卵式の一連の流れである。本章では特に，②御神酒の儀，③強卵の儀，④浦安の舞，⑦福撒きに注目する。

　強卵式の主軸は，「御神酒の儀」と「強卵の儀」である。これらは，拝殿に登った 10 人の男女――頂戴人――が，5 合の日本酒の一気飲みと鶏卵の大食を神使の天狗から大声で強いられるという，耳目に訴えかけるパフォーマンスから成る。天狗が拝殿上で大声を上げながら立ち回って飲酒を勧め，頂戴人たちはラッパ飲みで一升瓶に入った酒を飲み干さねばならない。天狗の大立ち回りと赤ら顔で必死に酒を飲む頂戴人の姿は強卵式最大の見せ場であり，この様子を見物し撮影するために，家中地区内外から多くの人々が押し寄せる。一方「強卵の儀」では，鷲宮神社の故事[162]に即して境内での鶏や卵に関連する飲食が忌避されるため，頂戴人たちは頭を垂れ必死に天狗の責めに耐えねばならない。痛飲と大食を強いられる強卵式の次第は，現在でも栃木県内に広く見られる「強飯式（ごうはんしき）」との関連性，ひいてはその背後にある日光修験との長年に渡る連続性を感じさせるが，意外にも，強卵式は平成 13（2001）年に創設された比

---

[162]　北条政子が百日咳を患った源頼家のため鶏肉と卵を断って彼の寛解を祈願し，願いが聞き届けられた，というもの。

較的新しい儀礼である。

　また，例大祭には，強卵式の前後の時間帯にも数多くの行事が盛り込まれている。例示すると，例大祭の間会場に設置される山車[163]の上で不定期に囃子太鼓が叩かれており，それらの山車の後ろに設けられたスペースでは，各自治会のメンバーが酒宴を開き地域住民同士の交流を深めている。拝殿に向かって右手には神楽殿があり，ほぼ終日，地元の太々神楽保存会メンバーの手で神楽が披露される。さらに，正午と強卵式直後の2回，「福撒き」と称して神楽殿から強卵式で用いた卵——直接投げ与えると割れてしまうので，卵型のゴムボールを投げ，拝殿横でボールと卵を交換する——や様々な菓子，玩具などが境内に集まった参加者へ投げ与えられる。また，境内には食べ物や射的，くじ引きなどの屋台もあり，例大祭の開催される11月23日は，どの時間帯に鷲宮神社を訪れても何かしら見物することができる。

2　調査概況

　筆者は後述する松田俊介とともに平成25（2013）年11月23日（土曜日），平成26（2014）年11月23日（日曜日），平成27（2015）年11月23日（月曜日）の3回，鷲宮神社例大祭への参与観察を行い，特に2014年と2015年の調査では，宮司の菱沼至広氏[164]や太々神楽保存会のメンバーを中心とする聞き取りを実施した。以下のデータは，それら2回の調査データに基づくものである。

3　強卵式の特徴

　管見によれば，強卵式を対象とした学術研究はきわめて少ない。あえて挙げるならば，栃木県内の大食儀礼を広く研究してきた，松田俊介の仕事がある。松田は，今なお続けられている県内の大食儀礼を実地調査に基づいてマッピングしたが，これを参照すると，輪土寺の日光責め，生岡神社の子供強飯式など，大部分の強飯行事が昭和50（1975）年に実施された栃木県教育委員会の調査以前から存在したことが分かる〔松田 2015〕。また，強飯式に関する研究とし

163）　家中地区の自治会が自作したものである。
164）　文中に実名を挙げる許可が得られたため，先述の漆川氏と同様に氏名を表記した。

て，矢島清文，中川光熹，福原敏男らの仕事がある。これらによると，強飯式とは，江戸期に土着の慣習が東照大権現と日光三社権現の権威高揚を目的として徐々に儀式化されたものであり，日光東照宮造営以降にはほぼ現在の形式に固まったという〔矢島1955；中川1980；福原2003〕。

　以上を踏まえると，強卵式の第一の特徴として，日光修験の名残色濃い各地の強飯行事とは対照的に，日光修験との関連性が断絶しているように見える点が挙げられよう。特に，大食行為に対する強飯式と強卵式の論理的基盤は正反対である。強飯式においては，神から賜った尊い食物であることを理由として，頂戴人らはほとんど不可能な鯨飲大食——蕩尽行為——を強いられ，それを（形式的に）成し遂げる。一方，強卵式における卵の大食は，神使（天狗）から強いられはするものの，鷲宮神社の故事に即して禁止されており，実際には鶏卵へ触れることすら許されない。頂戴人の前に並べられる食物（鶏卵）が尊いことは強飯式と変わりないのだが，尊いゆえに不可侵のものとされ大食は禁忌となる。

　これを踏まえると，先述の「福撒き」についても一考する必要が生じよう。福撒きは多くの強飯行事で見られる式次第だが，それらは尊いものを観衆にも分け与え福を共有する機能を担ってきた。しかし，強卵式の福撒きは，「神聖で食べてはいけないもの」を人々へ与えていることにならないのだろうか。強卵式を創設した目的や福撒きについて，我々は宮司の菱沼氏から次のような回答を得た（以下，括弧内は筆者による補足）。

　　（平成13年1月に亡くなった）父の供養に祭りを賑やかにやりたいと思った。（当時鷲宮神社の例大祭が抱えていた）一番の問題は「境内で鶏や卵を食べること」。
　　最初は強卵式の名前はなく，卵も大きな卵焼きにするなどして食べさせる気だったが，さすがにまずいので卵は食べさせないことにした。強卵部分だけだと（頭を下げているだけで）動きがないので，清めと称して酒を飲ませることにした。（経済的に）負担のかかることは続けにくいので，強卵式は酒と卵だけでやっている。強卵式で使う黒いお盆は，オオサキ神社の骨董市で，氏子が掘り出し物として見付けたのを貰った。福撒きは，

総代会から余興費として予算を5万円組んで買っている。（福撒きに使うものは）100円ショップや問屋を使ってできるだけ安く仕入れている。5人ほどお菓子を奉納してくれる人もいる。栃木からの補助費はゼロ。でも，文化財に指定されると，（神社の造りなど）あれこれ制約ができそう。正直なところ，文化財になっていいのか悩む。

強卵式は，基本的には「地域のみんな」が楽しむもの。山車の裏でやっている酒盛りがメイン。「平成に始まった伝統」として，200年くらい続いて欲しい。
（2014年11月23日の聞き取り調査より）

菱沼氏によると，強卵式は，①卵食禁忌の理念を地域住民に周知すること，②地域住民が楽しめること，③経済的に無理なく続けられること，の3点を同時に満たす伝統儀礼として創作されたものであるという。補足すると，卵焼きを参加者に振る舞う案は協力を要請したイベントコンサルタントから発せられたが，この案は神社の理念に反するとして却下された。このイベントコンサルタント[165]は，宮司や神楽保存会のメンバーが家中地区の生活者であることに対し，家中地区には拠点を置かず商業的にイベントを企画し提供した点で，他二者の主体とは少し違った立場にいる。また，境内の屋台にも，唐揚げや卵焼きなど明らかに鶏や卵を用いたことが分かる出し物は許可していないという。

こうした強い規制を敷く一方で，あえて「卵」を境内で配布する儀礼の構造は一見卵食禁忌の周知と逆行するようでもあり，注目に値しよう。そこで，まずは福撒きにおいて参加者が実際に卵を入手するまでの流れを検討する。福撒きにおいて参加者が卵を手にするには，神楽殿から投げ与えられたゴムボールを受け取り，それを持って拝殿横の特設スペースに移動し，待機する運営スタッフからゆで卵を受け取らなければならない。これを強卵式からの一連の流れとして捉え直すと，頂戴人たちが責められる様を見物するため拝殿近くに集まった観衆が，拝殿上での式次第が終了したことに伴って福撒きの行われる神楽殿前まで一旦移動し，福撒きで他の参加者たちと競いつつ卵型のゴムボールを受け取り，そこから再度拝殿へ戻る環状の軌跡を描くことが分かる。この円

---

[165] なお，このコンサルタントは現在の強卵式運営には携わっていないため，2015年11月23日に実施した菱沼氏への聞き取り調査が情報の出典となった。

周運動において，観衆は儀礼を眺めるだけの受動的な見物人から，周囲の人々と競い卵を取り合う主体的な「参加者」へ転化することを余儀なくされ，「参加者」の証としての「卵」を受け取ることで例大祭を「体験」していると考えられる。さらに，この一連の流れの中で，強卵式を運営する人々は，放送や立て看板を用いて，「境内で卵を食べてはならないこと」を度々周知する。

これら二つを考え合わせると，強卵式においては，鷲宮神社の境内で禁忌とされているはずの卵を入手するという主体的行為によって，見物人までもが「参加者」へ転化させられているとまとめられる。そして，参加者としての立場に置かれたまま卵食禁忌の理念を周知されることで，人々は自己の主体的な体験としてこの理念を強く意識させられていると指摘できよう。つまり，強卵式は，特定の理念の周知のため確固たる式次第を静的に繰り返す儀礼ではなく，緩やかな理念の周知でありながら，参加者に主体的な行動を促すことでその理念を効果的に知らしめる動的な構造の上に成立した儀礼と捉えられる。

しかし，現代社会において，「鶏や卵を口にしない」ことを周知し，参加者にこうした規制を順守させることは可能なのだろうか。鶏肉も卵も多くの料理に不可欠な食材であり，日常生活においてこれらを断つことは大変不便であろう。この疑問について，菱沼氏は次のように語っている。

> （私は）卵は食べなければ，食べないで大丈夫。メニューを選ぶ時に，卵が入っていないのを選ばないといけない煩わしさ，面倒臭さはある。（私の）父は生まれた時から食べていない。私は20歳の誕生日で食べるのをやめた。宮司になる以前から神社でのアルバイトをしており，どこからがプロかという線引きが難しかったので，20歳の誕生日を機に卵を食べるのをやめた。
>
> 氏子が卵を食べなくなったということはないし，現在もみんな食べている。かつては食べていなかったと思うがよく分からない，祭りの時だけ食べなかったのかもしれない。
>
> 強卵式の主目的は神使への畏敬の念を育てること。
>
> 　　　　　　　　　　　　　　（2014年11月23日の聞き取り調査より）

菱沼氏の語りに従うと，強卵式が周知しようとする卵食禁忌の規制は，段階的なものであることが分かる。まず，宮司である菱沼氏は，日常生活でも卵を断っており，卵食禁忌の規制を順守している。加えて，福撒きの際に受け取った卵を境内で食してはいけないという規制も見られる。これは，卵や鶏肉を使用する屋台が例大祭への出店を許されていないこととも共通しているだろう。こうした食のタブーは鷲宮神社の故事に即した規制であり，毎年11月23日の例大祭に限らず，鷲宮神社境内という空間では強い卵食禁忌の規制が敷かれていると言えよう。

　一方，宮司以外の日常生活に対して，強卵式は徹底した規制を敷いてはいない。例大祭の主要な担い手である氏子たちでさえ，卵や鶏肉を口にしても咎められることはない。また，例大祭当日であっても，神社の境内を離れさえすれば，福撒きで受け取った卵を口にできる[166]。菱沼氏によると，「強卵式の主目的は神使への畏敬の念を育てること」であり，氏子や地域住民をも巻き込んだ卵食禁忌の規制の徹底が目的とはされていないようである。

　これまでの議論を整理すると，強卵式における卵食禁忌の規制は，三つの段階に分けられていることが分かる。まず，強卵式参加者の立場から考えると，①鷲宮神社宮司を務める菱沼氏は，卵食禁忌の規制を鷲宮神社の内外を問わず常に順守している。次に，②氏子を含む宮司以外の参加者は，例大祭当日も含め卵や鶏肉を口にしても構わない。さらにここで場所の問題が絡むと，③ただし，鷲宮神社境内においては，日時を問わず卵や鶏肉を口にすることは許されない，という限定的な規制が付加される。特に③に関しては，限定的な規制でありながら，強卵式という非日常の空間で幾度も経験させられることによって，「参加者」たちの意識に強く刷り込まれてきたと見える。以上を総括すると，第二の特徴として，強卵式は卵食禁忌の段階的な規制と逆説的な参加者への周知効果を有していると指摘できよう。

　語りにある通り，強卵式創設に大きく貢献した宮司の思惑は，神社境内での鶏肉・卵の消費の規制と，地域住民を対象とした神使への畏敬の念の周知である。しかし興味深いことに，強卵式を運営する他のアクターは，宮司と思惑を

---

[166] このため，例大祭当日は，神社の境内の外で手にしたゆで卵を立ち食いする人々が数多く見られる。

共有していない。強卵式創設に関わった代表的なアクターは，宮司，イベントコンサルタント，後に登場させる神楽保存会の三者である。今後は，議論の力点をそれぞれの主体の思惑へと移行させる。

イベントコンサルタントは先述した境内での卵料理を提案しており，この案は神社の由緒に反するものであるとして却下された。しかし，「人を集められるイベントにする」という思惑は，その後の強卵式の在り方に幾許かの影響を与えている。強卵式で最も耳目を引く「御神酒の儀」について，菱沼氏は以下のように語っている。

> 強卵部分だけだと動きがないので，清めと称して酒を飲ませることにした。最初は赤い杯でやる予定だったが，裃にこぼされると6,7万円の出費になるので一升瓶にした。最初の頃は，人によって酒の量を変えていた（弱そうな人は2合，飲めそうな人は7合など）。調整した酒を用意するのは面倒なので，今は全員5合。
> 　今回（2014年）天狗に頻繁に責められていた女性は韓国からの留学生。カナダ，ドイツの人がやったこともある。強卵式の基本的な部分は崩せないが，崩していい部分もあると思う。一度年配の男性ばかりでやった時は，（観衆に）「おじちゃんばっかりでつまらない」と言われた。偉い人が強卵式に出ることで得られる，良い効果もある。男女比は8対2で，左右に女性1人ずつ入るのが理想。祭壇に近い方が上座，遠い方が下座。下座はいじられ役で，観客に近いので見る方も面白い。
> 　　　　　　　　　　　　　　　　　　（2014年11月23日の聞き取り調査より）

> （2015年の強卵式に参加した女性二人について）若い方は国学院短期大学に属する韓国からの留学生。去年から交換留学生を一人入れて日本文化に触れてもらっている。もう一人は宇都宮の方。自由参加で，本人が出たいと言ってきた。
> （「輪王寺の強飯式は女性の参加は基本的に許されず参加者も社会的地位が高い人物中心である一方，強卵式は女性の参加を歓迎しているのが面白い」という松田のコメントに対して）

（強卵式の）参加者の基本は紹介，色々な人が出た方が（菱沼氏自身も）見ていて楽しい。偉い人はつまらん。

最初は赤の面と青の面も頂戴人を責めていたが，狭い壇上に3人，仮面で視界が悪い，天狗は槍を持っているという条件が重なり，ぶつかってしまう。そのうえセリフも3人でかぶるし，思い切ったアドリブがやりにくい。（そこで）赤の面と青の面は黙っていることになった。

(2015年11月23日の聞き取り調査より)

これらを踏まえると，強卵式における「御神酒の儀」は，神事における宗教性より，動きに乏しい「強卵の儀」に代わって観客を楽しませる娯楽性に重きを置いていると理解できよう。また，頂戴人となる参加者も，上座に2名ほど地域の有力者が参加する以外にはほとんど制約がない。特に祭壇から遠い下座――観客に最も近い位置――には積極的に若者が配置され，痛飲によって泥酔するといったハプニングの発生が期待されている。実際に，2014年の強卵式では，下座に座った男性が酒を飲み干したものの泥酔し，その後の強卵の儀や記念写真の撮影まで足元がおぼつかなくなった。観客もしきりにこの男性を囃し立て，祭りの興奮は最高潮となった。

また，責め役を務める天狗のアドリブにも着目すべきであろう。天狗のアドリブは「御神酒の儀」と「強卵の儀」において披露される。御神酒の儀におけるアドリブは，飲むスピードが遅い頂戴人に対する催促，飲み干した頂戴人への賞賛，飲酒の限界に達した頂戴人の酒を他の頂戴人や観客へ引き継がせる配慮，全体の流れを見て強卵の儀に移行する進行と多岐にわたる[167]。次々に繰り出されるアドリブも，確固たる式次第を固持する輪王寺の強飯式「日光責め」とは対照的であろう。中でも天狗による酒の引き継ぎは，それまで観客として「見物」するだけであったはずの人々を，瞬時に殿上で飲酒を強いられる「参加者」に置換するプロセスでもあると解釈できよう。しかも，その判断は天狗のアドリブによる指名から発生しており，強卵式を見物することは，その空間内では自身が突然参加者になり得る[168]という潜在的な意識を観客に強いる。

---

[167] ゆえに，毎年別の者に天狗役の手順を教えることが困難であり，この役は毎年同じ40代の男性が任されている。

御神酒の儀は卵食禁忌の周知とは異なる思惑——人を集め楽しませるという，イベントコンサルタントの提案した思惑——を基盤に成立しているのだが，五感に訴えかける娯楽と化すことで，「見物人」であるはずの観客を能動的・主体的な「参加者」に転化させるという特異な機能を発現させている。このことが強卵式の第三の特徴として挙げられよう。

さらに，宮司，イベントコンサルタントとは異なる思惑を抱く強卵式の運営主体として，神楽保存会（以下，保存会）が挙げられる。保存会は神楽殿での神楽の披露や強卵式における巫女舞「浦安の舞」の指導など，強卵式を含む例大祭全体に貢献している。しかし，彼ら・彼女らの強卵式や例大祭に向ける思惑について，保存会役員の男性は以下のように語っている。

> （鷲宮神社で巫女舞を披露することについて）いま大人が子どもに関わって声をかけるような機会がないですから。子どもたちのコミュニケーション能力が下がっているようなのは，そういうところが関わっていると思う。そういう地域を作っていけたら，もとのよき日本が戻ってくるのかな，という気がしますけどね。　　　　　　（2015年11月23日の聞き取り調査より）

この男性の語りに従うと，保存会もまた，宮司やイベントコンサルタントとは異なる思惑のもとで強卵式に関わっていると考えられる。保存会に最重要視されているのは地域住民とのコミュニケーションであり，神楽の保存と継承を通じて地域の紐帯が強化されることを目指していると言えよう。そして，これら三つの運営主体の抱く思惑が互いに別の方向を目指しているにもかかわらず，強卵式が総体として十分な一体感を保持している要因は，それぞれの主体が他の主体の思惑も許容し受け入れたことにある。これまで述べてきたように，宮司の菱沼氏は，卵食禁忌の周知を強卵式開催の思惑にしている。同時に，儀礼を盛り上げようとするイベントコンサルタントの思惑を面白いとして評価して，強卵式の主目的に地域住民の楽しみを加え，地域社会の紐帯を強化しようとす

---

168) 地区の若者に，どうしても酒を引き継ぐ者が現れなかった場合は立候補するようそれとなく指示を与えてはいる。しかし，立候補者が出た場合は，外部からの飛び入り参加でも問題なく飲酒を引き継ぐことができる。

る保存会の思惑にも理解を示す。こうした他の主体の思惑への理解は，保存会や地域住民の側にもあったと考えられる。強卵式第四の特徴とは，それぞれの運営主体が異なる思惑に従って行動しているにもかかわらず，互いが緩やかな紐帯で結ばれ，それぞれの思惑を尊重することによって，儀礼の構造を安定させている点にある。

さらに，それぞれの主体が自身の思惑のため全力で行動することによって，強卵式が秘める第五の特徴が生み出されている。保存会の働きによって，家中地区の自治会を中心とする地域住民が例大祭への積極的な参加を促され，巫女舞や神楽——祭りの儀礼的側面——を担う重要な参加者となる。加えて，ありあわせの材料による即興性を重視する天狗のアドリブは，イベントコンサルタントが提示した集客性を高めるとともに，観客をも主体的な行動を促す参加者への転換に成功する。例大祭の各場面には，宮司の手で卵食禁忌の理念が周知されており，これまでの強卵式「体験」で参加者となった地域内外の人々は，主体的な参加によって逆説的に三つの思惑の中から「卵食禁忌」を周知されるのである。これは少なくとも三つの思惑を有する強卵式運営主体がそれぞれ全力で行動したがゆえに，単なる見物人や多様な強卵式解釈を生むに終わらず，一つの強力な儀礼の軸を成立させたという特異な逆転現象である。強卵式の孕む第五の特徴とは，複数の主体が各自の思惑に従ってそれぞれ全力で行動した結果として，地域内外の人々を「参加者」とする単一の儀礼的意義の周知に成功したことである。

第2節　メディアにおける強卵式——「奇祭」イメージの発信と増殖

前節では強卵式における直接的な体験とその機能を議論したが，ここからは強卵式がメディアを通じて発信される際の特異な現象を取り扱う。この議論は，近年急速に発達しつつあるインターネット上において，強卵式が再表象される際の傾向と，こうした再表象が家中地区の人々にも一種の「強制力」となって働きかける過程——生活世界とサイバー空間の間の相互作用——を明らかにする。

1 「奇祭」とされる強卵式

　学術研究ではないながらも，これまで「強卵式」に関する情報発信を行ってきたアクターとして第一に挙げられるのは，奇祭評論家の杉岡幸徳氏であろう。杉岡氏は日本各地の祭りから「奇祭」と見られるものをピックアップし，書籍や雑誌，テレビ，インターネットを通じて幾度も情報発信を行ってきた。杉岡氏の著した『奇祭』によると，彼が考える「奇祭」の定義は以下の通りである。

　　子どもたちが神官に大根を投げつけたり，天狗に無理やり卵を食わせられたり，少女が狒々の生贄に捧げられたり，女装した男たちがピンクの卑猥な御輿を担いだり――と，およそこの世の常識からかけ離れたものばかり。世にいう「奇祭」というものです〔杉岡 2014：8-9〕

　さらに，杉岡氏は奇祭を「奇妙かつ不可解な祭り」，「笑いの祭り」，「性の祭り」，「怖い祭り」に4分類し，強卵式は笑いの祭りに属するとしている。ここで，杉岡氏の著作を学術的な批判的読解で処理するのではなく，一種の「文献資料」として捉え直すことを試みる。前節で議論したように，それぞれの思惑は違えども，運営主体の考える強卵式の大枠は，地域の人々が楽しみつつ神使への畏敬の念を育てるための儀礼といったものである。しかし，この強卵式が運営主体を離れ，家中地区と物理的・距離的・時間的・身体的に離れた位置にいるアクター・杉岡氏の手に委ねられることで，新たな意味を付与される。同氏は，日本各地の祭りの一部に「奇祭」としての意味付けを行うことによって，本来比較が難しい全国津々浦々の祭りを新たな言説空間に並べ直す。ここでの強卵式は，「家中地区の地域の祭り」としての唯一無二の特徴を弱体化させられるとともに，より抽象化された「奇祭」カテゴリーに接続されている。これは本書における，「憑きもの筋」と「犬神」の関係にも酷似していると言えよう。この抽象化への操作を通じて，強卵式は毎年11月23日の鷲宮神社例大祭でしか体験できない限られた身体的経験に縛られることを越え，文献資料やメディア上に情報として常に存在し，物理的・距離的・時間的に家中地区から遠く離れた人々までもが擬似的に体験し得る「祭り」にされつつあると指摘できよう。

2 「体験」の相互作用——身体とメディアの応答について

　もっとも，前項の議論だけでは，強卵式を奇祭として再表象する人物の存在を指摘したに留まり，その人物による情報発信がインターネットの利用者や家中地区の人々へ何らかの影響を及ぼしたのかが判別できない。この問題を乗り越えるため，インターネット上で「強卵式」が「奇祭」として取り上げられた事例を考察する。

　第一に挙げるのは，MBS ラジオの管理するウェブサイト内の「茶屋町ヤマヒロ会議」平成 26（2014）年 9 月 28 日（日曜日）の議事録である[169]。この記事では，先述の杉岡幸徳氏を招いて「奇祭」に関する話を聞くとともに，今後開催される奇祭の例に「強卵式」が挙げられている。さらに，同氏の『奇祭』を手に強卵式へ赴くことを読者に推奨しており，文献資料やインターネット上で「強卵式」が再表象される際には，現地の運営主体の思惑を離れ，「奇祭」というカテゴリー上に配置される傾向があると捉えられよう。

　この傾向の実例を示す資料を挙げるならば，栃木市の発行する「広報とちぎ」がある。平成 24（2012）年 10 月号 15 面に掲載された「とちぎ散歩　第 3 回」で鷲宮神社が紹介されているが，そこでは強卵式が明確に「奇祭」と記述されている[170]。杉岡氏は『奇祭』以前にも，『日本トンデモ祭——珍祭・奇祭きてれつガイド』，『奇妙な祭り——日本全国〈奇祭・珍祭〉四四選』などを著し〔杉岡 2005；2007〕，強飯式と強卵式を「奇祭」として幾度も紹介してきた[171]。特に強卵式については，平成 13 年に始まった新たな祭りに対して杉岡氏が早々に反応した形となり，氏の唱える「奇祭」としてのイメージが強卵式に付与されたであろうことは想像に難くない。端的な記述が求められる市の広報記事において，「奇祭」としての強卵式解釈は受け入れられ，援用されたのであろう。

　こうした「奇祭」としての再表象がメディア上でなされている以上，「奇祭」としてのイメージが実際の強卵式の在り方を塗り潰し，その本質を覆い隠して

---

169) http://www.mbs1179.com/cyk/c_diary/2014/09/（2018 年 11 月 30 日最終閲覧）。
170) http://www.city.tochigi.lg.jp/ct/other000020000/201210_kouhou.pdf（2018 年 11 月 30 日最終閲覧）。
171) 『日本トンデモ祭』〔杉岡 2005：102〕に強飯式，『奇妙な祭り』〔杉岡 2007：182〕に強卵式が掲載されており，両者のイメージの接近に貢献した可能性もある。

しまうのかを問わねばならない。この疑問に応えるものとして，ウェブサイト「デイリーポータルZ」内の「フェティッシュの火曜日」平成20（2008）年11月25日（火曜日）の記事に注目する[172]。この記事では，執筆者の大北栄人氏が平成20年の強卵式に参加した際の体験が詳細に綴られている。大北氏は取材に先駆けて強卵式の下調べをしており，式次第や天狗の勧める卵を断る祭りであることなど，詳しい情報を持って強卵式に臨んだという。同氏が直接目にした資料は記事内に挙げられていないが，平成20年という比較的早い年代であることを考えると，杉岡氏の著作や，それに影響されて「奇祭」イメージを発信するものであったと考えて問題ないだろう。大北氏は1日かけて例大祭の一部始終に参加したが，強卵式に限らず，合間に展開される神楽や餅撒き，一見卵のような団子など，鷲宮神社境内に展開される非日常の空間を数多く体験した。中でも同氏を惹き付けたのが強卵式後の福撒きであり，予め知っていたにもかかわらず，大勢の参加者が卵を競い合って手に入れようとする福撒きの迫力に圧倒されたとある。

　大北氏の体験から，次のように考えることができる。まず，杉岡幸徳氏の唱える「奇祭」イメージは，現在各種メディア——特にインターネット——上での強卵式表象と強く結び付いており，他者までもがその枠組みを援用する状況を生み出している。インターネット上の「強卵式」は「奇祭」という汎日本的な言説空間を構成する一要素として存在しており，それを目にする人々は奇祭・強卵式を擬似的に「体験」できる。これによって，家中地区周辺の人々以外は，予め強卵式を「奇祭」と解釈した上で鷲宮神社を訪れると見られよう。しかし，神社境内での御神酒の儀や強卵の儀，福撒きの生み出す強烈な体験は，抽象化・形而上化されることで失われていた強卵式の独自性を取り戻し，内外の「参加者」に卵食禁忌の理念を強く刷り込むこととなる。

　ここで注目すべきは，家中地区外からの来訪者は，強卵式を直接体験することで，メディア上での仮想体験が塗り潰されるのではなく，「卵食禁忌を周知する」「奇祭」であるとして，奇祭のイメージを抱いたまま卵食禁忌の理念を周知されている点であろう。同時に，強卵式の発祥を熟知する家中地区の人々

---

[172] http://portal.nifty.com/2008/11/25/b/index.htm （2018年11月30日最終閲覧）。

までもが,「奇祭」としての強卵式を各種の再表象を通じて周知されている可能性がある。これらをまとめると,強卵式の「体験」は,直接鷲宮神社で得られる身体的な理念周知の体験と,インターネット上を中心に得られる擬似的な奇祭体験が両立しており,これらが入れ子状に存在することで二つの「体験」の間に相互作用を及ぼしているのである。

3 「言説空間」の相互作用──地域内と地域外の応答について

先の議論を受け,「奇祭」としての強卵式の再表象を,儀礼の運営主体である人々がどのように感じているか──肯定か否定か──を明らかにすべきであろう。強卵式が各種媒体で「奇祭」として発信されていることや強卵式に対する取材について,宮司の菱沼氏は次のように語る。

> 平成13年に強卵式が始まると,地元の人も(神社・祭りに)目を向けてくれるようになった。これまでの強卵式には,下野新聞,読売新聞,朝日新聞,ケーブルテレビ,テレビ朝日,NHKが来てくれた。酉年の時[173]には,フジテレビが「トロといっしょ(正式名称:トロと旅する)」で放送してくれた。周りの人もあったかい目で見てくれるようになった。
> (『奇祭』の文庫版に関する筆者からの質問に対して)
> 『日本の奇祭』という本かもしれない。少なくとも5,6年前にはあった。氏子が買って持ってきてくれた。(強卵式の)取材はされたがよく覚えていない,11月の強卵式に来たと思う。「怪」[174]に強卵式を載せてもらった。　　　　　　　　　　　(2014年11月23日の聞き取り調査より)

以上のように,菱沼氏は強卵式が地域外に発信されることを肯定しており,杉岡氏らによる「奇祭」としての再表象も好意的に捉えている。これに加え,菱沼氏自身がウェブブログにおいて,強卵式──特に御神酒の儀──で生じる

---

[173] 強卵式創設後の酉年は平成17(2005)年が該当する。2005年11月23日の「トロと旅する」の取材先は徳島であるため,強卵式当日以外の取材か,話者の記憶違いの可能性が残されている。

[174] 角川書店が発行する季刊妖怪専門ムックを指す。該当箇所は,平成22(2010)年3月29日(月曜日)発売の第29号250頁から251頁まで〔杉岡2010:249-256〕。

ハプニングを期待しており[175]，「奇祭」としての再表象や毎年続けられる天狗による大胆なアドリブは，家中地区内部のアクターたちにも好意的に受け取られていると考えられる。

　これらをまとめると，強卵式は家中地区内外の多くのアクターを，強卵式における「五感に訴えかけるパフォーマンス」と，メディア上における「奇祭イメージ」で強く惹き付けつつあると言える。ヴィクター・ターナーは，コミュニタスの概念を用いて，確立された上下関係を前提とする「構造」に否定的な見解を示した〔ターナー 1976〕。ターナーの議論を強卵式に援用すると，強卵式の参加者は実体験と疑似体験の間を移行しながら強卵式を「体験」していると考えられよう。

　一方，強卵式がターナーの議論だけでは捉えられない点として，集団成員――強卵式の参加者――の意識が挙げられる。コミュニタスはあくまで同胞精神や仲間意識といった非功利的経験から出発するが，強卵式を支えるアクターたちは，強い同胞精神や仲間意識を抱いているわけではなく，非功利的経験を目指しているわけでもない。先述の強卵式運営主体たちは様々な思惑を抱きあくまでも緩やかな紐帯で繋がっていること，さらには家中地区外のアクターたちには同胞精神や仲間意識さえ見られないことがその証左となろう。一方，強卵式のアクターたちは，この儀礼を通して経済的な利益や社会的地位の向上を目指しているわけでもないため，ターナーの否定した「構造」にも合致しない意識から強卵式に携わっていると考えるべきであろう。あえて言葉にするならば，強卵式に携わるアクターたちは，時に自分自身が強卵式の「参加者」となっていることにも気付かないまま，ただ己が楽しいからという単純ゆえに強力な原理に突き動かされていると言えよう。そして，強卵式が属するこの特異な空間では，集団成員同士がお互いの存在を確認する身体的体験[176]を有し得ないため，情報を絶えず送受信し，この交信を通じてこれまで述べてきた相互作用を生み出し続けてきたのである。

---

175) http://washinomiyajinja.at.webry.info/201112/article_1.html （2018年11月30日最終閲覧）。この記事では平成23（2011）年の御神酒の儀において3人も酔い潰れる頂戴人が出たことを反省しつつも，そのハプニング性と天狗のアドリブをユーモラスな記述で評価している。

176) コミュニタスの成立において欠かせないとされる体験。儀礼における逆転や，お日待などの共同体験が挙げられる。

この特異な在り方を踏まえると，強卵式が属する言説空間も，「家中地区の人々のためのイベント」と「日本全国に点在する奇祭の一つ」の二つが重なり合って成立していると考えられる。この両義性は，それぞれのアクターが強卵式を「楽しみつつ」「体験」することによって生まれた相互作用に根差すものであり，地域内外の各アクターが自主的に立ち働く現在の状況が続く限り，今後も再表象と言説空間そのものの拡大を続けるであろう。そして，アクターが楽しみつつ伝統を創り上げようとする強卵式の在り方には，近年盛んに議論される地域活性化との共通点をも見出すことができる。

第3節　地域活性化と強卵式——地域「で」楽しむイベントとして

　近年，文化人類学に限らず多くの学術領域が注目するテーマとして，地域活性化が挙げられる。時には町おこしと呼ばれ，地域の文化や習俗を広く発信する，あるいは新たな文化を創造しそれを広めるといった試みが日本各地で行われてきた。本節では，新設儀礼である強卵式と比較すべきものとして，これら新たな文化の導入を考察する。

　新設儀礼を通じた地域活性化に関しては，金賢貞が茨城県石岡市における一連の「石岡のおまつり」を題材に議論している。金は，「伝統化」とは既存の習慣を固持することではなく，新たな文化に伝統としての意味を与え，伝統としてつくりあげる実践そのものだと指摘し，新設の都市祭礼が石岡市と外部世界を繋ぐコミュニケーションツールとして機能するとともに，石岡市民の地元に対する意識そのものまでもが「創られた伝統」に牽引されて変化すると結論付けている〔金 2013：250-260〕。金の議論には強卵式と共通する部分も多く見出されるが，石岡の祭りは文化財に指定された——権威による承認を得た——ことで地域住民の意識を鼓舞した事例であり，儀礼が固定化されることを危惧し文化財指定に消極的な強卵式へそのまま援用できるとは限らない。

　そこで，「文化財」というナショナルな権威と離れた新設コンテンツが地域の活性化に寄与した例として，アニメーションを下敷きにした地域活性化の事例を検討する。まず，地域が積極的に新たな文化を導入し成功した例としては，埼玉県久喜市鷲宮（旧鷲宮町）が挙げられよう。平成19（2007）年にテレビア

ニメーション「らき☆すた(以下,らきすた)」が放映されたこと[177]を契機として,登場人物の実家のモデルとされる鷲宮神社(わしのみや)[178]にファンが参拝してイラストを添えた絵馬を奉納するなどの行動が流行し,このアニメとファンの存在を鷲宮神社周辺の住民に知らしめることとなった。こうしたファンの行動は「聖地巡礼」と呼ばれ,らきすた放映以前の作品にも数多く見られたが,継続的な地域活性化には発展しなかった。しかし,久喜市商工会鷲宮支所(旧鷲宮商工会)がファンの動向を好意的に捉え,作品との積極的なタイアップや鷲宮神社での公式参拝イベントを次々に企画したことで,地域住民と地域外のファン双方を巻き込んだ地域活性化に繋がり,久喜市に大きな経済効果を産んだ。久喜市鷲宮の例は,近年の新設文化に即した地域活性化の中では大きく成功した例だと考えられよう。この活動を牽引した鷲宮商工会の特徴として,らきすたという作品を隅々まで理解していることが挙げられる。商工会のウェブサイトにおいても,作品の登場人物の誕生日を祝う記事など,作品を読み込み現実の久喜市鷲宮と深くリンクさせたコンテンツを提供しており[179],この姿勢がアニメのファンからも好意的に受け止められたと考えられよう。

　岡本健は『n次創作観光』において,各地に押し寄せる作品のファンが特定の事柄に強い興味関心を抱くアクターであると定義し,コンテンツツーリズムによる観光は,経済的利益を最優先とするのではなく,ホストとツーリストの間に対面的相互作用を発生させるべきだと指摘する〔岡本 2013：98-99〕。らきすたの成功を受けてアニメーションを利用した町おこしを企画した市町村は枚挙に暇がないものの,久喜市鷲宮ほどの成功を収めた事例は少ない。岡本の議論を下敷きにすれば,各作品のファンの側は地域で開催されるイベントに対して高い熱量を抱く有望なビジターであり,新設文化による町おこしが失敗する背景には,それを提供する地域住民の側に何らかの原因があると考えるのが妥当であろう。

　久喜市鷲宮の事例はすでに成功したものであり,それを歴史的に捉え直すこ

---

[177]　平成19(2007)年4月から9月まで。
[178]　ここまで議論してきた家中地区の鷲宮神社とは別の神社である。関東のお酉様の本社とされる。
[179]　http://www.wasimiya.org/ (2018年11月30日最終閲覧)。

とは比較的容易だが，強卵式は今現在創造されつつある儀礼であり，コンテンツ生成の過程にも目を向ける必要があろう。近年成功しつつある地域活性化の事例としては，平成24（2012）年から放映されたテレビアニメーション「ガールズ＆パンツァー」[180]の舞台となった，茨城県大洗町が挙げられる。本作品は，単純明快なストーリーと作り込まれた映像によって，アニメ放映当初から熱烈なファンを獲得した。加えて，平成27（2015）年11月21日（土曜日）に公開された劇場版アニメーションが，その高い完成度からさらに多くの新規ファンを呼び込み，ファンによる聖地巡礼の規模と大洗町で開催される関連イベントの盛り上がりを加速させた。

大洗町の特徴として，作品の放映中からすでに協力の姿勢を示した[181]ことが挙げられる。また，大洗町も久喜市の鷲宮神社と同じく作品に即したタイアップを行ってきた[182]が，①当初からタイアップが考えられていたこと，②最初（テレビアニメ放映前後）に熱烈なファンが町を訪れ，その後劇場版の公開によって訪問者が急増したこと，の2点が異なっている。これらの特徴を考える資料として，ウェブサイト「ASCII.jp」に掲載された，本作品のプロデューサー杉山潔氏と大洗まいわい市場の常磐良彦氏の対談記事[183]が挙げられる。杉山氏によると，ガールズ＆パンツァーが大洗町の協力を得るにあたって，オリジナル作品である本作のヒットは保証できず，アニメの視聴者も一部の性別・年代に限られるため，町おこしとして成功することは約束できない[184]ことを正直に打ち明けたと述べている。さらに杉山氏は，常磐氏らの協力も，この作品をいかにして経済効果へ結び付けるかではなく，いかにして「大洗町を」訪問者に好きになってもらうかを重視して欲しいと説いたという。

---

180) 平成24（2012）年10月から12月，平成25（2013）年3月（製作が遅れていた2話の放映）。
181) https://twitter.com/garupan/status/278191015960145920（2018年11月30日最終閲覧）。「ガールズ＆パンツァー」公式アカウントによる平成24年12月11日（火曜日）の発言に，「こちらは大洗町役場と大洗商工会。町の商工観光課の皆さんや商工会の皆さんにも応援して頂きました。」とある。
182) http://www.oarai-info.jp/girls-und-panzer/index.htm（2016年8月22日最終閲覧，2018年11月30日時点でリンク切れとなっていることを確認）。
183) http://ascii.jp/elem/000/001/173/1173185/（2018年11月30日最終閲覧）。
184) 杉山氏は，まち「興し」という言葉がすでに意図的で不自然なものであるとも述べている。

加えて，元々観光地であった大洗町民のホスピタリティが高かったことや，最初のガルパン[185]ファンに観光地でのマナーを弁えた年代層の社会人が多く，劇場版公開後に急増したファンにもその高いモラルが受け継がれる土壌となったことも，成功の要因に挙げられている。書籍『ガルパンの秘密』からも，ガールズ＆パンツァーが東日本大震災で観光に打撃を受けた大洗町のイメージを変えるものとして期待されつつも，そうした将来の成功以前に，大洗町の人々——現地のアクター——がガルパンで遊ばせてもらいながら続けていくうちに，今日の大成功に至ったことが分かる〔ガルパン取材班編 2014：118-189〕。

　これら二つの事例を基に考えると，家中地区の強卵式は最初から「町おこし」や「経済発展」を求めてはいなかったがゆえに，きわめて興味深い状況に置かれていると解釈できよう。強卵式のアクターたちは様々な思惑を抱えながらも，自分たちが楽しむことを優先してこの儀礼に参加している。これは奇しくも，久喜市鷲宮や大洗町で立ち働くアクターたちの在り方と酷似している。あえて誤解を恐れずに言うならば，強卵式において，我々「参加者」は一時的に家中地区に属し，擬制的地域住民に平準化されてこの儀礼の熱狂に巻き込まれ，地域「で」強卵式を楽しんでいるのである。今後強卵式が末永く続く「伝統」として継承されていくためには，強卵式を担う主体の，この祭りを「楽しむ」意識が必要とされるだろう。この点では，地域の内外を問わず，次々に観衆を「参加者」として巻き込み続ける強卵式の構造は，今後長らく継承される条件を満たしており，多くの秘められた参加者が形成する言説空間の中で絶えず自己更新を繰り返しながら——微細な変容やアドリブを生み出し続けながら——今後もより多くの人々に周知されていくであろう。

第4節　小　　括

　本補論では，栃木市都賀町家中地区の強卵式を題材に，当該地区のアクターである運営主体たちの様々な思惑と緩やかな紐帯，地域を離れメディア上で「奇祭」として再表象される強卵式とそこに生まれる新たな主体，この新たな

---

[185]「ガールズ＆パンツァー」のファンによる略称。

主体をも参加者と化す強卵式の強烈な吸引力，身体的体験と擬似的体験の相互作用を検討した。両者は入れ子状に重なりあった構造を有し，互いに刺激し合うことで，両者の属する言説空間を「楽しみ」つつ持続的に拡大させる特徴的な機能が見出された。奇しくもこれは，近年注目されつつある地域活性化にも繋がる状態にある。

　また，絶えず自己更新を促す強卵式の在り方は，現代社会における民俗儀礼を考える上でも重要な示唆を残す。石塚は近年の日本の民俗について，長年伝統的側面が受け継がれるとともに，現代社会のもたらした生活の変化に起因する新たな一面が現れつつあると指摘し，そうした民俗の全てを共時的意義と歴史的意義の二つの視座から考えていくべきだと説く〔石塚 2002：20-25〕。石塚を下敷きに強卵式を再考すると，「平成に始まった伝統」として地域内外に受容されつつあると同時に，アドリブや奇祭イメージに基づく再表象によって次々と新たな意味付けをなされていると表現できる。これに対して，江戸期からの「伝統性」を重視する輪王寺の「日光責め」では，今なお古式に則った儀礼が踏襲されており，少なくとも強卵式のような目に見える変容はうかがえない。一般的な考えでは，日光責めが確立した伝統的行事であり，強卵式は不定形で曖昧な行事とされるであろう。しかし，石塚や金の議論を援用すれば，日本の民俗は，根底に不変の部分を残しつつも，常に社会の変化に対応し変容する側面も有すると言えよう。逆に言えば，社会や時代が大きく変容したにもかかわらずその在り方が不変な民俗は，民俗を「変容させない」ために様々な対策を駆使し，生活世界から乖離することで押し寄せる変容の波に抗っていると考えられよう。これを考え合わせると，強卵式は，生活世界に存在する「現代民俗」として，人々との応答と相互作用を失ってはいないと結論付けられる。

　強卵式を題材に行った議論は，ケース・スタディとしての意義を有するとともに，近年急速に発達しつつあるマス・メディア上の情報と生活世界の相互作用を解き明かす手掛かりともなろう。第8章までの議論において，高知県における「犬神」がメディア上で再表象される際の機能について考察を行い，高知県内では，実生活上の社会問題や県にちなむ小説家や研究者の活動に伴い，「犬神」にまつわる情報が生活世界に度々発信されてきたと指摘した。こうした情報に影響された人々の中には，メディア上の情報に刺激され，実地調査を

行った——擬似的体験に促されて身体的体験にまで着手した——人物も存在する。また，そうした生活世界の人々に働きかける「強制力」に対しても，人々はその力を単線的に受容するとは限らず，受容・拒絶・依拠といった様々な反応を示し言及してきた。さらに，学術研究の示す演繹的手法とは対照的に，生活世界の人々が用いた手法は個別的なものであり，地域の歴史に根差した視角から犬神言説への批判活動に従事してきたことも明らかとなった。

しかし，「犬神」という軽々しく口にはできないテーマであるがゆえに，言説の引用関係や拡大に対して，人々が意図的に口を閉ざした可能性も想定されるため，本書で扱った資料が，戦後の高知県で「犬神」を巡って生じた言説空間の変容や拡大をそのまま反映しているとは結論付けられない。この問題に対して，本補論で取り上げた擬似的体験と身体的体験の入れ子構造は，「あえて語られなかった」言説にも重要な示唆を残す。

「強卵式」は緩やかな卵食禁忌以外にタブー性を伴わず，運営主体自身もこの祭りがインターネットやテレビに代表されるメディア上で再表象されることを好意的に捉えている。それゆえに，生活世界とメディアからの「強制力」の間に生じる相互作用，それらの相互作用に牽引されて言説空間が拡大する過程を明らかにできた。「強卵式」を参考に考えると，生活世界とそこに働きかける「強制力」は，両者が良好な相互作用を発生させる限りにおいて，それらが関わる言説空間そのものをも急激に拡大すると見られる。

これに対して，高知県における「犬神」に関する言説には，今なお強いタブー性が伴っており，各種「強制力」への生活世界からの反応も，「強卵式」の場合ほど頻繁にはなされないと言えよう。ここで誤ってはならないのは，今日の高知県における「犬神」言説は，表面上見えないだけで「強卵式」言説と同じ状況に置かれているのではなく，「語られない」，「言説空間を容易に拡大させない」こと自体を特徴とする独自のものであるという点である。一方，かつての「犬神」観について知らない若い世代の人々は，「犬神」言説に付随する深刻なイメージを知らないがゆえに，その言説空間を拡大させる可能性がある。つまり，「強卵式」の議論を通じて，今日の高知県の「犬神」言説は，それをあえて広めようとはしない人々と，特別な意図を持たず知識として受容し，いずれは言説空間を拡大させる可能性もある人々の板挟みとなった，極めて特

徴的な状況下にあると総括できよう。

第9章
高知県の「犬神」観の変容の全体像

　本章では，ここまでの議論をまとめ，現在の高知県における「犬神」観の変容の全体像を描出する。当然後述する「犬神」観と個別の事例の間には相違が見られる場合も散見されるが，過度な個別性への立脚は大きな枠での分析に反例を示すに留まり，新たな対案を示すには至らないであろう。特に「犬神」観が伝統と創造の板挟みにある今日では，まずは大枠で「犬神」観変容の全体像を掴むことで，その後の個別性に立脚した検討や，高知県外の事例との比較，ひいては国内外の事例との比較研究が可能となるであろう。本書で取り扱ってきたインタビューデータ及び文献資料に鑑みると，現在の「犬神」観は概して以下のように表現できる。

第*1*節　終戦からの約70年間で変容した「犬神」観

　第一に，終戦からの約70年間で，人々の意識下で変容させられた「犬神」観が挙げられる。様々な民俗が後景化しつつある近年，かつての犬神にまつわる知識や犬神観が弱められることは当然にも思える。しかし，民俗の単線的な減少として片付けられない証左として，人々の個人的な意識下に沈滞したはずの「犬神」にまつわる知識が，本来別の社会問題であったはずの同和問題と接近させて語られるという特徴的な一致がある。
　本書では，こうした「犬神」観の変容を引き起こした要因として，村落社会外部からの各種の「強制力」と，それらの「強制力」群に対する人々の多様な反応があるとした。同和問題との接近に関しては，戦後の憑きもの筋研究と同

和問題が年代的には連続して社会へ働きかけたこと，さらにはそれらが旧大方町における「生活改善」の一環として行われた青年団運動で一括して扱われたことを示した。同時に，こうした上からの「強制力」に対して，生活世界の人々がいかなる反応を示したのかをも検証し，人々は「犬神」観への「強制力」に対して，それらを全面的に享受する，あるいは無視をするのではなく，受容・拒絶・依拠といった様々な形で「言及」し，両者の間に相互作用を生じさせてきたと結論付けた。また，「強制力」の中でも大きな比重を占めた学術研究が，憑きもの筋問題の早期解決を図って演繹的な研究手法を「戦略的」に採用したことに対して，地域社会の側では，ローカルな歴史や個別性に立脚する批判活動を「戦略的」に展開する趣が強かったことも明らかとなった。

　こうした「強制力」群への対応を通して，「犬神」観に付随する差別のイメージそのものが強化された可能性も想定できるが，各種啓蒙活動による差別の不当性への理解や結婚観の変化，高度経済成長を背景とする核家族化の進展によって，世代間の口承を基盤に受け継がれてきた「犬神」にまつわる知識の伝達が急速に弱められたと考えられる。その結果，高知県西部の幡多地方において，特定の世代間で「犬神」に関して有する知識の量に隔たりが生じ，今日の変容に至ったとまとめられる。

第2節　近年新たに創造された「犬神」観

　また，近年新たに「犬神」観が創造された事例も散見される。坂東眞砂子の著した『拘神』と『鬼神の狂乱』は，学術研究や文書資料に記された犬神を下敷きに，坂東自身のオリジナリティを加味して創造された新たな「犬神」を生活世界に送り出す作品であると言えよう。これらはフィクション作品であり，先行研究で顧みられることは乏しかった。しかし，『毎日新聞高知地方版』の伊賀憲司氏の例に鑑みると，フィクションであっても，生活世界における人々の興味関心を刺激し，実際の行動に結び付ける「強制力」として機能したことが分かる。前節の議論も加味すると，現代社会における「犬神」観は，学術研究の成果，生活世界の人々の意識，フィクション作品も含めたメディア上の情報の三者の間で，それぞれ相互作用を発生させながら，今日の変容に至ったと

まとめられよう。

　なお，これまで挙げた「犬神」観は，予め人々の抱いていた犬神観が，高知県内における特徴的な「強制力」群の働きかけによって歴史的に変容させられたものを指す。しかし，今後マス・メディアが加速度的に発展すると予想される現代社会においては，別種の「犬神」観が創造される事態も予測されよう。文献資料やインターネット上に記録された犬神の情報は，年月を経ても色褪せることなく半永久的に保存される。加えて，比較的若い世代や，伊賀氏のように高知県へ転入してきた人々はそもそも犬神観を抱いておらず，今後そうした情報に触れたとしても，受容・拒絶・依拠などの反応を通じて自己の犬神観を変容させることはできない。むしろ，実生活とは乖離した過去の民俗知識として「犬神」言説を受容し，これまで見てきた相互作用に基づく変容を経た「犬神」観とは別種の，新たな「犬神」観の創造を引き起こす可能性がある。

第3節　近隣地域・近隣領域との相互作用

　さらに，高知県以外の地域や，「犬神」と直接的には関連しない領域からの影響も看過できまい。徳島県賢見神社での聞き取りから考えると，現在の高知県における「犬神」観が特異な変容を遂げたものであり，徳島県を含む他地域の趨勢としては，憑きもの筋の問題は過去の話題となりつつある可能性が高い。賢見神社宮司の漆川和孝氏の語りによると，高知県の人々は犬神に憑かれたことをひた隠しにする傾向があり，犬神にまつわる言説空間は外部に対して閉ざされている。しかし，マス・メディアの発達や，前節で予想した新たな「犬神」観を創り出す世代の登場は，犬神に関する情報の発信をより大規模なものとし，他地域の趨勢を高知県の人々に知らしめるかもしれない。憑きもの筋言説が後景化しているという他地域の現状を知ることで，高知県内の「犬神」観にさらなる変容が生まれる可能性も十分想定できよう。

　また，「生活改善」を背景とする「民俗」や「結婚」への「強制力群」は，直接的に「犬神」言説を批判したものではないことにも注目すべきである。これらの強制力群は，「犬神」言説に対して直線的に働きかけるのではなく，一度「民俗」や「結婚」というより広いカテゴリーの改善に向けて働きかけた力

であり，そこから「犬神」言説へ降下することで，高知県の人々の「犬神」観に変容を促したと見られる。当然「民俗」や「結婚」に対する「強制力」の方向性と，「犬神」言説を批判する「強制力」の方向性に共有できる点がなければ，「犬神」観に働きかけることはできない。「生活改善」を旨とした「民俗」と「結婚」への強制力は，「犬神」が「民俗」や「結婚」問題としての側面を持つがゆえに，「犬神」観を変容させ言説そのものを弱体化させる上で機能し得たのであろう。

　特に高知県においては，当初の生活の簡素化や迷信打破としての方向性は薄れたものの，郷土料理の再評価や地域振興の流れの中で，「生活改善」の機運が今なお人々に受け継がれている。このことは，喜田や石塚が懸念した，憑きもの筋問題の残存やメカニズムを同じくする別種の差別問題の台頭を防ぐ土壌となっており，今後「犬神」や「憑きもの筋」の言説は社会での実効力を失っていくと結論付けられる。

第 5 部

結　論

第10章
「犬神」と「憑きもの筋」

　第5部では，これまでの議論を振り返りつつ，今後「犬神」や「憑きもの筋」の研究を続ける際に採るべき手法と今後の展望を指摘する。この作業は，本書における知見を，高知県における特殊な事例の指摘に終わらせるのではなく，今後の憑きもの筋研究や日本人の手による民衆史編纂のマイルストーンに位置付けるためのものである。

第1節　分析枠組みとしての「憑きもの筋」

　第4部までの議論を踏まえると，我々は「憑きもの筋」というカテゴリーそのものを問い直す段階に至ったと指摘できよう。そもそも「憑きもの筋」とは何を指すのか。犬神，狐持ち，トウビョウ，外道，ゴンボダネなどが生活者たちの用いる民俗語彙である一方，「憑きもの筋」の語彙は各地の民俗に由来するものではない。「憑きもの筋」とは，憑きもの筋言説を一括して扱うため，研究者によって生み出された有用な分析枠組みである。一方，現在の高知県においては，インフォーマント間で知識の偏差が拡大し，「犬神」観の個別化が急速に進んでいる。こうした状況を考え合わせると，情報技術が発展し世界規模での議論が可能となった現代社会においても，「憑きもの筋」を無批判に一括して扱う議論だけが——過度に抽象化された文脈での議論だけが——今なお最良の方策であると言えるのだろうか。
　憑きもの筋の演繹的な議論が必要とされた背景には，犬神や狐持ちにまつわる言説が実社会における差別問題を引き起こしていたことがあり，これらの問

題の解消を目指して多くの学術領域が発揮した「公共性」を否定するつもりはない。しかし，これまで取り上げたインフォーマントたちの語りや，高知県内の文献，犬神人とケガレ，メディア上に記録された犬神の知識に鑑みると，今後の「現代社会」において人々の抱く「犬神」観が変容（あるいは創造）される際には，多種多様で一般化することの難しい「強制力」から働きかけられると予想できよう。ゆえに，今後の「犬神」観に対する研究は，無批判に「憑きもの筋」の一種と解釈して汎日本的視座から遂行されるのではなく，地域の事例に即して推し進められるべきである。

第2節　「憑きもの筋」の実体化と生活世界への浸透

　同時に，結婚差別や人付き合いの忌避を中心とした差別問題を一纏めにする語彙として有用な「憑きもの筋」は，それ以前に歴史学の提示した「物持筋」と並んで生活世界に受容され，一部の地域住民には生活世界から発せられた語彙と信じ込まれている可能性も指摘できよう。例えば，平成6年版の『大方町史』における矢野氏の記述では，「憑きもの筋」としてのカテゴライズが自明のものとされ，大方町の「犬神」は無条件で「憑きもの筋」の一種に分類されている〔大方町史改定編纂委員会編 1994：1333-1345〕。一方，公民館報や昭和38年版の町史では，「犬神」はそれぞれ地域特有の要因と結び付けられている。平成6年版の『大方町史』では，「犬神」がより抽象化を経た「憑きもの筋」の問題の一部に置き換えられているのである。

　当然この記述において，矢野氏が意図的に犬神を憑きもの筋のカテゴリーへ落とし込んだ可能性は否定できない。しかし，黒潮町のQ氏の語りや『高知新聞』と『毎日新聞高知地方版』の記事にある通り，石塚尊俊の『日本の憑きもの』，速水保孝の『憑きもの持ち迷信』，吉田禎吾の『日本の憑きもの』，小松和彦の『憑霊信仰論』などの学術研究の成果が，生活世界の人々から「言及すべき」資料として扱われてきたことを考慮すると，様々な事例を「憑きもの筋」として一括する論法[186]が，各地の生活者の意識に作用したと考える方が

186）　速水は倉光を下敷きに犬神筋と狐持ちの違いを指摘したが，少なくとも生活世界の人々が速水の個別性への注目を引用した証拠は見出せない。

妥当であろう。高知県の場合は，犬神観が「憑きもの筋」観へ変容させられるのである。

　これらをまとめると，あくまで大方町などの特定の地域に根ざす社会問題であった「犬神」言説が，日本全国で社会問題を引き起こしている「憑きもの筋」言説の一種に普遍化され，人々のまなざしも，地域固有の犬神から，より抽象化を経た，憑きもの筋の一種に過ぎない「犬神」へ向けられるようになる。「憑きもの筋」という語彙が生活世界に浸透することによって，地域固有の問題であった「犬神」が，日本全体を対象とした「憑きもの筋」の問題へ置換されてしまうのである。端的に表現すれば，本書で扱った高知県における「犬神」観の変容は，全国的な趨勢であった憑きもの筋研究の興隆と深く結び付いている。このため，日本各地との繋がりを捨象し地域で閉じたケース・スタディとしての議論もまた，過度な一般化や抽象化と同様，より大枠での議論には結び付かないと予想されよう。

第3節　捨象される独自性と強調される共通項

　さらに，犬神，狐持ちなど各種の民俗は，「憑きもの筋」という抽象化の操作を経たカテゴリーに接続させられることによって，それらの特徴を捨象されるとともに，共通点が強調されたとも考えられよう。

　この変化は，感情と言葉の関係を例にすると理解の助けになる。個々人の抱く感情は様々であり，喜怒哀楽の全てが複雑に混在したまま存在している。こうした名状し難い感情を他者に伝える際には，言葉が必要になる。個人の感情は本人にしか感じ得ないものであり，それを自分以外の他者へ伝えるには，双方が理解し得る媒介が必要とされる，とも言い換えられよう。心意や観念を伝える際に言葉は有用な働きを示し，エンコードによってお互いに理解可能な形で感情を表現し得る。しかし，言葉は万能ではなく，それが語り得るものしか語り得ないため，元々内含されていた無限の情報から必ず捨象される部分が生じる。同時に，共通の理解のため，厳密には細部が異なる感情もコード化を通して一つにまとめられる。犬神や狐持ちが「憑きもの筋」に一本化される際もこうしたエンコードを経ており，憑きもの筋に分類された時点ですでに，ある

程度独自性を捨象され，共通点を強調されていたと考えられる。

そして，エンコードの基準となるものが「文化」であり，「憑きもの筋」は日本文化の許す範囲内で，抽象化を経て学術研究の対象とされてきた。しかしながら，大宮司の指摘するように，日本文化における「つき」の翻訳は困難であり，「憑きもの筋」を世界的な文脈で議論する上での理論的枠組みを再考する必要がある。これらの諸問題を考え合わせると，犬神や狐持ちなど各地の事例を比較研究の舞台へ押し上げるためには，抽象化を経たデータ間の比較に留まることがないよう，各事例の地域的な背景にも着目しつつ慎重に考察を遂行しなければならないとまとめられよう。

第4節　犬神の地域差——名称によって看過される個別性

加えて，今後我々は「犬神」という名称そのものにも注意を払わねばなるまい。第2部の議論で見てきたように，同じ「犬神」の語が用いられていても，その言説に伴う差別や社会的緊張の程度は地域に応じて様々であり，これまで行われてきた語彙による分布の比較は実証的な意義を持ち得ない可能性もある。石塚も後年の研究において，「犬神」など憑きもの筋と同じ名称であっても，憑きものの少数地帯におけるそれらは，実態としては霊能を自称する家筋に近いものであり，憑きものの問題をより複雑にしているとも説いている〔石塚2002：120-125〕。

本章の議論を考え合わせると，各地の「憑きもの筋」と「されてきた」言説は，突き詰めれば同一のものなど存在しないのかもしれない。それでは，今後の憑きもの筋研究は，ケース・スタディ以上の進展を見出せない閉塞状況に陥るのだろうか。

第5節　一般化と全体的議論への道筋

これまでの指摘を踏まえ，今我々が切り拓くべき新たな研究展望を考える。前節までに述べた通り，これまで行われてきた研究の不足を補うため，地域に根差した篤実な事例研究が必要である。一方，各事例の独自性への過度な着目

は，より広い範囲での議論や一般化への道筋を妨げる。ミクロとマクロ双方の道筋を，「知」の陥穽が取り囲んでいる。

こうした学問的陥穽を乗り越える手法として，筆者は，かつてフーコーが『知の考古学』で提示した「考古学」的研究手法の発展継承を提唱する。フーコーは，考古学で扱われる地層の堆積を参考に，文化において歴史的に積み重なった「知」の地層を解き明かす手法を説いた〔フーコー 2012：255-368〕。フーコーの議論をそのまま日本文化論へ援用することはできないものの，「犬神」観が歴史的に「変容」してきた過程を明らかにする上で，次々と堆積した「知」の変容過程を一つずつ明らかにしていくフーコーの視座は十分参考となった。同時に，実際の考古学を参考にすることも有益であろう。考古学においては，出土した遺物はそれぞれ個別のものであり，時には他と相反する遺物が存在することも認めた上で，それらを包括的に取り扱い，一般性を導き出す。

本書では，個々のインフォーマントの語りや文献資料に様々な違いがあることも含めて詳細に記述したことで，今日の「犬神」観の偏差や奇妙な共通点，そうした「変容」を促した「強制力」群を見出すことができた。特に第7章における議論は，2,217の新聞記事を集めた上で，それらが時に反例を含むことを考慮に入れつつも，大枠での「生活改善」の流れを歴史的に追うものであった。そして，様々な資料を用いたがゆえに，戦後の高知県において「生活改善」にまつわる様々な活動が行われ，その機運が今日まで受け継がれていることを明らかにできた。仮に本書が定義付けの段階で特異なデータを外れ値として除外していたならば，様々な「強制力」群が高知県の「犬神」観に働いたことはおろか，「犬神」観が変容していることさえ指摘できなかった可能性もある。

逆に，特定の定義や事例，反例を注視するあまり大枠での分析を失うようであれば，それは『文化を書く』の与えた衝撃以降，我々文化人類学者が陥った閉塞状況を打開するには至らないであろう。かつて夏目漱石は，「私の個人主義」において西洋の後追いに終始する日本の学問潮流を批判し，自らの主体性を発揮して新たな理論や思想を打ち立て，同時に他者の考えを尊重すべきと説いている〔夏目 1914〕。これを今日の日本における文化人類学の潮流に引き付けて考えるならば，近年の我々は，欧米の最新理論の援用に留まらず，日本文

化の思考回路から新たな理論を打ち立てる挑戦を十全に試みてきたと言えるだろうか。単純なことを訳知り顔で複雑怪奇に記述しても，そこには形骸化したアカデミズムが新たな象牙の塔を建立するに過ぎない。本書で指摘した知見は，地域に根差した事例を集め，それらを余すことなく分析したがゆえに得られたものであることを再度確認しておかねばなるまい。

　本書で用いた手法についても，安易に他地域の研究へ援用するのではなく，本書と同じく地域の独自性に根差した分析を執り行い，十分に地域の独自性に根差したデータが集まった後で比較に着手する——帰納的研究の創始——べきであろう。こうした研究を着実に積み上げることで，今日の「憑きもの筋」や「日本文化」を問い直し，地域の独自性に着目した上での世界的な文化議論に至ることさえ可能となる。これは，迫りくる未来をも含めた「民衆史」を描こうとする躍動的なうねりに他ならない。

第11章
本書の結びとして

　本章では，これまでの議論全体を通して得られた今後の憑きもの筋研究への展望を述べ，本書の結びとする。本書では，高知県における「犬神」観変容の特徴を指摘し，こうした変容が生じた要因を明らかにするため，地域に根差した研究を行う必要性を指摘した。本書での議論は，日本全体を対象とする憑きもの筋研究や，現代の民衆史編纂に繋がるより広い枠での議論と相反するものではなく，むしろそうした議論の橋頭堡であることを再度表明しておく。

第 *1* 節　新時代の憑きもの筋研究——帰納的事例研究の必要性

　前章末尾で挙げた学問的陥穽とそれに応える新世紀の研究手法は，帰納的事例研究であると表現できよう。すでに引用した通り，かつて速水保孝は，日本各地の膨大な事例を手にする柳田国男には，重出立証法（比較研究法）による帰納的研究を実現し得る可能性があったと述べている〔速水 1976：86-87〕。速水や柳田の視座は，各地の民俗に「憑きもの筋」として通底する要素が存在することを前提としていた。しかし，これまで議論してきたように，同じ語彙であってもそれに対する意識は様々であり，その意識さえも歴史的に変容すると考えるべきである。裏を返せば，言葉の上では一見「憑きもの筋」とは無関係であっても，「憑きもの筋」と機序を共有する事象が存在する可能性もある。これを踏まえると，既存の「憑きもの筋」カテゴリーの遵守に終わるのではなく，時にカテゴライズそのものを再考し更新していくアプローチこそ，今後の「憑きもの筋研究」が目指すべきものである。

第 11 章　本書の結びとして　249

　本書で度々引用してきた石塚尊俊は，民俗学者が地方学会を興し濃密な地域研究を行うことは，得られるデータの質の高さや調査の充実度において，全国学会による短期集中的な調査の質を上回っており，地域に密着して遂行する民俗学は単純な全国学会の下部組織ではないとしている〔石塚 2002：35-40〕。この指摘は憑きもの筋研究の今後についても，大いに援用できるだろう。なぜなら，地域研究として憑きもの筋を考えようとするアプローチは，単純に地域「だけを」考えることと解釈されてきており，演繹的に日本全国の議論に繋げていく傾向下でほとんど重視されてこなかった。憑きもの筋の問題が顕在化し，社会問題に苦しむ人々を救済する目的のため，より包括的，より全国的な分析が求められたという背景があるものの，速水の指摘〔速水 1976：100〕や高知県と徳島県の「犬神」観の違いを下敷きに考えると，日本の「憑きもの筋」に通底する何かが存在するという前提に立った研究を続けても，各事例の地域性や独自性を見落とす危険がある。

　これからの憑きもの研究は，憑きもの筋以外の事例も含め，その地域性にまで考察の手を伸ばすべきであり，これは単に憑きものから地域「を」考えるケース・スタディの枠に収まるものではない。言うなれば，地域「で」日本文化を考えようとする試みであり，篤実な地域研究の積み重ねによってこそ，西日本に憑きもの筋が蔓延した要因，東日本には憑きもの筋が蔓延しなかった要因といった問題に，民俗学や文化人類学とも異なる視座から回答できると期待される。

　加えて，憑きもの筋の全国的な研究がなされることによって，従来の憑きもの分類が見直される可能性もある。特に民俗学におけるこれまでの憑きもの研究に，突発的な憑きものにせよ憑きもの筋にせよ，「憑く」だけを必要十分条件として分類してきたきらいがあることは否めない。一方，文化人類学の憑きもの研究には，憑きものを「社会機能」や「説明体系」で結論付けようとする傾向が根強い。しかし，高知県幡多地方の人々が抱く「犬神」観は，個人に内在化し他者と情報を共有しない点から，「社会」における何らかの機能を発揮してはいない。また，犬神による憑依や富の独占を犬神でない人々が意識しているわけではないため，人々の「犬神」観に，「憑依」を軸とする動物霊の存在の傍証や，日常生活における格差や異常の「説明」が求められているわけで

もない。民俗学，文化人類学ともに洗練された議論を提示してきたが，既存の枠組みで捉えきれない「犬神」観が存在することは明らかであろう。

先行研究は特定の語彙や現象に注目して「憑きもの」や「憑きもの筋」を考えてきたが，我々は今一度ここでそれらの定義そのものを再考する段階に達したのである。この再考の手掛かりとして，最初から日本全国を包括的に扱う分析ではなく，篤実な地域研究を通じて「憑きものとは何か」という大きな命題に挑む，帰納的研究手法を創り出すべきであろう。

第2節 「自文化」であり「異文化」でもある地域文化
―― 日本文化論の橋頭堡として

さらに，こうした帰納的研究は，絶えず「文化」について自問する文化人類学の在り方そのものをも問い直す。文化人類学では，フィールドワーカーが調査対象地において「異文化」と接触し，驚愕や納得，感心，反発，孤独といった様々な感情を揺さぶられ，これまで意識していなかった「自文化」を再考することも重要視している。単に調査を通じて学術的な知見を得るだけでなく，自分自身が地域との相互作用を通じて震撼させられ，時に変容させられる経験が，文化人類学的研究には常に付随しているのである。

本書で取り上げた高知県の「犬神」観は，日本の事例であるがゆえに，基本的には民俗学の領域に属するとされ，日本の研究者にとっての「異文化」接触の体験として顧みられることは少なかった。しかし，これまで見てきたように，日本人がいわば自明と考えてきた「自文化」であるはずの「日本文化」にも，未知の側面が数多く秘められている。本書における議論は，「犬神」観の「変容」を具体的な事例として，これまで隠されていた「自文化」の中の「異文化」を明らかにし，「自文化」と「異文化」を二項対立的に捉えてきた文化人類学の視座に一石を投じるものでもある。

結　語

　本書では，高知県幡多地方の「犬神」観を中心に議論を行い，県内の「犬神」観が歴史的に様々な「強制力」からの働きかけを受け，今日の「変容」へ至ったことを明らかにした。本書を通じて，県内の「犬神」観が「変容」する歴史的過程を描き出したが，これは過度な一般化をあえて封じ，地域の独自性に立脚して議論を進めたことによると自負している。今後は，本書で取り扱ったインフォーマントたちの親の世代が通婚圏をどのように考えていたか，あるいはインフォーマントたちよりも下の世代が，本書で想定したように外部メディアからの「強制力」に影響されて新たな「犬神」観を創造したのか，各集落における家筋の入村時期はどうなっているのかなどをより詳細に検証することで，高知県の「犬神」観にまつわる議論を深化させる予定である。

　同時に，今後本書の問題意識を援用した地域研究が，筆者自身を含む多くの研究者によって積み重ねられることで，地域の独自性を捨象しない——過度な一般化や抽象化を経ていない——研究が集積されるであろう。この段階に至って，日本の「憑きもの筋」を再度議論し，新たな民衆史を編纂することが可能となるが，本書はその第一歩に位置付けられるものである。個別性から全体を立ち上げる手法への転換が，「事例から考える」帰納的研究手法の創出が，今後の憑きもの研究に必要とされている。

　しかし，第1部で議論したように，仮に全国的な集成が成されたとしても，統計など数学的処理の援用だけでは，それらの絶対数の差から，「狐」にまつわる憑きもの筋の特徴が「憑きもの筋全て」の特徴へと置き換えられ，犬神や蛇，生霊の独自性が捨象されてしまうおそれがある。この危惧を乗り越えるも

のとして，本書で援用した「考古学」的手法を再度確認する。「考古学」的手法とは，将来の修正を見越した場当たり的な試みではなく，社会・文化の変容をも包み込み得る有用な研究手法でなければならない。

　本書では，この「考古学的」手法を犬神の分析へ最適化する上で，緩やかな定義付けと反例への真摯な対応に尽力した。『文化を書く』が与えた衝撃以降の文化人類学では，厳密な定義付けに拘泥したことによって，僅かでも定義を外れた事例に対応し得なくなる閉塞状況に陥った。これと同じ轍を踏まぬためにも，緩やかな定義付けによって，多くの事例を研究の俎上に載せるよう努めるべきである。こうした定義付けによって，他と異なる特徴を持つ事例も，必ず研究対象に挙がってくる。本書では，先行研究の提示する「憑きもの筋」の定義から外れる事例をも考察対象としたことで，「犬神」観の「変容」する歴史的過程が明らかになり，「憑きもの筋」カテゴリーの可塑性を指摘するに至った。換言すれば，反例にこそ新たな知見を導出する端緒が秘められていたのである。この研究手法は，来たるべき日本文化の包括的な議論においても，重要な貢献を果たすだろう。

　「犬神」観や「憑きもの筋」の研究，さらには日本の民衆史を描出する試みが成し遂げられるには，今後多くの研究者の協働によって篤実な研究が蓄積されなければならない。本書は，それらの研究群を通底する問題意識を提示することで結びとする。

おわりに

　本書の執筆にあたり，黒潮町，四万十市，三原村，宿毛市，栃木市，秩父市のインフォーマントの方々には，度重なる現地調査に快く応じていただきました。また，本書の下敷きとなった博士論文の執筆に際しては，審査委員の鶴見太郎先生，西村正雄先生，國弘暁子先生らに加え，谷川章雄先生，蔵持不三也先生，寺崎秀一郎先生，高橋龍三郎先生から沢山のアドバイスをいただきました。加えて，本書第7章で用いた新聞記事の整理には，蔵持ゼミ卒業生の湯浅康平氏にご尽力いただきました。さらに，本書の制作にあたっては，早稲田大学出版部や文化推進部文化企画課の皆様，審査員の先生方から多大なご助力を賜りました。紙幅の都合もあり，お世話になった方々のお名前を全て挙げることはできませんが，本書の執筆にご協力いただいた皆様に，この場を借りて深く御礼申し上げます。

　なお，本書の執筆の下敷きとなった各種調査に関して，以下の研究助成を受けました。
 (1)　酒井貴広「現代社会の民俗に関する通時的研究――戦後から現在までの「犬神」を事例として」『2015年度特定課題（新任の教員等）』2015S-015，早稲田大学，2015年6月1日―2016年3月31日，研究代表者（個人研究）
 (2)　酒井貴広・松田俊介「祭りの創出と地域住民のアイデンティティ表象に関する研究――栃木市都賀町家中の"強卵式"にみる食物禁忌と伝統運営の生活史」『2015年度生活学プロジェクト』日本生活学会，2015年10月1日―2016年3月31日，研究代表者（共同研究）
 (3)　酒井貴広「戦後70年間における高知県の「犬神」変容に関する研究」『科学研究費助成事業　若手研究（B）』16K21426，日本学術振興会，2016年4月1日―2018年3月31日，研究代表者（個人研究）
 (4)　酒井貴広「外部メディアの描く強卵式のイメージと地域住民のアイデ

ンティティ表象への影響の研究」『2016年度特定課題（基礎助成）』2016K-070，早稲田大学，2016年4月1日—2017年3月31日，研究代表者（個人研究）

　私と「犬神」との出会いは2011年8月に遡りますが，この時すでに私は修士二年の夏季休暇に入っており，研究テーマもほとんど定まっていないという状態にありました。動物に関する民俗事象全般に関心を抱いていたので，父方の家系の出身地である幡多地方へ入り，猪や鹿，猿などの獣害を調査していました。高知県出身ということもあり犬神についても多少の知識は持っていましたが，日常生活で全く耳にしたことがなかったため，当初は過去の伝説や伝奇小説の題材程度にしか考えていませんでした。しかし，インフォーマントたちへの聞き取りを進めていくと，他の動物や狐憑きに関する伝承が「昔のこと」程度の話題にされていることとは対照的に，「犬神」については多くの人々が緊張感を伴って語っており，私にこの民俗事象の持つ「重さ」を実感させました。それから「犬神」の研究へ取り組み，足掛け7年ほどこのテーマを追い続けてきました。

　「犬神」について振り返ってみると，社会的緊張を伴う民俗事象に広く見られる要素と，「犬神」特有の要素，あるいは高知県というフィールド独自の要素が絡み合った上で，歴史的な変化を遂げたものと考えられます。そのため，これら複雑な要素の連関を弁別し解き明かすことに長い時間を要しました。本書の議論は，「犬神」に関するケース・スタディだけではなく，民俗事象・地域社会・社会全体の三者の連関を考える上での，モデルケースとして機能するものを目指しました。この試みが私自身を含む多くの研究者に援用されることで，より巨視的な社会をも巻き込んだ議論が可能になると期待していますが，そのためには私自身が本書の議論をより精緻に磨き上げなければならないでしょう。

　今後の展望として，高知県と同程度の調査を実施した他地域との比較と，科学的明証性の深化を推し進めようと考えています。他地域との比較は本書の第3章でも試みましたが，この議論は「宮司の考える徳島県を軸とした憑きものの趨勢」と「高知県の犬神」の比較であり，まだ改善の余地が残されているこ

とは否めません。今後の研究では，(高知県での調査と同程度の期間がかかってしまうかもしれませんが)徳島県や大分県で各地の犬神に関する調査を実施し，それらのデータを本書に挙げたデータと比較することで，「犬神」の議論に新たな知見をもたらそうと計画しています。

　科学的明証性についても，「犬神」だけに限られる問題ではなく，今後の人文科学全体に関わる重要なテーマではないかと考えています。特に民俗学や文化人類学は，質的調査の信頼性や再現性についてかなり曖昧なまま進められてきたのではないでしょうか。もちろん，研究者はインタビューの方法や理論を習得しており，得られたデータはフィールドノートや録音データを用いて改変のないよう構成されていて，多くの場合はインフォーマント本人にチェックを受けて内容に関する承諾を得ています。しかし，その前段階として，例えば私以外の研究者が高知県で同一の聞き取り調査を実施しても，私と同じデータは得られないでしょう。この意味では，聞き取り調査は一期一会，換言すれば再現不可能であることから逃れ得ません。そうした再現不可能性を可能な限り低減させ科学的明証性を担保するため，本書でも自然環境や社会構造への言及を深め，自然科学・社会科学の客観性を導入すべきであったかもしれません。しかし同時に，研究者自身と調査対象とする社会や人々とが織りなす特有の(いわば再現不可能な)繋がりに意義を見出すこと，要するに人間個人の営みをバイアスとは考えないことこそが民俗学・文化人類学の醍醐味とも言えます。両者の最適なバランスを，今後の研究活動を通じて見出して行かなければなりません。

　もっとも，近年の文化人類学の一部領域で見られるような，個人的な体験や解釈を文学的に綴っただけの「研究(と自称している試み)」は，やはり科学的研究ではないのではないかとも感じています。具体的なデータや論拠を示さずとも許されるならどんなことでも言えますが，それらは単なる思い付きです。もし仮にそれらを許容してしまえば，言い出した者勝ちで「いかに他人が言っていない過激なことを述べるか」だけが文化人類学の焦点になってしまうでしょう。文学的な表現の多用も，文章としては興味深くとも，そこに学術的な意義はありません。自然科学や社会科学のような水準を担保することはなかなか難しいかもしれませんが，文化人類学は宝探しや小説ではなく「科学」の一

領域であり，「科学的であろう」，「客観的であろう」という志向そのものを放棄すべきではないでしょう。

一方，近年の民俗学は，こうした過剰な試みに陥ってはいませんが，実社会へ関わろうとする動きがアカデミック民俗学の創始以来長らく失われてしまっているように見えます。この点では，積極的に調査する社会へ関わり，時には社会が内包する問題の解決に尽力する文化人類学から，学ぶものが沢山あるのではないでしょうか。

文化人類学と民俗学の双方に依拠する私としては，こうした近隣学術領域の協働から，両者の長所を活かしつつ今後の研究活動を進めることが必要であると考えています。当然ながら，その具体的なビジョンも，机上で描き出すのではなく，フィールドワークを通じて現地の社会や人々との対話の中から見付け出すべきでしょう。この目的のため，「犬神」研究と並行して，将来高知県を襲うと予測されている南海トラフ地震について，文化人類学と社会学の視座から研究を進めています。このテーマに関する考察は別の機会に発表し，本書における「犬神」観との比較に役立てたいと思います。

ここまで研究者としての視点から述べさせていただきましたが，学術研究と一般社会をどう連携させるかについても，課題が残されていると感じます。その顕著な例として，「民衆史」という言葉が挙げられます。民衆史の枠組みは，事件史や政治史だけに着目するのではなく，これまで看過されてきた一般の人々を主軸に据える画期的なものであり，今日でも歴史学の主要な位置を占めています。しかし，この民衆史を描く担い手は，今なお一部の人々に独占されているのではないでしょうか。端的に表現すれば，「民衆」史と名付けられながらも，それらは歴史家や歴史学者など少数の「専門家」の手に委ねられています。もちろん，学術的水準を保つため，歴史学に高度な専門性が求められることは否定しません。しかし，雑草という名前の草はないように，民衆という名前の人物がいたわけでもありません。

今後私たちが歴史を編み上げていくためには，学術研究と連携すると同時に，自ら主体的に行動すべきではないでしょうか。言い換えれば，これまで専門家だけが描き上げてきた民衆史を，一般社会の人々も自由に発言し書き込むことのできる「場」として育て上げていく，そうした試みが必要だと考えています。

折しも近年，インターネットやSNS，各種タブレット機器などが急速に発達し，テクノロジーの面では誰もが主体的に意見を発信することが可能になりました。しかし一方で，学術研究は細分化・専門化が進み，多様化した近縁領域との連携も容易ではありません。そうした現況に対して，一般の人々をも含む誰もが自由に意見交換のできる場を創造する。その試みの端緒として，「今後の民衆史」を活用したいと考えています。

　以上，取り留めのない結びとなりましたが，本書が読者の皆様の犬神や高知県，あるいは日本文化への知的関心を刺激することができれば，幸甚の至りです。

　　　2019年4月　自室にて

　　　　　　　　　　　　　　　　　　　　　　　　　　　　　酒井　貴広

参 考 文 献

飯倉照平（編）1976 『柳田国男　南方熊楠　往復書簡集』平凡社
飯倉義之 2010 「郷土史家の声，民俗学者の耳――「不適格な話者」としての郷土史家」（由谷裕哉・時枝務編著『郷土史と近代日本』2010　pp.293-312 所収）角川学芸出版
石塚尊俊 1959 『日本の憑きもの――俗信は今も生きている』未來社
石塚尊俊（編）1990 「全国憑きもの報告集成」（谷川健一編『憑きもの』（日本民俗文化資料集成 7）1990　pp.421-479 所収）三一書房
石塚尊俊 1990 「第七巻　憑きもの――解説」（谷川健一編『憑きもの』（日本民俗文化資料集成 7）1990　pp.481-500 所収）三一書房
石塚尊俊 2002 『民俗の地域差に関する研究』岩田書院
市原麟一郎 1977 「犬神」『土佐の妖怪』pp.267-276　一声社
宇ノ木建太 2012 「戦後日本の「近代化」と新生活運動――新生活運動協会の取り組みを対象として」『政策科学』19（4）　pp.177-194　立命館大学政策科学会
梅屋潔 2013 「「憑きもの」研究の理論的展開を占う――近藤論文へのコメント」『現代民俗学研究』5　pp.87-94　現代民俗学会
梅屋潔 2014 「「物語論」から「象徴論」，そして「アート・ネクサス」へ？――「憑きもの」および民俗宗教理解のために」『現代民俗学研究』6　pp.3-24　現代民俗学会
エヴァンズ＝プリチャード，E. 2001　『アザンデ人の世界』（向井元子訳）みすず書房（Evans-Pritchard, E. 1937, *Witchcraft, Oracles and Magic Among the Azande*, Oxford University Press）
愛媛県小松町青年会 1913 「資料及報告　犬神に就て」『郷土研究』1（2）　pp.47-49　郷土研究社
大方町史改定編纂委員会（編）1994 『大方町史』大方町
大方町史編修委員会（編）1963 『大方町史』高知県幡多郡大方町教育委員会
大門正克 2012 『新生活運動と日本の戦後――敗戦から 1970 年代』日本経済評論社
岡本健 2013 『n 次創作観光』NPO 法人北海道冒険芸術出版
小倉美惠子 2011 『オオカミの護符』新潮社
折口信夫 1924 「信太妻の話」（『折口信夫全集 2』1995　pp.253-292 所収）中央公論社
折口信夫 1926a 「鬼の話」（『折口信夫全集 3』1995　pp.9-18 所収）中央公論社
折口信夫 1926b 「はちまきの話」（『折口信夫全集 3』1995　pp.19-26 所収）中央公論社
折口信夫 1928a 「鬼と山人と」（『折口信夫全集 17』1996　pp.117-122 所収）中央公論社
折口信夫 1928b 「大嘗祭の本義」（『折口信夫全集 3』1995　pp.168-229 所収）中央公論社
折口信夫 1929 「霊魂の話」（『折口信夫全集 3』1995　pp.248-263 所収）中央公論社
折口信夫 1933a 「上代貴族生活の展開」（『折口信夫全集 6』1995　pp.49-66 所収）中央公論社
折口信夫 1933b 「日本文学の発生――その基礎論」（『折口信夫全集 4』1995　pp.11-50 所収）中央公論社
折口信夫 1933c 「大和時代の文学」（『折口信夫全集 5』1995　pp.17-77 所収）中央公論社

折口信夫 1935 「上世日本の文学」(『折口信夫全集 23』1997 pp.310-482 所収) 中央公論社
折口信夫 1948 「国文学 第二部 日本文学の戸籍」(『折口信夫全集 16』1996 pp.65-391 所収) 中央公論社
折口信夫 1950 「神々と民俗」(『折口信夫全集 20』1996 pp.315-347 所収) 中央公論社
香川雅信 1995 「登校拒否と憑きもの信仰——現代に生きる「犬神憑き」」(小松和彦編『憑きもの』(怪異の民俗学 1) 2000 pp.238-263 所収) 河出書房新社
春日直樹(編)2011 『現実批判の人類学——新世代のエスノグラフィへ』世界思想社
桂井和雄 1953 『土佐の民俗と人権問題』高知県友愛会
桂井和雄 1954a 『土佐の伝説 2』高知県福祉事業財団
桂井和雄 1954b 「犬神持と蛇統の問題」『耳たぶと伝承——土佐民俗叢記』pp.272-287 高知県社会福祉協議会
桂井和雄 1955 「婚姻習俗 嫁担ぎ」『土佐山民俗誌』pp.35-36 高知市立市民図書館
桂井和雄 1959 「民俗からみた土佐人の性格」『おらんく話——土佐風物考』pp.291-296 高知新聞社
金子準二 1966 『日本狐憑史資料集成』金剛出版
金子準二 1967 『続日本狐憑史資料集成(随筆編)』金剛出版
神尾健一 1978 「犬神・オンザキ・トウビョウ」『土佐民俗』33 p.9 土佐民俗学会
ガルパン取材班(編)2014 『ガルパンの秘密——美少女戦車アニメのファンはなぜ大洗に集うのか』廣済堂出版
喜田貞吉(編)1922 『民族と歴史』8(1) 日本学術普及会
喜田貞吉 1923a 「つるめそ(犬神人)考 上」『社会史研究』9(4) pp.307-328 日本学術普及会
喜田貞吉 1923b 「つるめそ(犬神人)考 中」『社会史研究』9(5) pp.411-421 日本学術普及会
喜田貞吉 1923c 「つるめそ(犬神人)考 下」『社会史研究』9(6) pp.503-518 日本学術普及会
北澤一 1983 『中村における被差別部落の今昔』幡多地区同和教育研究協議会
ギデンズ,アンソニー 1993 『近代とはいかなる時代か?——モダニティの帰結』(松尾精文・小幡正敏訳)而立書房
金賢貞 2013 『「創られた伝統」と生きる——地方社会のアイデンティティー』青弓社
國弘暁子 2005 「ヒジュラ——ジェンダーと宗教の境界域」『ジェンダー研究』8 pp.31-54 お茶の水女子大学ジェンダー研究センター
倉光清六 1922 「憑物鄙話」喜田貞吉編『民族と歴史』8(1) pp.33-168 日本学術普及会
クリフォード,J.・マーカス,G.(編)1996 『文化を書く』(春日直樹・足羽與志子・橋本和也・多和田裕司・西川麦子・和邇悦子訳)紀伊國屋書店 (Clifford, James. and Marcus, George E. (eds.) 1986, *Writing Culture : The Poetics and Politics of Ethnography*, University of California Press)
クレスゲス,U. 1978 「フッサールの〈生活世界〉概念に含まれる二義性」(鷲田清一・魚住洋一訳)(新田義弘・小川侃編『現象学の根本問題』(現代哲学の根本問題 8) 1978 pp.81-104 所収) 晃洋書房 (Claesges, U., 1972, *Zweideutigkeit in Husserls Lebenswelt-*

Begriff. in Perspektiven tranazendental-phänomenologischer Forschung, für Ludwig Landgrebe zum 70. Geburtstag von seiner Kölner Schülern, hrsg. v. U. Claesges und K. Held, Phaenomenologica, Bd. 49）

高知県史編纂委員会（編）1966　『南路志翼目録』高知県史編纂委員会

高知県立図書館県史編纂室・京都大学経済学部図書館（編）1985　『憲章簿――穢多牛馬之部』高知県同和教育研究協議会

小松和彦 1972　「「憑きもの」と民俗社会」（『憑霊信仰論』1982　pp.11-81 所収）伝統と現代社

小松和彦 1979　「説明体系としての「憑きもの」」（『憑霊信仰論』1982　pp.82-103 所収）伝統と現代社

小松和彦 2008　「はじめに――人間迷妄史の記念碑」（倉光清六『憑き物耳袋』2008　pp.1-6 所収）河出書房新社

近藤祉秋 2013　「「魅了される遭遇」から生まれる動物信仰――隠岐の島町某地区 O 家の事例から」『現代民俗学研究』5　pp.71-86　現代民俗学会

近藤祉秋 2014　「動物信仰の現代民俗学にむけて――梅屋氏への応答」『現代民俗学研究』6　pp.25-38　現代民俗学会

近藤辰郎（編）1960　『山城谷村史』山城町役場

坂本正夫（編）1979　「犬神のはじまり」『日本の昔話 25　土佐の昔話』pp.50-52　日本放送出版協会

坂本正夫 1998　『土佐の習俗――婚姻と子育て』高知市文化振興事業団

坂本義春（編）1991　『町の玉手箱――大方町公民館報・広報縮刷版』大方町役場企画管理課

芝田松満 1914　「行者と管狐」『郷土研究』2（1）　pp.51-52　郷土研究社

シュッツ，アルフレッド 1980　『現象学的社会学』（森川眞規雄・浜日出夫訳）紀伊國屋書店

杉岡幸徳 2005　『日本トンデモ祭――珍祭・奇祭きてれつガイド』美術出版社

杉岡幸徳 2007　『奇妙な祭り――日本全国〈奇祭・珍祭〉四四選』角川書店

杉岡幸徳 2010　「日本トンデモ祭めぐり」『怪』29　pp.249-256　角川書店

杉岡幸徳 2014　『奇祭』実業之日本社

鈴木正崇 2015　「東アジアと南アジアのはざまで――地域研究の行方を探る」『慶應義塾大学東アジア研究所 10 周年（地域研究センター 30 周年）記念講演集　アジア・アフリカ研究現在と過去との対話』pp.111-152　慶應義塾大学

Strathern, M. 1988　*The Gender of the Gift*, University of California Press

ストラザーン，M. 2015　『部分的つながり』（大杉高司・浜田明範・田口陽子・丹羽充・里見龍樹訳）水声社（Strathern, M. 1991, *Partial Connections*, AiltaMira Press）

ターナー，V. 1976　『儀礼の過程』（冨倉光雄訳）思索社（Turner, V. 1969, *The Ritual Process: Structure and Anti-Structure*, Aldine Transaction）

大宮司信 2016　「祈禱性精神病――成立と展開」『北翔大学北方圏学術情報センター年報』8　pp.1-7　北翔大学

竹内不死鳥 1918　「天狗の話（一）」『郷土趣味』9　pp.1-6　郷土趣味社

竹内不死鳥 1919a　「天狗の話（二）」『郷土趣味』10　pp.1-6　郷土趣味社

竹内不死鳥 1919b　「天狗の話（三）」『郷土趣味』11　pp.1-6　郷土趣味社

竹内不死鳥 1919c 「日本の鬼（上）」『郷土趣味』10 pp.19-22 郷土趣味社
竹内不死鳥 1919d 「日本の鬼（下）」『郷土趣味』11 pp.25-28 郷土趣味社
竹内不死鳥 1919e 「天狗の話（四）」『郷土趣味』13 pp.1-10 郷土趣味社
田中宣一 2011a 「一．生活改善諸活動について」（田中宣一編著『暮らしの革命――戦後農村の生活改善事業と新生活運動』2011 pp.11-27 所収）農文協
田中宣一 2011b 「三．新生活運動と新生活運動協会」（田中宣一編著『暮らしの革命――戦後農村の生活改善事業と新生活運動』2011 pp.59-90 所収）農文協
谷川健一 1983 『失われた日本を求めて』青土社
田村桓夫 2013 『実録・嫁かたぎ婿かたぎ――昭和の時代まで続いた"嫁さらい"の記録』エリート情報社
中央大学民俗研究会（編）1964 「高知県幡多郡三原村調査報告書」『常民』3 中央大学
鶴見太郎 2004 『民俗学の熱き日々――柳田国男とその後継者たち』中公新書
土井暁風 1914 「肥後の犬神」『郷土研究』2（6） p.380 郷土研究社
土佐清水市史編纂委員会（編）1980 『土佐清水市史 上巻』ぎょうせい
富田祥之亮 2011 「二．農村漁村における「生活改善」とは何だったのか」（田中宣一編著『暮らしの革命――戦後農村の生活改善事業と新生活運動』2011 pp.28-58 所収）農文協
豊田武 1972a 「じにん　神人」『世界大百科事典』13 pp.442-443 平凡社
豊田武 1972b 「つるめそ　弦召，弦売」『世界大百科事典』21 p.102 平凡社
長尾覚 1917 「阿波の犬神の話」『郷土研究』4（11） pp.671-674 郷土研究社
中川光熹 1980 「日光山の延年舞と強飯式」（五来重編『修験道の美術・芸能・文学1』（山岳宗教史研究叢書14）1980 pp.280-310 所収）名著出版
中越穂太郎 1964 「犬神談義」『土佐民俗』8・9 pp.12-13 土佐民俗学会
中越穂太郎 1975 「生き霊と死霊」『土佐民俗』27 pp.12-13 土佐民俗学会
中島松三郎 1914 「犬神猿神附尻」『郷土研究』2（5） pp.308-309 郷土研究社
中山太郎 1920 「神の裁き（上）」『郷土趣味』56 pp.1-6 郷土趣味社
夏目漱石 1914 「私の個人主義」『私の個人主義』1978 pp.120-157 所収）中央公論社
野島通玄 1854 「豊永郷竒怪略記」（秋沢繁編『土佐國群書類従』12 2010 pp.293-305 所収）高知県立図書館
Battaglia, Debbora., 1999 "Towards an Ethics of the Open Subject: Writing Culture in Good Conscience," H. L. Moore (eds.), Anthropological Theory Today, London: Polity Press: 114-150
浜田美千 1985 「ものに憑かれた話」『土佐民俗』44 p.22 土佐民俗学会
速水保孝 1957 『憑きもの持ち迷信――その歴史的考察』柏林書房
速水保孝 1976 『出雲の迷信――「狐持ち」迷信の民俗と謎』学生社
原田伴彦 1975 『被差別部落の歴史』朝日新聞社
坂東眞砂子 1996 『狗神』角川文庫
坂東眞砂子 2008 『鬼神の狂乱』幻冬舎
平尾道雄（編）1973a 「第十章　怪異談　九．狗神ノ事」『皆山集6』pp.558-559 高知県立図書館
平尾道雄（編）1973b 「第十章　怪異談　四十八．狗神」『皆山集6』pp.595-597 高知県立

図書館
昼田源四郎 1997 「狐憑きの心性史」（小松和彦編『憑きもの』（怪異の民俗学1）2000 pp.267-290 所収）河出書房新社
広江清 1965 「土佐憑物資料（一）」『土佐民俗』10 pp.43-51 土佐民俗学会
広江清 1966 「土佐憑物資料（二）」『土佐民俗』11 pp.24-32 土佐民俗学会
フーコー, M. 2012 『知の考古学』（慎改康之訳）河出文庫（Foucault, M. 1969, *L'Archéologie du savoir*, Gallimard）
福田義郎 1976 「犬神」『高知県百科事典』 pp.52-53 高知新聞社
福原敏男 2003 『神仏の表象と儀礼——オハケと強飯式』（歴博ブックレット23）国立歴史民俗博物館
フッサール, E. 1995 『ヨーロッパ諸学の危機と超越論的現象学』（細谷恒夫・木田元訳）中公文庫（Husserl, E. 1954, *Die Krisis der europäischen Wissenschaften und die transzendentale Phänomenologie*, Martinus Nijhoff）
部落問題研究所（編）1978a 『戦後部落問題の研究第一巻　戦後部落問題年表』部落問題研究所出版部
部落問題研究所（編）1978b 『戦後部落問題の研究第二巻　資料戦後同和教育史』部落問題研究所出版部
部落問題研究所（編）1979 『戦後部落問題の研究第三巻　資料戦後同和行政史』部落問題研究所出版部
堀一郎 1950 「諸国憑物問答状」（小松和彦編『憑きもの』（怪異の民俗学1）2000 pp.349-356 所収）河出書房新社
松田俊介 2015 「伝統儀礼を活用した地域食の生成——日光周域における食を通じた地域活性化の事例から」『2013年度研究紀要　生活文化部門』pp.1-10 アサヒグループ芸術文化財団・アサヒグループ学術振興財団
松永美吉 1992 「民俗地名語彙事典」（谷川健一編『民俗と地名1』（日本民俗文化資料集成 13）1994 pp.9-550 所収）三一書房
松山秀美・寺石正路 1948 「犬神伝説」『土佐伝説全集』pp.125-135　新自由社
ミード, G.H. 1973 『精神・自我・社会』（稲葉三千男・滝沢正樹・中野収訳）青木書店（Mead, G. 1934, *Mind, Self, and Society*, ed. C.W. Morris, University of Chicago）
三枝暁子 2002 「中世京都の犬神人」都市史研究会編『伝統都市と身分的周縁』（年報都市史研究10）pp.11-21　山川出版社
水野正年 1984 「犬神憑・狐憑などのおとしについて」『土佐民俗』43　pp.8-14　土佐民俗学会
南方熊楠 1914a 「「郷土研究」の記者に与ふる書」『郷土研究』2（5）pp.297-301　郷土研究社
南方熊楠 1914b 「「郷土研究」の記者に与ふる書（承前）」『郷土研究』2（6）pp.359-363　郷土研究社
南方熊楠 1914c 「「郷土研究」の記者に与ふる書（完結）」『郷土研究』2（7）pp.426-430　郷土研究社
民俗学研究所（編）1951 『民俗学辞典』東京堂

モラン，E. 1973 『オルレアンのうわさ』（杉山光信訳）みすず書房（Morin, E. 1969, *La rumeur d'Orléans*, Editions du Seuil）
森田正馬 1904 「土佐ニ於ケル犬神ニ就テ」『神経学雑誌』3 (3) pp.37-38　日本神経学会
矢島清文 1955 「強飯式私考」『大日光』28　pp.52-56　日光東照宮
柳田国男（川村杏樹）1913-1914 「巫女考」（『定本柳田国男集 9』1971　pp.221-301 所収）筑摩書房
柳田国男（編）1937 『山村生活の研究』岩波書店
柳田国男 1942 「日本の祭り」（『定本柳田国男集 10』1969　pp.155-314 所収）筑摩書房
柳田国男 1947 「口承文芸史考」（『定本柳田国男集 6』1963　pp.3-150 所収）筑摩書房
柳田国男 1957 「序文」（速水保孝『憑きもの持ち迷信――その歴史的考察』1957　pp.1-8 所収）柏林書房
矢野好文 1965 「大方町馬荷方言」『土佐方言』10　pp.51-57　方言研究同好会
山崎里雨 1919 「影わに・犬神・牛鬼・河童（石見邇摩郡温泉津）」『郷土研究』7 (4) pp.266-270　郷土研究社
山下晋司（編）2014 『公共人類学』東京大学出版会
吉田禎吾・綾部恒雄（編）1967 「西南日本村落における秩序と変貌　その一　四国・谷ノ木部落における俗信と社会構造」『比較教育文化研究施設紀要』18　九州大学教育学部附属比較教育文化研究施設
吉田禎吾 1972 『日本の憑きもの――社会人類学的考察』中公新書
吉田禎吾 1984 『宗教人類学』東京大学出版会
淀江国三 1922 「土俗伝説聞書集」『郷土趣味』35　pp.31-38　郷土趣味社
ラトゥール，B. 1999 『科学が作られているとき――人類学的考察』（川崎勝・高田紀代志訳）産業図書（Latour, B. 1987, *Science In Action: How to Follow Scientists and Engineers Through Society*, Harvard University Press）
ラトゥール，B. 2008 『虚構の「近代」――科学人類学は警告する』（川村久美子訳）新評論（Latour, B. 1991, *Nous n'avons jamais été modernes: Essai d'anthropologie symétrique*, La Découverte）
槖二生 1914 「雲州人狐状」『郷土研究』2 (7) pp.422-426　郷土研究社
脇田晴子 1999 『中世京都と祇園祭――疫病と都市の生活』中公新書

初 出 一 覧

酒井貴広 2014a 「現在までの憑きもの研究とその問題点──憑きもの研究の新たなる視座獲得に向けて」『早稲田大学大学院文学研究科紀要』59(4) pp.123-140 早稲田大学文学研究科
酒井貴広 2014b 「現代における憑きもの筋の変容に関する地域研究──高知県の犬神を事例として」『生活学論叢』25 pp.63-77 日本生活学会
酒井貴広 2015 「憑きもの筋に関する文献資料の情報発信源としての意義と特徴──戦後高知県の「犬神」を事例として」『早稲田大学大学院文学研究科紀要』60(4) pp.119-135 早稲田大学文学研究科
酒井貴広 2016a 「戦後高知県における「生活改善」の展開と犬神変容に関する研究──大方町における「差別」への取り組みを交えて」『早稲田大学大学院文学研究科紀要』61(4) pp.125-141 早稲田大学文学研究科
酒井貴広 2016b 「現在までの憑きもの研究とその問題点──憑きもの研究の新たなる視座獲得に向けて」(谷川健一・大和岩雄編『憑きもの』(民衆史の遺産10) 2016 pp.5-41 所収)大和書房
酒井貴広 2017a 「地域住民とメディアの相互作用を基盤とする祭りの創造に関する研究──栃木市都賀町家中の「強卵式」を事例として」『早稲田大学大学院文学研究科紀要』62 pp.549-566 早稲田大学文学研究科
酒井貴広 2017b 「学術研究が生活世界へ及ぼす影響に関する研究──戦後の「憑きもの筋研究」を事例として」『人間関係学研究』22(1) pp.13-26 日本人間関係学会

巻末資料

　本巻末資料では，筆者が現地調査中に書き記したフィールドノートのうち，本書で議論した「犬神」観の変容と直接的には関係しないと思われるものを掲載した。これらは文化人類学の現地調査でしばしば得られる，聞き手の関心とは異なる雑多な情報ではあるものの，現在の高知県西部や埼玉県秩父市の三峯神社において，伝統的な知識や祝祭が，若い人々と年配の人々の間でどのように受け止められているのかを端的に示すものも散見されるため，資料として附す。

　なお，フィールドノートの記述のうち，集落名や研究者以外の個人名などプライバシーに関わる情報は筆者の判断で伏せ字（全て□□で代替）とした。また，調査時に走り書きしたものであるため，日本語や敬称の不備，誤字が存在することはご容赦いただきたい。

1　「雑記」——2011 年のフィールドノートより

ハカゼ
一般にうそ寒い冬の黄昏時，川辺りや山の谷合などで気味悪く生暖かいヌーとした風に当たると病気になり，悪るくするとそれがもとで死んでしまうと伝えられている。この風をハカゼという（三原村史 p.980）。

藤がとどろ
三原村史 p.1032 〜 1035

梅野さん（高知県立歴史民俗資料館）の話
・「登校拒否と憑きもの」の香川さんは兵庫県立歴史博物館勤務
・「西南日本の秩序と展望（九州大学）」という大月町の研究がある→検索しても出ない
⇒吉田禎吾・綾部恒雄編「西南日本村落における秩序と変貌」『九州大学教育学部比較教育文化研究施設紀要』18（1967）であることが判明
・「記憶する民俗社会（小松和彦編）」に梅野さんによる大豊町の蛇の伝説をまとめた論文がある→怪しい竜巻や姿を見かけたことを「太夫」に聞くと，「徳島の女が蛇になってやって来た」という託宣を下したという
・□□さんが中村市の道祖神の研究をしていた
・宿毛の歴史館の学芸員が，歴史学の分野での資料を持っているかもしれない
・四万十町の□□さん→検索しても出ない→□□氏だと確定
・国文学の□□先生が「くりゅうのはやしもの」に詳しい→検索しても出ない

- 梅野さんと一緒にいたのは高知県立歴史民俗資料館の資料調査員の□□さん
  →三原村の民具館を作る計画（2年後）に携わっている

8月18日（木曜日）
津野さん（土佐民俗学会会員）の話
- 三原村皆尾の□□さん（故人，恐らく三原まつりで挨拶した人の祖父）が喉の良い人だった
  →四万十市蕨岡（わらびおか）の盆踊りも指導
- 大月町竜ケ迫（たつがさこ）の人は，明治時代に伊予から移住してきた人
  →四万十市有岡の人も竜ケ迫から来た人
- 幡多の踊りはヤーサイのようなものが多い
- （三原にも？）蛇や狸の話が沢山あった
- 犬神の話は聞き難い→昔はそんな事も言った
- 北幡には「ヒダルガミ」「ジキトリ」「ダニ」「山犬」の話がある（十和など）
- 貰った資料（プリント）は『幡多を知る本』の原稿
- 窪川（現四万十町）には見合いの地蔵（見渡し地蔵）というものがある
  →橋から落ちた人の霊を鎮め，今後の事故防止を願う（詳しくはコピーした資料）
- 「カゼウテ」「カゼアタリ」「ハカゼ」→幡多郡一帯で聞く
- 椿原の話が土佐民俗に掲載されているが，今度会う時にコピーしてくれる
- ジャノハエの話に出てくるお爺さんは「□□」もしくは「□□」という名前
  →□□さんの曾祖父ではないか？尻尾から剣が出たのは別の話か？
  →初崎（中村から四万十川に沿って海へ下る）のミナトバシラ（港柱，水戸柱）に大蛇の一部が流れ着いたという神社がある

津野さんの研究対象
- 坪井洋文氏の『イモと日本人』『稲を選んだ日本人』に共感
- 「日本の文化は畑作文化が底流にある」→田芋と年中行事
- 佐々木高明（こうめい）の照葉樹林文化論に興味
- そばだけで作った団子が物部村や土佐町にある→愛媛のシンゴ村（信吾？）と共通
- 小豆だけを握り固めた団子が安芸の山中や土佐町にある
- 坪井氏「お鏡（米）でないと迎えられない神と，雑穀でないと迎えられない神がいる」

十和村
- 四万十町十和（旧十和村）に狸憑きの話がある（村史によると昭和40年頃まであった）

- エンコが女の所へ夜這いに来る話（十和村）→エンコ堂がある
- 十和村の大井川には□□さんという詳しい人がいる
- □□氏も十和の民俗に詳しい
  → 80歳前後で，去年の時点では健在
- 十和村広瀬には憑きものの俗信がある
- 十和村昭和の□□さんが神隠しの話に詳しい
- 十和の役場の隣には「山村文化センター」があり，昔は泊まることが出来た

大方町（現黒潮町）
- 旧版大方町史に憑きものの話あり→大方町馬荷の矢野さんが詳しい

西土佐村
- 西土佐村の橘にシライワさんの伝説（蛇関連）がある
  ›四万十川上流の川登（かわのぼり）ではシライワさんの大蛇が川底で動く音が聞こえる
- 西土佐村奥屋内に蛇がいるとする神社がある
- 高橋龍三郎先生の西土佐村のドングリとヒガンバナ利用の研究に同行した
  →インフォーマントは鍛冶屋の□□さんと津野川（？）の□□さん
- 高橋先生とは四万十との合流点の川登で合流した

図書館で得た情報
猫神様（大正町）
芳川に猫神様という神様がある。
呼吸ぎれのする方に効くというので，願掛けには他部落から沢山来るのである。
其の御礼にはハヤゴのカケの魚を持って御参りに来るようである。（□□翁談）
伊与木定（いよぎじょう）著『上川郷（昔の大正邑）のいろいろかいろ掻き暑めの記　上』p.227-228

8月20日（土曜日）
- 四万十市立図書館で，折口信夫全集から「もの」に関連する記述を抜き出して読む

8月21日（日曜日）
- 矢野さんは癌の手術後で体調が優れないため，聞き取りを断念

- 桂井和雄が1954年に大方町の犬神の事例を報告したのは，□□と□□

9月3日（土曜日）
・台風12号の影響で聞き取り調査は中止

2 「宿毛市　平田」——2011年のフィールドノートより

8月16日（火曜日）
平田野菜祭り（夜祭，ヤーサイ）
・開催場所は藤林寺（曹洞宗）
・藤林寺近くの田んぼの傍には，「お雪入水の地」と彫られた石碑がある（夜には蝋燭が点けられていた）
・『皆山集』にも記述あり

18:00　開始予定時間
・ハッピを着た子どもがおしろいと頬紅で化粧をしている→後述の太鼓踊りのため
・男子の坊主率高し
・出店は焼き鳥，お面（屋台無し），型抜き，たこ焼き，ラッコまんじゅう，くじ引き（ゲームソフトとカードゲーム），ふりふりポテト，ぷよ玉すくい，わたあめ，イカ焼き，おもちゃくじ引き，おもちゃ屋，アイスクリン，かき氷，ビール→一部の出店はみはら祭りと同じ出店者か？

18:12　開始
太鼓と鳴り物（何かは確認出来ず）の音で開始→もっと前から開始していたかもしれない

19:03〜　竹廻し
・最初は小さい子どもと高齢者が竹を持ち，回したり倒したりする
・「一条公のかれもよう」という掛け声に合わせて回す
↓大人の部へ
・竹が大きくなり，大人二人でも頻繁に傾いたり倒れたりするほどの重さがある
・大人の部は子どもの部よりも竹廻しをする時間が長い

19:16　やぐらを土俵の上に移動させる
・やぐらは下部に男性が集まって人力で移動させる（持ち手はその場で手が空いている男性が参加）
・土俵周囲と観客席を分けるため，ロープを張る→土俵とロープの間のドーナツ状の場所で踊る

19:29　幼稚園児の踊り
・演目は「もったいない音頭」
・幼稚園児の坊主率は特に高くない

19:36　婦人会の踊り
・「たんこぶし」という呼称→「月が出た出た～」という歌詞から，炭坑節か
・飛び入り歓迎だが，婦人会の人は練習しているだけあって上手い

19:50～21:06　太鼓踊り

順番

三番双（さんばせ）

一条平田御殿（いちじょうひらたごでん）

修行中（これだけ朱字）→将来の踊り子を目指す子どもが踊る

清水の次郎長

娘巡礼唄　阿波鳴門

ねずみ小僧　次郎吉

三番双（二回目）

姉妹の仇討　志賀田七

吉野山　千本桜

曽我兄弟（女子二名）→松明を持つ，踊っている子が明らかに他よりも年長

娘巡礼唄　阿波鳴門（二回目）

宮本武勇伝

三度笠→踊っていたのは宿毛からの応援の中年男性二名

娘巡礼唄　阿波鳴門（三回目）

屋島の合戦　扇の的

鬼神の美女　笠松峠

五條大橋　弁慶

柳生二階笠

曽我兄弟（二回目　男子二名）→ラストの演目　松明を持ち，踊り子が他よりも年長

・やぐらに男性が集まり，ビールを飲みながら掛け声を掛け続ける
・掛け声は「ソヤァ，ヨイヤセェーノォ，ヤァードエェー」「ヨイヤセーヨイヨイ」
・やぐらには飛び入り歓迎で，定期的に集まるようにアナウンスが入る（「やぐらが寂しい」）
・踊りは本堂側から一組ずつ一周毎に入場，同時に踊るのは二組か三組で，以前の踊り子は順に入ってきたのと同じ場所から退場していく

21:06　やぐら回し
・土俵の上でやぐらを回し，元の場所まで移動させる
・担ぎ手はその場で募集する

21:16〜　ちびっ子相撲

8月29日（月曜日）
宿毛市西南地域ネットワーク株式会社（swan tv）
13:00〜16:15　宿毛市の夏祭りをまとめる映像の編集作業にお邪魔させてもらう
（各行事の基本的な説明は貰ってきたプリントに記載されている）
さのぼり
虫供養（神式）
虫供養（仏式）

各地域の夏祭り
・「はまいこ」にはテロップを入れる
・「神戻し」は正しくは、「御霊戻し（みたまもどし）」
・「神有」の冒頭にナレーションを入れる
・「魂振り」のテロップを入れる
・「神戻し（御霊戻し）は、氏子が神を見ないように背を向けて壁を叩いている間に行われる」という説明に変更
・夏祭りは「疫病退散」をお祈りするという機能もあったことを入れる

ヤーサイ
・竹に付けて供えられる野菜をもっと詳しく説明（一旦仏壇に供えて吊るす、品目はナス・サトイモ・クロマメ・キュウリ）
・竹廻しの掛け声は、「一条公の家例を申す！」→「音頭について舞え！」
・午後6時から開始される仏事は「おせがけ」と呼ぶ、内容は施餓鬼
・藤林寺の墓所は、「一条家ゆかりの墓所」としてぼかした方がいい
・ひげこの話（折口信夫の論文あり）
・「竹垣を通して〜」という話は聞いたことが無い→「畏れ多いので竹に吊るして差し上げた」という説明に変更
・竹廻しの映像は全体的に尺を伸ばす
・野菜を吊るした竹を持ち中央に立つ人が「音頭」（テロップを入れる）
・ヤーサイは竹廻しがメイン
・「ヤーサイ」とは竹廻しの時の掛け声ではないだろうか？
・ヤーサイも基本的には施餓鬼
・タイモの葉の中には、ビニール袋に入った水が入っていた
・昔は大人も夜相撲をした
・新仏の供養は、寺でまとめてやる
・昔はヤーサイの日には各家庭が門戸を開き、来訪者を酒肴でもてなすことを

- 習慣としていた
- 「ヤーサイぼぼ」といって，昔は女の人をヤーサイの夜に藪へ連れ込んで性交するのが習わしだった
- 昔は若者が結婚相手を探す場→現在の合コン
- 「卵を買いに行く」→美しい娘を見に行くための口実
- 処女を重んじる貞操観念→津野さんより一昔前くらいには有り得ないことで，いつまでも処女の女は行き後れであり，女性も処女をことさら守ろうとはしなかった→大正頃から貞操観念が声高に叫ばれ始めた

傘鉾（かさぼこ）
- 傘鉾は基本的に伊勢踊りの形態とほとんど同じであり，弘瀬独特のものではない
- 傘鉾は上部に付いている「シナイ（しなるから来ている）」が神の依り代であり重要
- 昔の盆踊りでは必ず傘を持ち，太鼓が無い場合は傘の柄を叩いていた
- 電飾（明かり）は迎え火と同じで，先祖が帰ってくるための目印
- 傘鉾がどういったものであるかの説明が必要
- 傘鉾は新仏供養
- 昔は三浦家邸宅でやっていたが，今は港の近くでやっている
- 「ナムアミドンボ，オミドンボ」とは，南無阿弥陀仏の変化したものだと思う
- 「シワイ（しつこい）ワ，シワイワ，ヤマブシシワイワ」とは，三浦一族の暗号で「何か怪しい」を意味する（今回の祭りでは言わなかった）
- 盆踊りは元々別の場所（上の寺）でやっていた
- 傘鉾でやっている盆踊りは，最近作られたもので，おまけのようなもの
- 傘鉾を持つ人は，白装束で頭にも白い布を巻く（津野さんは死装束の三角頭巾と言っていたが，映像では白い鉢巻　また，この白装束は各傘に一人とも）
- 会場を3周する意味は保留にする
- 沖の島の郷土史では，「傘鉾を三浦家と結び付けるのは難しかろう」と書かれている
- 傘鉾は漁業の関係で沖の島に伝わったのではないか？
- 行列には，樽を回している人，そろばんを持っている人，香を焚いている人がいるが，これは三浦家の者が落ち延びる時の変装に由来しており，順に職人，商人，香持ちは不明（そろばん持ちは今回行列から外れており，香持ちはいなかった）
- 傘鉾にはそろばんで数える対象が無いので，そろばん持ちがいることは珍しい

- 香持ちは，時折煙を観客にかぶらせる動作をする
- 2年前（2009年）の傘鉾では，香→そろばん→樽回しの順番で存在，傘鉾を回している人とは独立して動いているように見える（浴衣姿の子ども達の後ろ？）
- 区長の□□さんが前面に出なくなってから，傘鉾の様子が変わった
- 二人の采配は，中心にいる方が偵察隊で，行列にいる方が本隊の先導役を意味している

（途中休憩）

各地区の盆踊り
大海地区
- 両方に房のついた持ち物は「キリコ」

片島地区
- 会場で新仏の供養をする場所がある

大島地区
- この映像の長さで他の3地区も合わせる

橋上町
大石（たこす）の迎え火
- 初日に火を点けた木を結び付けるのは竹の上部だけだが，二日目は数か所に点火した木を結び付ける

送り火
- 映像ではタカダイ（高い竹）で火を焚くだけだが，三原村ではタカダイの下で低い火を12本ほど燃やす
- 昔は松明の灰を子どもが集めて，浜や川で飯を炊いた（盆飯）
- （盆飯は？）平成になってから公害問題で廃れた

- 傘鉾，ヤーサイ，じょうねんさんは映像でも別個にする

今日お会いした人
swan tv
□□さん
□□さん
□□さん
□□さん

宿毛歴史館
□□さん

3 「秩父市　三峯神社」——2013年のフィールドノートより

4月8日（月）　晴れ　風が強く寒い（所沢）
7:53　特急レッドアローで西武秩父駅へ（1号車1D席）
　　　1号車10D席は独立していて隣がいない→車椅子の人用の席
8:58　西武秩父駅到着
9:08　三峯神社行バス乗車
9:10　バス発車
9:35　三峰口駅到着→テレビのクルーらしき人達がいた
9:47　大輪到着
9:51　大滝温泉遊湯館到着
10:01　秩父湖到着
（※秩父湖から三峯神社間では，バスはフリー乗車になり乗り降りが自由になる）
　　バスの中で三峯神社の説明アナウンスあり
　　「お犬様」＝道案内⇒『ミサキ』と同義か？
10:24　三峯神社到着　快晴　寒い

少し周囲を散策してから参道へ

10:51　前を歩いていた老人男性4人の話によると，奉納（？）されている杉（石碑が沢山建っている）は，伊勢湾台風で倒れた分の杉を補うため植えられたらしい（真偽不明）

11:00～11:04　例大祭開始
　　何故か（鉄道やバス会社に似た）制服姿の男性が神事に参加（？）している
　　→行列の後ろについて歩き，本堂下に並べられた履物を揃えたりしていた

11:04～11:08
　　神楽殿前から本堂内に移動（制服の男性は本堂下で待機）

11:08～
　　本堂内で例大祭続行
　　→参列者にはマイク（？）で進行とやるべきことのアナウンスあり
　　→笛のような楽器の奏者が下手，しかもむせ込んで一瞬音楽が中断した

例大祭には参列できないので境内を散策

神主（本名不明，例大祭の受付にいた　袴着用）の話
・今日（4月8日）の例大祭は西暦111年から約1900年も続く三大大祭の一つ
　→他二つは2月の祈年祭と，11月の新嘗祭
・今日の例大祭は神への感謝の意を示すために行っている

12:02
社務所（？）で5人の老人男性が掛け軸を奉納しようとしたところ，神主（？）に立派なものなので持って帰るよう勧められる場面に遭遇
→彼らの掛け軸は明治20年代に三峯神社の宮司だったユウシンさんの書であるらしい

社務所の神主（本名，細かい立場は不明）の話
悪魔除→「間が悪い」ことや，「悪霊」を除く
四足除→人にとり憑いた四本足の動物を除く
　⇒筆者の質問に対して四足＝狐憑きや犬神憑きであると明確に言及

13:15〜　神楽開始
・笛の人（例大祭でむせ込んだ人と音色が似ている）を中心にかなりユルい
　→演奏を中断して次の踊る人を呼んだり，笛に溜まった唾を後ろに振り落としたりしている
・横から聞こえる例大祭で使ったテントを片付ける音が五月蠅い

13:35〜　場面転換（曲調変化）
・山犬（？）登場
・山犬が女に襲い掛かり，男が山犬を脅かそうと様々な手を凝らし，最後は抜刀した刀で斬りつける

13:40〜　場面転換
13:50　終了

14:14　三峯博物館へ
・三峯の神使（しんし）＝狼⇒「お犬様」，「大口真神（おおくちまかみ）」，「御眷属様」，「御神犬（ごしんけん）」
・御利益は，山里では猪鹿（いじか）よけ，町や村では火難・盗難・災禍よけ
・狼の姿をかたどった物を「御影（みえい）」と呼ぶ⇒木製の御影が展示されている
・ニホンオオカミの毛皮が3点展示されている

14:48～　博物館の職員□□さんと会話
□□さんの話
・博物館に勤めて5年目か満5年
・コーヒーとらくがん（？）を振る舞ってくれた
・最近はパワースポットとして神社に人が来る
・ニホンオオカミを見に毎年来る女性もいる
・□□さんは正直ニホンオオカミが絶滅せず生き残っているとは思っていない
　→オオカミは群れで暮らす動物なのだから，さすがに人間に見付からず大量にいるとは考えられない
・外国のオオカミはかっこいいが，ニホンオオカミはダサい
・自分の□□という名前は，自分が生まれた時代には珍しかった
・冬に博物館が開いていないのは，寒さなどで博物館に来る人が少なくなるから
・昔は神楽の後に餅をまいていた
・5月8日にも神楽があって，その日は中学生がやるかもしれない
・山を舐めてかかると危ない→去年も行方不明者が出ている

15:20　神楽開始
女（？）一人が延々と踊る

15:32　場面転換
棒（おそらく剣）を持った男が踊る
　　　　↓
岩の後ろから女が出現（天照大神か？）
　　　　↓
女の左右に座っていた男（？）二人も踊る
　　　　↓
天狗（？）登場

15:44　場面転換（曲調変化）
全員一旦退場→舞台逆側から再登場
　　　　↓
6人全員でぐるぐる回る
　　　　↓
剣と天狗以外の4人で踊る（剣は向かって左，天狗は向かって右で着席して待機）
　　　　↓
剣が踊って祈る

　　　　　↓
天狗が踊って祈る
　　　　　↓
おかめ（？）が大きな幣を持って天照の元いた場所に置く
　　　　　↓
剣以外退場

16:03　場面転換（曲調変化）
剣が少し踊ったあとに餅投げ（5個ゲット）
→最初は舞台下に集まった観客に2個ずつ手渡し，そのうち投げ始める
　終了

16:09　片付け開始
・同時に例大祭冒頭で使った神棚も片付ける
・神楽殿に飾っていたナスとキュウリを撮影していた人にプレゼント（口ぶりからすると知り合いか）
・神楽は8:30からやっていたらしい（バスで来れば絶対に間に合わない）
・5月8日には中学生の子が神楽をやる（□□さんのお話と一致）

16:26　バス停でバスの運転手と会話
□□さん（年齢不明）のお話
・今日の10:30到着のバスがほぼ満員だったのは，例大祭があったから（普段はここまで込まない）
・今年の4月と5月は運行本数が多い（平日でも休日ダイヤの1日5本になる）が，これは三峯に来る人が増えたからなのか，三峯に来る人を増やそうとするからなのかは□□さんにも分からない
・□□さんとは知り合いのようであり，「いつもの場所」で降りる場所が伝わっていた
・□□さんにコーヒーのお礼に餅を2個おすそわけ

16:35　ワゴン車で老人の男女一人ずつがバス停に送られてくる
→夫婦ではない模様，送ってくれた人は神社か旅館などの関係者か？

お爺さん（75歳）の話
・八王子近郊在住
・今日は天気が良くて最高
・年に1回例大祭に来て，秩父の酒を飲むのが楽しみ→「酒を飲むために生かされている」

・最初は遠慮なく喋っていたが，お婆さんが年上だと分かったので謝る

お婆さん（78 歳か 84 歳）の話
・ヨリイの近くの人→東上線でヨリイから三つ目のオブシマに住んでいるらしい
→三峰口から熊谷の中間がヨリイ（お爺さんに説明してあげている）
・一歳でも若いのは嬉しい（でも長生きもしたい）
・年を取るのは「しょうがない」こと

16:45　バス発車（乗客は 6 人）
16:54　フリー区間で□□さん下車
18:00　西武秩父駅着
18:25　西武秩父駅から特急発車
19:24　所沢到着

4　「四万十市　不破神社」——2014 年のフィールドノートより

2014 年 3 月 12 日（水曜日）　16:13 〜 17:14
□□氏の話
・国学院大学出身で先代は祖父
　→祖父の子が女三人だったため養子を取った
　→そのため先代と□□氏の間で大きな年齢差がある

不破神社と結婚式について
・略奪婚の中村における民俗語彙は「嫁かつぎ」（先行研究には「嫁かたぎ」もあり）
　→文献には残らないが，口伝で伝わっている
・不破八幡宮の由来は，関白一条教房が応仁の乱を逃れて幡多の荘園に下向し，京都の石清水八幡宮を勧請したことにある
　→石清水八幡宮と方位が同じなので，不破八幡宮に勧請した
　→一条公以前は，住吉神社と三島神社が中村の神社（ウラタ家が最大勢力だった）
・京都の碁盤目状の都市に中村を見立てて，小京都中村が完成した
・日本各地に「小京都」は存在するが，本物の公家である一条公が作った「小京都」である中村は，日本でも特別な場所（高知大学にも関連する本があるらしい）
・昔は各地に一条公の御所があったが，中村市街の現在一条神社がある場所ももとは御所で，一番多く一条公が住んでいた

→当時は交通の便も悪く，容易に各所へ移動することが出来なかったため
・石清水八幡宮は国家鎮護の八幡大神様を祀る神社であり，不破神社も幡多の総鎮宮（ちんぐう）になっている
・不破神社は，宮大工を呼んでお宮を造ったり，大々的にお祭りをしたが，これらは一条公の権力を誇示するためのもの
・普通の秋祭りの祝詞は収穫への感謝を示すものだが，不破神社は神様の結婚式に関連
　　→一条公がこの地に未だに略奪婚があることを戒めるために，神社の形式に結婚式を取り入れて生活改善を目指した
・不破神社の祭神は，誉田別尊（ほむたわけのみこと　15代応神天皇）
・結婚相手は対岸の一宮（いっく）神社の女神で，ミクジビキ（くじ引き）で決める
　　→主祭神はアヂスキタカヒコネという男神だが，一条公が三柱の女神を勧請した
・お祭り当日は，女神側が四万十川を上ってくる
・何故祭りで庶民に結婚式を教えたのか？
　　→当時は義務教育もないし，庶民の識字率も低い
　　→お祭りの時は氏子がみんな集まるし，誰でもコミュニケーションが取れる時間。神社がコミュニケーションツールとして機能した
　　→秋の大祭には幡多全体が参加するようにしていた（対岸からの女神遡上など）
・女神が三柱いる理由は，それぞれの効果が違うから
① 徳増（トクマス）御前：豊作になる神
② 椎名（シイナ）御前：雨を降らす神（頭にびす＝一部禿げた部分があるので，常に笠をかぶっている）
③ 鉾名（ホコナ）御前：争い事が多くなる神
　　→祭りに参加する氏子たちに，年占いという別の楽しみを与える
・土佐一条公は国司として100年ほど続いたが，元人質で可愛がっていた長宗我部との渡川の合戦に敗れて滅ぶ
　　→長宗我部氏も不破神社にナンマツ（松）を奉納した
　　→昭和38年頃の四万十川改修工事の頃までは残っていた
　　→長宗我部氏は流鏑馬をやり指導もした（公家から武家への移り変わり？）が，流鏑馬は敗戦後からはやっていない
・神事の中に細かい結婚式の作法が入っている
　　→略奪婚，夜這い，嫁かつぎの改善のため
・昔は旧暦8月15日だったが，台風の時期と重なって水が出て（洪水になって）延期になることが多かったので，台風シーズン後の体育の日（10月10日）にしていた

→体育の日が動くようになり（2000年のハッピーマンデー制度），次の日が仕事なのに祭りをするのは疲れるという声も出たので，体育の日の前の土日にやるようになった
- この祭りは県の無形文化財になっている
  →他の神社の祭りとは違うので，見比べてみると面白いと思う

祭りの流れ

1日目
午前中　結納の儀

15:00〜　社殿で例祭・宵宮祭（よいみやさい，明日が結婚式ですよというお知らせ）
- 「亭主三杯客一杯（ていしゅさんばいきゃくいっぱい）」
- 宮司役（祭主）が亭主となって，「オサカズキ（杯）」を振る舞う
  →亭主の側は大量に飲むことになる

（17:00〜　一宮神社の宵宮祭で結婚相手の女神が決まる）

2日目
早朝6:00頃　神舟遡上
- 一宮神社から神舟（かんぶね）を曳いてくる
  →神舟には神様以外乗れないので無人，他の船とロープなどで繋ぎ曳いてくる
  →神舟以外にも二隻くらい船がいる

船着き場へ
- 不破神社下流700〜800mの場所に船着き場を作り，そこへマサキの氏子総代と水師（すいし　船をこぐ人　下田の4部落の輪番）が女神の他にやってくる

船戸（ふなと）上げの神事
- 別名「なすび取りの神事」：行事みたいなもの
- 八幡側の氏子総代2名がお神酒と一股のなすび（かなり珍しい）を一宮側に渡すおもてなし
- ただし，女性側が「今年はこんなちっちゃいものじゃおりれん」，八幡側が「いやいやこれは立派なんです」などと一悶着起こす風習がある
  →これは，「迎える女性を下手に回ってもてなし，迎え入れないといけない」という略奪婚への戒め

高屋（タカヤ）の祭典
・語源は諸説あるが不明
① 高い屋根のある建物を作って，御輿を一旦休ませるから
② 元々この祭りは高屋一族（高知市に実在）が仕切っていたから
・八幡側の宮司が祝詞で「よく来てくれた」と言い，一宮側の宮司が女神に「これから行くよ」と報告する

角回し（カドマワシ）
・参拝者を盛り上げる御輿の担ぎ手の見せ場
・御輿で四角い場所を練り歩く際，角で内側の担い手が止まり，外側の担い手だけが動くようにすると，角を直角に曲がる動きになる
・エンターテインメントであるとともに，四方の清祓い（キヨハライ）としての意味もある
・御輿が練り歩く順番は，① 一宮側，② 八幡側

御輿合わせ（みこしあわせ）
・御輿の先棒（さきぼう　担ぐ棒の一番前の部分）同士を3回ぶつけることで結婚完了
・さらに上手でもう1回角回しをして座る
・夜這い矯正の行事だから，全国でもここだけ

本祭典
・いわゆる披露宴
・結婚報告と豊作の感謝

犬神について
・聞いたことがない

その他
・不破神社周辺でやっている工事は，道を広げて床上・床下浸水を防ぐ堤防を作るためのもの（嵩上げ　震災対策とは別）
　→昔は川岸近くまでが参道で鳥居ももっと沖にあった，相撲場もかつての敷地に
　→敗戦後に崇敬心が失われていく
　→先々代の時に一部の敷地を売り払い，今は住宅が建っている
・マッカーサーが戦後に国家神道を批判し，全部の神社を消そうとしたが，日本の神社が頑張って抵抗したおかげで実現されずに済む
・「天皇の人間宣言」があったが，天皇は現人神であり神の依り代

→だから崩御する
　　→死んでお祀りされる人は少ない
・神道は日本の気候・文化が作った民俗学
　　→日本の農耕文化を守るためのもの
　　→稲は「命の根」だからイネ
・敷地内にある大きな楠は樹齢500年以上と造園業の人が言っている
　　→実は木に3m位土をかぶせている
　　→普通そんな事をすれば腐るものだが，この木は幹から根が生えて生き延びた
　　→地中の本来の根はもう腐っているかもしれない
　　→よく見ると幹の太さの割に，一番下の枝が近い
・羽生小路（ハブショウジ）には更に大きい樹齢800年の楠があり，市の文化財にしたい人もいる

索　引

アルファベット

possession　30

あ　行

アクターネットワーク理論　38, 188
アザンデ人　31
足入れ婚　136, 149, 153
綾部恒雄　30
飯倉義之　207
依拠　179
石塚尊俊　3, 25, 95, 116, 186, 249
イヌ　18, 23, 202
犬　23
犬神　i, 6, 110, 150
「犬神」　245
『狗神』　127
「犬神」観　i, 99, 104, 179, 236
犬神筋　6
犬神統　6, 67, 106-108
犬神とされる人　66
犬神の起源　7, 71
犬神人　28, 195, 197, 199-200
「異文化」　250
異文化理解　189
異類婚姻譚　19
インターネット　212
宇ノ木建太　158
梅屋潔　39
うわさ　209
影響　44, 133
エヴァンズ＝プリチャード, エドワード　32
愛媛県小松町青年会　72
大門正克　159
拝み屋　60
岡本健　230
折口信夫　14

か　行

ガールズ＆パンツァー　231
解放運動　91
香川雅信　37
桂井和雄　28, 91, 116, 138, 140, 153
還元　182, 193, 203
起源伝承　128
起源論　185
奇祭　224-225
『鬼神の狂乱』　128
喜田貞吉　13
狐　18, 46
狐持ち　5, 26
狐除之札　20
ギデンズ, アンソニー　ii
祈祷師　109, 118
帰納的事例研究　248
金賢貞　229
客観性　190, 208
教科書無償運動　90
強制力　iii, 46, 101, 104, 154, 179-180, 207, 210, 237, 243
郷土研究　10
拒絶　179
國弘曉子　189
倉光清六　13, 202
クリフォード, ジェイムズ　188
クレスゲス, ウルリッヒ　ii
黒潮町　64
経世財民　43
ケース・スタディ　210
ケガレ観　202
結婚　135

——観　143, 151, 154
　　——簡素化　164
　　——差別　4, 76, 86, 92
　　——式　165
ゲドウ　5
言及　179, 205, 237, 243
言説　186, 206
　　——空間　234, 238
犬祖伝説　19
現代民俗　233
賢見神社　78
公共人類学　44
公共性　iii, 42, 45, 47, 183, 191, 243
考古学　iii, 246, 252
構造　228
高知新聞　105, 136, 160
強飯式　215
弘法大師　72
公民館結婚　166
公民館報　95, 194
強卵式　213
強卵の儀　214, 221
御神酒の儀　214, 221
子どもの食事　170
小松和彦　35, 123, 126, 132
近藤祉秋　38
ゴンボダネ　6

さ　行

サークル活動　61
再表象　225, 227, 232
支局長の手紙　130
自然科学　187
市町村史　95, 194
実学　42
「実践性」　207
信太妻　17
「自文化」　250
四万十市　57
清水浦逃散　113, 121

社会還元　44
社会人類学　31
社会問題　43, 182, 244
邪衝　32
宗教職能者　5, 81, 83, 197
シュッツ，アルフレッド　ii
受動　179
生涯学習　172
情報伝達　77, 94, 192
情報発信　126, 134, 224
食生活　163
女性　165, 172
神性　18, 20
新生活運動　158
新日本建設国民運動要領　158
新聞記事　162
随筆　9
鈴木正崇　189
生活改善　156, 160, 239
　　——諸活動　156
　　——センター　168
　　——普及事業　158
生活世界　ii-iii, 182
精神医学　9
精神疾患　81
青年団　143, 165, 175
説得力　190
説明体系　35, 61
節約　164
戦略　186
　　——的　200, 205
相互作用　133, 193, 205, 208, 227, 233, 237

た　行

ターナー，ヴィクター　228
大宮司信　36
大食行為　216
第二期入村者　25
田中宣一　157

谷川健一　19
田野浦青年団　176
タブー性　74, 212, 234
タブー的　56
地域活性化　229, 233
抽象化　244
紐帯　87, 232
ツキ　35
憑きもの　3
　　──筋　2, 4, 159, 199, 242
　　──筋研究所　208, 236
　　──多数地帯　26
鶴見太郎　207
ツルメソ　196
トウビョウ　5
動物霊　5
同和運動　154
同和教育　94, 176
同和問題　53, 56, 69, 76, 87, 96, 236
徳島県　78
富田祥之亮　157
豊永郷奇怪略記　120-121, 129
トランス状態　81, 83
取り憑く　81

な　行

長唄「犬神」　20
女房かたぎ　139
ネズミ　21

は　行

媒体　105
橋詰延壽　140
バタグリア, デボラ　189
幡多地方　51
速水保孝　5, 26, 34, 117
原田伴彦　88
坂東眞砂子　119-120, 126
被差別部落　91, 96
人狐　5

人と動物の関わり　40
憑依　30
平尾道雄　112
昼田源四郎　39
フィクション　119, 127, 133
フーコー, ミシェル　206, 246
婦人会　175
普通結婚　139
フッサール, エドムント　ⅱ
部落解放運動　89, 98
部落差別　88, 97, 195
文化　245
文化財　229
文化人類学　30
『文化を書く』　188
文献資料　185, 204
閉鎖性　63
ベクトル　180
蛇神　5
変容　76, 207, 246
堀一郎　25
本命　137

ま　行

毎日新聞高知地方版　130
町おこし　229
松田俊介　215
祭り　212, 224
見合結婚　137, 139, 145, 153
南方熊楠　10
三原村　51
民衆史　248, 252
民俗学　24
迷信　13, 29, 34, 93, 138, 147, 150, 154, 159, 164, 175, 191, 194, 199
メカニズム　13, 41
メディア　126, 168, 183, 204
もの　16
モラン, エドガール　209
森田正馬　9, 124, 126

や　行

柳田国男　　10, 24
行きぞめ　　148, 153
妖怪学　　35
妖術　　32
吉田禎吾　　30, 132
ヨツ　　6
夜ばい（夜バイ）　　141-142, 153
嫁かつぎ　　73, 136, 142, 153

ら-わ　行

ライフヒストリー　　61
らき☆すた　　230
ラベリング　　210
離婚　　144, 147
歴史学　　10
恋愛結婚　　139, 141, 145, 153
鷲宮神社　　213

The Study of Inugami :
A Change of People's Consciousness to Superstition

SAKAI Takahiro

This book shows that the ideas of "Inugami," which are held by people in Kochi prefecture, have changed significantly in recent years as compared to the end of the war, and that this change was caused by unique "forces." Inugami has been considered to be a kind of "Tsukimonosuji" that is widely distributed in western Japan. Tsukimonosuji refers to a specific family line that unknowingly causes animal spirits. The distinctive feature of this folklore is that those with Tsukimonosuji are ordinary people, and that others around them turn them into Tsukimonosuji. Those in the family who had been "broken up" as Tsukimonosuji were treated in a discriminatory manner, such as being prohibited from getting married. Therefore, previous research has aimed to solve the social problems that accompany the discourse of Tsukimonosuji.

The first section of this book provides a critical overview of previous research using cultural anthropology, folklore, and history. In this book, I point out that various cases, such as Inugami and Kitsunemochi, were combined in the category of "Tsukimonosuji," but the region-specific characteristics of each case were overlooked. To overcome this problem, I focus on Yasutaka Hayami's beliefs. When comparing Kitsunemochi and Inugami from the perspective of economics, Hayami says that Kitsunemochi is the discourse of the economic gap, while Inugami is the theory of alienation of human beings who are not related to economic superiority. Based on Hayami's hypotheses, I attempt to fill the gaps in research by conducting qualitative surveys (mainly on hearings) and literature surveys focusing on early modern documents and examining postwar local newspaper articles and municipal history from the Hata area in the western part of Kochi prefecture.

In the second section, 23 cases obtained from the interview surveys are examined, allowing for the derivation of the characteristics of the current ideas of "Inugami" in the Hata area. The analysis showed that the ideas of "Inugami" that are held by local residents have various deviations based on their respective interpretations, because the discourse of Inugami is no longer shared throughout society. However, this discourse also holds a contradictory characteristic of being talked about in close proximity to other types of discrimination problems that were once clearly distinguished.

In the third section, reviewing past literature, I point out that youth simplification, women's associations, and folklorists in the prefecture promoted the simplification of life and the marriage in public halls in Kochi prefecture after the war. It is assumed that this has weakened the marriage system, which has strong constraints among the houses that supported the establishment of the discourse of Inugami. In addition, when looking at works of fiction, I discovered that there was a man who actually investigated Inugami in Kochi prefecture inspired by "*Inugami*," written by Bando Masako. Thus, academic research, local residents, and fictional works continue to interact with the ideas of "Inugami" to this day in Kochi.

The fourth section focuses on the independent activities of local residents in the Hata area. According to the activities that people in the Hata area have continued to engage in since the post-war period, instead of criticizing the discourses that spread throughout Japan, local residents criticize the Hata area-specific discourse of "Inugami." Therefore, while the discourse of academic research has developed a logic of criticism of "Tsukimonosuji" from a deductive viewpoint, it can be summarized that the people of Kochi prefecture have formed their own logic of criticizing the local discourse of "Inugami" itself.

The fifth section summarizes the discussions of the first four sections and draws conclusions. Future research on Tsukimonosuji should examine whether the different cases in various places throughout Japan can be categorized as instances of "Tsukimonosuji." In order to achieve that goal, attempts must be made to analyze each case without separating it from the culture and historical background of the local society. The research in this book is positioned as the jumping-off point for such fruitful research.

Key words : Inugami, Tsukimonosuji, discourse, folklore, interaction, force, Kochi prefecture, Hata area, academic research, local resident

著者紹介

酒井 貴広（さかい たかひろ）

1986 年　高知県に生まれる
2010 年　早稲田大学第一文学部卒業
2012 年　早稲田大学大学院文学研究科修士課程修了
2017 年　早稲田大学大学院文学研究科博士後期課程修了，博士（文学）早稲田大学
現　　在　早稲田大学非常勤講師

著　書　『民衆史の遺産 10　憑きもの』（分担執筆，大和書房，2016 年）
　　　　『民衆史の遺産 11　民間信仰』（分担執筆，大和書房，2017 年）など

早稲田大学エウプラクシス叢書　17

犬神考
－迷信に対する人々の意識の変容－

2019 年 6 月 15 日　　初版第 1 刷発行

著　者………………酒井 貴広
発行者………………須賀 晃一
発行所………………株式会社 早稲田大学出版部
　　　　　　　　　169-0051　東京都新宿区西早稲田 1-9-12
　　　　　　　　　電話 03-3203-1551　http://www.waseda-up.co.jp/
校正協力……………株式会社 ライズ
装　丁………………笠井 亞子
印刷・製本…………大日本法令印刷 株式会社

ⓒ 2019, Takahiro Sakai. Printed in Japan　　ISBN978-4-657-19802-0
無断転載を禁じます。落丁・乱丁本はお取替えいたします。

刊行のことば

　1913（大正2）年、早稲田大学創立30周年記念祝典において、大隈重信は早稲田大学教旨を宣言し、そのなかで、「早稲田大学は学問の独立を本旨と為すを以て　之が自由討究を主とし　常に独創の研鑽に力め以て　世界の学問に裨補せん事を期す」と謳っています。

　古代ギリシアにおいて、自然や社会に対する人間の働きかけを「実践（プラクシス）」と称し、抽象的な思弁としての「理論（テオリア）」と対比させていました。本学の気鋭の研究者が創造する新しい研究成果については、「よい実践（エウプラクシス）」につながり、世界の学問に貢献するものであってほしいと願わずにはいられません。

　出版とは、人間の叡智と情操の結実を世界に広め、また後世に残す事業であります。大学は、研究活動とその教授を通して社会に寄与することを使命としてきました。したがって、大学の行う出版事業とは大学の存在意義の表出であるといっても過言ではありません。これまでの「早稲田大学モノグラフ」、「早稲田大学学術叢書」の2種類の学術研究書シリーズを「早稲田大学エウプラクシス叢書」、「早稲田大学学術叢書」の2種類として再編成し、研究の成果を広く世に問うことを期しています。

　このうち、「早稲田大学エウプラクシス叢書」は、本学において博士学位を取得した新進の研究者に広く出版の機会を提供することを目的として刊行するものです。彼らの旺盛な探究心に裏づけられた研究成果を世に問うことが、他の多くの研究者と学問的刺激を与え合い、また広く社会的評価を受けることで、研究者としての覚悟にさらに磨きがかかることでしょう。

　創立150周年に向け、世界的水準の研究・教育環境を整え、独創的研究の創出を推進している本学において、こうした研鑽の結果が学問の発展につながるとすれば、これにすぐる幸いはありません。

2016年11月

早稲田大学